독일 통일

독일 통일에서 찾는 한반도 통일의 길

한국 통일

독일 통일에서 찾는 한반도 통일의 길

독일 통일 한국 통일

초판 1쇄 발행 2016년 2월 25일
초판 2쇄 발행 2016년 4월 20일
초판 3쇄 발행 2019년 10월 10일

지은이 손선홍

펴낸이 김선기
펴낸곳 (주)푸른길
출판등록 1996년 4월 12일 제16-1292호
주소 (08377) 서울특별시 구로구 디지털로 33길 48 대륭포스트타워 7차 1008호
전화 02-523-2907, 6942-9570~2
팩스 02-523-2951
이메일 purungilbook@naver.com
홈페이지 www.purungil.co.kr

ISBN 978-89-6291-343-9 03340

*이 도서의 국립중앙도서관 출판시도서목록(CIP)은 e-CIP홈페이지(http://www.nl.go.kr/ecip)와 국가자료공동목록시스템(http://www.nl.go.kr/kolisnet)에서 이용하실 수 있습니다.(CIP제어번호: CIP2016003302)

독일 통일

독일 통일에서 찾는 한반도 통일의 길

손선홍

한국 통일

푸른길

책을 내면서

분단이 점점 깊어지고 있다. 아직 이렇다 할 통일의 조짐은 없다. 우리의 통일이 언제, 어떠한 형태로 이루어질 것인가? 1~2년 후의 경제 성장률도 제대로 전망하기 어려운데 통일 시기를 예측하기란 더더욱 어려운 일이다. 통일 시기를 예측하기는 어렵지만, 우리는 통일을 위한 준비를 조금도 게을리할 수 없다. 통일을 이루기 위해서는 다양한 분야에서 많은 준비가 필요하며, 통일이 예상보다 일찍 올 수도 있기 때문이다.

또 다른 분단국이었던 독일은 분단 시는 물론이고 통일을 이룩한 오늘날에도 우리에게는 관심의 대상이다. 물론 독일이 분단되었던 원인은 우리와 달랐고, 분단 시 동·서독 관계와 오늘날의 남북한 관계는 여러 면에서 다르다. 또한 독일 통일 당시 유럽의 상황과 현재의 동아시아 정세도 다르다. 그럼에도 독일은 평화 통일을 이룩한 유일한 사례로 우리에게 큰 의미가 있다.

우리가 독일 통일에서 관심을 기울여야 할 점은 또 있다. 첫째, 독일은 통일 준비가 부족했지만 베를린 장벽의 붕괴란 통일의 기회를 잡아 이를 잘 관리하며 불과 11개월이라는 짧은 기간에 통일을 이룩했다. 둘째, 독일 통일에 대해 소련은 물론이고 영국과 프랑스도 반대했지만, 독일은 이들 국가의 동의를 얻어 통일을 이룩했다. 셋째, 동독 주민들의 적극적인 지지를 얻어 통일을 이루었다.

결국, 이 모든 것은 독일의 강한 통일 의지와 국가의 역량이 있었기에 가능했다. 통일에 대한 강한 의지와 국가의 역량은 통일을 이루기 위한 가장 중요한 요소이다.

독일 하이델베르크 대학에서 수학 중이던 1983년 초 서베를린에서 개최된 독일 분단 관련 프로그램에 참가할 기회가 있었다. 이 프로그램을 통해 독일의 분단 현실과 동·서독 간의 교류를 현장에서 직접 보고 경험할 수 있었다. 특히 대학 버스에 몸을 싣고 동독의 고속도로를 몇 시간 달려 서베를린에 도착했던 기억은 지금 생각해도 짜릿할 정도로 여운이 남아 있다.

태어나서 처음으로 공산 국가의 까다로운 입국 수속을 거쳐 동독에 들어섰다. 차창 밖으로 멀리 눈 덮인 벌판과 띄엄띄엄 있는 집들을 바라보며 우리도 이처럼 북한 땅을 달려 평양을 오갈 수 있으면 얼마나 좋을까 하는 생각에 잠기기도 했다. 서베를린에서 1주일간의 경험은 동·서독 관계와 통일 문제에 관심을 갖는 계기가 되었다. 이후 틈틈이 독일과 통일 문제에 관해 연구하면서 책도 썼다.

현재 우리 사회에서 통일에 대한 논의는 그 어느 때보다도 활발하게 이루어지고 있다. 먼저 평화 통일을 이룩한 독일의 사례도 자주 언급되고 있으며, 그에 관한 연구도 많이 이루어졌다. 그러나 독일이 통일을 이룬 전반적인 과정보다는 그 결과적인 측면에만 관심을 기울이는 경향이 있다. 통일의 긍정적인 면보다는 통일 비용 등 부정적인 측면이 과장되어 알려진 점도 있다. 따라서 독일 통일 전반에 관해 올바른 이해가 필요하다고 생각했다. 또한 통일을 이루기 위해서는 통일에 실질적으로 필요한 준비가 있어야 한다. 이 두 가지 점이 이 책을 쓰게 된 주된 이유다.

베를린 장벽은 어떻게 붕괴되었는가? 헬무트 콜 총리는 왜 점진적인 통일이 아닌 신속한 통일을 해야만 했나? 동독 지역 내 몰수된 재산(토지)은 어떻게 처리되었나? 서독은 '통일 조약'을 체결하기 위해 어떠한 노력을 기울였나? 통일에 따른 '대외적인 문제'는 무엇이고, 독일은 이러한 문제들을 전승 4개국과 어떻게 협상했는가? 통일 이후 지난 25년 넘게 독일은 통합을 위해 어떠한 노력을 했는가? 이 책은 독일 통일 과정을 다양한 관점에서 살펴봄으로써 이러한 질문에 해답을 줄 것이다. 또한 우리의 통일 문제에 대한 시야도 넓혀 줄 것이다.

이 책은 크게 2부로 되어 있다. 제1부에는 베를린 장벽의 붕괴에서부터 독일이 평화 통일을 이루기까지의 과정과 통일 이후 동·서독이 하나가 되는 통합 과정을 담았다. 제2부에서는 통일을 위해 우리가 준비해야 할 문제를 다루었다. 준비해야 할 내용이 많지만 외교·안보, 경제와 사회 분야 등에 걸쳐 중요한 10개 분야를 선정하여 다루면서 그 대안도 제시했다.

이 책은 독일 통일 과정에 직접 참여했던 독일 최고위층 인사들의 저서와 회고록을 토대로 쓴 것이다. 독일 통일의 아버지라고 불리는 헬무트 콜 총리, 2+4 회담 서독 측 대표였던 한스-디트리히 겐셔 외무장관, '통일 조약'을 협상했던 볼프강 쇼이블레 내무장관, 콜 총리의 핵심 측근이었던 호르스트 텔칙 총리 외교안보 보좌관, 그리고 '통화·경제와 사회 동맹 조약'을 다룬 테오도어 바이겔 재무장관 등의 저서와 회고록이다. 특히 통일 추진 과정에서 독일 정치인들이 가졌던 고뇌도 담고자 했다. 통일이란 대업을 완수하기 위해 이들이 무슨 고민을 하였고, 또 어떻게 그 어려움을 극복해 갔는지 이해할 수 있을 것이다.

또한 많은 독일인과 대화를 하며 메모한 내용을 추가했다. 겐셔 전 외무장관, 위르겐 클림케 연방 하원 의원(4선), 테오 좀머 《디 차이트》지 대기자와는 여러 번 대화를 나누었다. 이외에도 여러 분을 만났다. 이들과 나눈 대화 중에서 우리의 통일 문제를 풀어 나가는 데 참고가 될 만한 내용을 담았다.

세상의 모든 일이 그러하듯이 이 책이 나오기까지 여러 분의 도움이 있었다. 이 책을 완성할 수 있도록 많은 조언과 격려를 해 준 외교부의 여러 동료에게 감사드린다. 대외경제정책연구원(KIEP)의 김영찬 초청연구위원(전 한국은행 프랑크푸르트 사무소장)은 제2부 제8장과 제9장의 초고에 대해 여러 의견을 제시해 주었다. 그럼에도 미흡한 점이 있다면, 이는 전적으로 필자의 몫이다. 그동안 겐셔 전 외무장관 등 여러 독일인과 나누었던 대담도 큰 도움이 되었다. 도움을 준 이분들의 이름을 책 뒤에 써 감사의 인사를 드린다.

이 책에 수록된 통일 관련 사진을 제공한 독일 언론 공보부에도 감사드린다. 언론 공보부로부터 1990년 이래 세 차례에 걸쳐 독일 역사에 관한 귀중한 사진을 제공받았다. 한 장의 사진은 때로는 수십 쪽의 글보다 상황을 더 잘 설명해 준다. 이 책에 수록된 사진들이 그러한 역할을 할 것으로 믿는다.

끝으로 통일 문제를 다룬 책을 흔쾌히 출간해 준 ㈜푸른길 김선기 사장님께 감사드린다. 또한 어려운 편집 과정을 거쳐 좋은 책으로 나올 수 있도록 수고한 김란 편집팀장께도 감사드린다.

이 책은 독일 역사와 통일에 관한 필자의 다섯 번째 저서이다. 이 책이 독일 통일을 올바로 이해하고, 통일 한국으로 가는 길에 징검다리가 되었으면 하는 바람이다. 더 나아가 이 책이 많은 젊은이에게 통일 문제에 관심을 갖는 디딤돌이 되었으면 한다.

이 책이 나오기까지 두 번의 여름과 겨울을 보냈다. 오랜 기간 동안 옆에서 성원해 준 아내에게 고맙다는 말을 전한다.

2016년 2월

손선홍

"통일은 반드시 옵니다."

차례

제2부 통일 한국의 길

—
제
1
부
—

통일을 이룬 독일

．
．
．
．
．
．
．
．
．
．

"우리는 자유로운 자결권으로 독일의 통일을 이루었고 자유를 얻었습니다. 우리는 통일된 유럽에서 세계 평화를 위해 봉사할 것입니다. 우리는 신과 인류 앞에 우리의 임무에 대한 책임을 인식하고 있습니다."

_ 리하르트 폰 바이츠제커 연방 대통령

제1장

동독 주민의 평화 혁명

"절대 권력자 에리히 호네커 서기장의 퇴진, 동독의 국외여행 자유화 조치, 베를린 장벽의 붕괴. 이 모든 것이 라이프치히의 한 교회에서 시작되었다."

¨ 독일의 역사를 바꾼 1989년 11월 9일

1989년 11월 9일 정오 헬무트 콜Helmut Kohl 서독 총리는 쾰른/본 공항에 도착했다. 곧 폴란드를 공식 방문하기 위해 떠날 콜은 지난 8월 이래 석 달 가까이 계속되고 있는 동독 주민들의 탈출과 개혁을 요구하는 시위가 걱정되었다. 그럼에도 그는 이날이 독일 역사와 세계사의 한 페이지를 장식하는 날이 되리라고는 예상하지 못한 채 바르샤바로 떠났다. 이날 외부에서 보기에도 동독에서 큰 변화가 일어날 것이라고 암시할 만한 일은 없었다.

한스—디트리히 겐셔Hans-Dietrich Genscher 외무장관과 조니 클라인Johnny Klein 공보장관 등이 콜 총리의 폴란드 방문을 수행했다. 바르샤바에 도착한 콜은 곧바로 타데우시 마조비에츠키Tadeusz Mazowiecki 폴란드 총리와 1차 정상회담을 했다. 겐셔 장관은 별도로 크리슈토프 스쿠비체브스키Krysztof Skubiszewski 외무장관과 회담했다. 콜과 겐셔는 회담을 마친 후 영빈관으로 돌아와 다음 일정을 준비하며 잠시 휴식을 취했다.

이날 저녁 환영 만찬 행사에 참석하기 위해 막 영빈관을 떠나려던 콜 총리는 루돌프 자이터스Rudolf Seiters 총리실 장관으로부터 긴급 전화를 받았다. 동독 정부가 주민들의 국외여행을 자유화했다는 내용이었다. 만찬이 끝나갈 무렵 클라인 공보장관이 콜에게 다가가 동독 정부의 국외여행 자유화 조치를 듣고 서독 연방 하원 의원들이 독일 국가를 불렀다고 보고했다. 21시경 콜은 베를린에서 일어나고 있는 상황을 정확히 파악하기 위해 총리실로 전화를 걸려고 했다. 바로 이때 에두아르트 아커만Eduard Ackermann 총리실 국장으로부터 걸려 온 전화를 받았다.

"총리님, 지금 막 장벽이 무너졌습니다" 흥분된 목소리였다. 콜 총리가 "아커만, 확실한가?"라고 물었다. 그는 베를린 장벽이 막 열려 동독 주민들이 서베를린으로 넘어오고 있다고 했다. 22시경 다시 걸려온 전화에서 몰려든 동독 주민들의 압력으로 서베를린으로 가는 검문소가 완전 개방되었으며 수천 명의 동독 주민이 서베를린으로 계속 넘어오고 있다는 보고가 이어졌다.

만찬이 끝나고 콜 총리는 메리어트 호텔에서 예정되어 있던 수행기자들과의 간담회를 가졌다. 간담회 후 콜은 한시가 급한 상황이라 장소를 옮기지 않고 이 호텔에서 소수의 수행원들과 긴급 회의를 했다. 도청이 우려되어 보안에 주의했다. 그는 호텔에서 텔레비전을 통해 베를린에서 일어나고 있는 상황을 지켜보며 폴란드 방문을 중단하고 독일로 돌아가기로 결정했다. 마조비에츠키 총리는 다음 날로 예정된 보이치에흐 야루젤스키Wojciech Jaruzelski 대통령과의 면담 일정을 거론하며 콜에게 방문을 계속해 줄 것을 요청했다. 그러나 콜은 이러한 중요한 때에 총리가 외국이 아닌 독일에 있어야 한다며 돌아가겠다고 했다. 그는 마조비에츠키와 야루젤스키를 설득하여 양해를 구했다. 베를린 장벽의 붕괴는 콜이 폴란드 방문을 중단해야 할 만큼 중요한 사안이었다.

11월 10일 본Bonn으로 돌아가려던 콜 총리는 다시 보고를 받았다. 이날 오후 동베를린 쉐네베르크 시청 앞 광장에서 열리는 베를린 장벽 개방 행사에 그가 참석해야 한다는 내용이었다. 오전 일정을 마치고 스웨덴을 경유하는 관계로 콜은 오후가 되어서야 함부르크에 도착했다. 베를린이 미국, 영국, 프랑스, 소련 등 전승 4개국의 관리 아래에 있었기 때문에 콜이 탑승한 군용기는 동독 상공 비행은 물론 베를린에 착륙할 수도 없었다. 다행히 콜은 함부르크에서 주서독 미 대사가 준비한 미 군용기 편으로 가까스로 시간에 맞게 베를린에 도착하여 행사에 참석할 수 있었다.

이 행사에 빌리 브란트Willy Brandt 전 총리, 겐셔 장관과 발터 몸퍼Walter Momper 서베를린 시장을 비롯하여 2만여 명의 시민이 참석했다. 콜 총리는 "11월 9일은 베를린과 독일인들의 역사에 위대한 날이며, 우리 모두는 이날을 위해 노력해왔다"고 힘주어 말했다. 그는 "동독에서는 무엇보다도 표현의 자유, 언론의 자유, 노동조합과 정당 설립의 자유, 선거의 자유 등 동독 주민들에게 더 많은 자유가 허용되어야 한다"고 강조했다. 그리고 "동독이 더 많은 개혁을 해야 한다"고 촉구했다. 이어 콜은 서베를린의 카이저 빌헬름 기념교회Kaiser-Wilhelm Gedächtniskirche[1] 앞에서 열린 집회에도 참석한 후 찰리 검문소Allied Checkpoint Charlie를 둘러보고 저녁 늦게 본

---

1. 1871년 독일 통일을 이룩한 빌헬름 1세(1861~1888년 재위)의 업적을 기리기 위해 그의 손자인 빌헬름 2세가 1891~1895년에 세운 교회로 제2차 세계대전 중 많은 부분이 파괴되었다. 1957년에 파괴된 교회를 허물고 새로 지으려고 하였으나 전쟁의 참상을 알리기 위해 보존해야 한다는 베를린 시민들의 뜻으로 그대로 보존하고 있다.

으로 돌아왔다.

본으로 돌아온 콜 총리는 '베를린과 전 독일에 대한 권한과 책임'이 있는 4개국 정상들과 대화를 하는 것이 좋겠다고 판단했다. 베를린 장벽 붕괴 후의 상황을 설명하고 협조를 얻기 위해서였다. 시차를 고려하여 마거릿 대처Margaret Thatcher 영국 총리와 먼저 통화했다. 이어 조지 부시George H.W. Bush 미국 대통령과도 통화했다. 프랑수아 미테랑François Mitterrand 프랑스 대통령과도 통화를 시도했으나 연결이 되지 않아 다음 날 했다.

11월 11일 오전 콜 총리는 총리실에서 비상 회의를 하던 중 베를린 장벽 붕괴에 관한 소련 외무부 대변인의 공식 논평을 받았다. "국경을 개방하기로 한 결정은 동독의 주권 행위이며, 새로운 국외여행 규정은 잘 되었다"라는 내용이었다. 하루 전만 해도 소련은 베를린 장벽 붕괴에 놀라 즉각 전승 4개국 회의를 열자며 강경한 입장이었다. 강경할 것으로 예상했던 소련의 논평이 많이 완화되어 콜은 다소 안도했다.

콜 총리는 에곤 크렌츠Egon Krenz 동독 공산당Sozialistische Einheitspartei Deutschlands, SED 서기장과도 통화했다. 콜은 국외여행 자유화 조치를 환영하며, 이 상황에서 이성적으로 흥분하지 않고 절제된 행동을 해야 한다고 당부했다. 콜은 빠른 시일 내에 만나기를 희망한다며 이를 준비하기 위해 자이터스 총리실 장관을 파견하겠다고 제의했다. 독일 통일 문제는 의제가 아님을 확인해 달라는 크렌츠의 요구에 그는 확답을 하지 않았다.

이어 콜은 미하일 고르바초프Mikhail Gorbachev 소련 공산당 서기장과도 통화했다. 고르바초프는 콜에게 신중하게 대처해 달라고 요청했다. 그러면서 그는 콜을 위협하거나 겁주지 않았다. 4개국 정상들과 통화를 마친 콜은 우선 안심했다. 특히 소련이 동독에서 일어난 일을 진압하기 위해

22

동독 정부의 국외여행 자유화 조치로 베를린 장벽 위에 올라 함께 기쁨을
나누고 있는 동·서 베를린 시민들(1989. 11. 10, 베를린).

과거처럼 무력으로 개입하지 않을 것이라는 것이 확실해졌다. 1953년 6월 동유럽에서 최초로 일어난 동독 주민의 대규모 봉기에 소련은 탱크를 동원하여 무자비하게 진압했었다. 콜은 소련의 이러한 진압이 없을 것으로 확신했다.

11월 11일 오전에 급한 업무를 처리한 콜은 오후에 중단했던 폴란드 방문을 재개했다. 겐셔 외무장관도 4개국 외무장관들에게 전화를 걸어 베를린 장벽이 붕괴된 상황에서 동독이 안정을 유지할 수 있도록 협조를 요청했다.

¨ 베를린 장벽은 어떻게 무너졌나?

11월 9일 동베를린에서는 어떤 일이 있었기에 서독은 베를린 장벽이 무너지는 것을 몰랐을까?

1989년 8월 이래 동독 주민들은 헝가리, 폴란드와 체코슬로바키아를 통해 서독으로 간헐적으로 탈출하고 있었다. 9월 들어 라이프치히 등 동독 여러 도시에서는 국외여행 자유화 등의 개혁을 요구하는 주민들의 시위가 시작되었다. 시위는 동독 정권 수립 40주년 기념행사일인 10월 7일에도 전국적으로 있었다. 10월 9일에는 라이프치히 등 여러 도시에서 대규모 월요 시위가 있었다. 계속되는 시위에 누군가가 책임을 져야 했다.

결국 에리히 호네커Erich Honecker 서기장이 10월 18일 물러났다. 에곤 크렌츠 공산당 정치국원이 뒤를 이었다. 호네커가 퇴진했음에도 주민들의 탈출과 개혁을 요구하는 시위는 계속되었다. 크렌츠 서기장은 11월 7

일 주민들의 불만을 달래고 정권을 유지하기 위해 빌리 슈토프Willi Stoph 총리를 해임했다. 11월 8일 후임 총리로 드레스덴 시 당 제1서기인 한스 모드로Hans Modrow가 취임했다. 동독 공산당 지도부와 새로 개편된 내각은 주민들의 탈출을 방지하고 이들의 개혁 요구에 부응하기 위한 방안을 마련하기로 했다.

11월 9일 동베를린 내무부 청사. 이른 아침부터 동독 정부는 획기적인 국외여행 자유화 방안을 마련하느라 분주했다.[2] 오전 9시 게르하르트 라우터Gerhard Lauter 내무부 여권 국장은 프리드리히 디켈Friedrich Dickel 내무장관의 지시로 비밀리에 국외여행 규정 개정 작업에 착수했다. 이 작업에 국가보안부 요원 2명도 참여했다. 라우터는 당 정치국이 제시한 안보다 좀 더 확대된 안을 마련했다. 신여행규정이 모든 주민에게 적용되고, '개인의 사적인 여행'도 가능하도록 했다. 즉 "개인의 사적인 외국여행은 전제 조건을 제시하지 않아도 신청할 수 있다. 허가는 바로 내려진다"라는 내용이었다. 이 신여행규정이 다음 날인 11월 10일 오전 4시에 발표되도록 했다(적어도 이 시간까지는 일절 언론에 보도되어서는 안 되었다). 주민들이 아침 식사를 하면서 신여행규정을 알도록 하기 위해서였다. 그는 이 개정안을 장관 결재를 거쳐 12시에 내각과 당 정치국에 제출했다.

오후 4시 공산당 중앙위원회ZK 전체 회의가 열렸다. 크렌츠 서기장도 참석했다. 그는 내무부가 마련한 국외여행 개정안을 직접 읽었다. 그는 '개인의 사적인 여행'에 주의하지 않았다. 참석자 누구도 이의가 없어 이 개정안은 확정되었다. 디켈 내무장관이 신여행규정을 정부 대변인이 발

---

2. 독일 시사 주간지 《슈피겔》 Nr.44/2009(2009.11.2)은 1989년 11월 9일 베를린 장벽이 붕괴하게 된 과정을 자세히 보도했다.

표하는 것이 좋겠다고 건의하자 크렌츠는 승낙했다. 그런데 당사자인 정부 대변인 귄터 샤보브스키Günter Schabowski 정치국원은 회의장에 없었다.

오후 5시 30분 외부에서 외국 언론인들을 만나고 있었던 샤보브스키 정부 대변인이 중앙위원회 회의장에 들어왔다. 그는 크렌츠 서기장 옆에 앉았다. 이때는 이미 신국외여행규정 안건이 의결된 뒤였다.

오후 5시 53분 크렌츠 서기장은 개정된 신국외여행규정을 샤보브스키에게 발표하라고 지시했다. 그런데 정작 중요한 사항인 신규정이 11월 10일 오전 4시까지 보도되어서는 안 된다는 내용이 빠졌다. 샤보브스키도 크렌츠로부터 이 내용을 듣지 못했다고 했다.[3]

오후 6시에 예정된 외신기자회견이 시작되었다. 기자회견은 공산당 활동 내용을 홍보하는 내용으로 다소 지루하게 진행되었다. 그런데 기자회견이 끝날 무렵인 6시 51분 연단 바로 아래에 있던 이탈리아 안사ANSA 통신사의 한 기자가 국외여행규정 개정 작업이 어떻게 진행되고 있는지 물었다. 깜박 잊고 있던 샤보브스키는 여행규정이 개정되었다며 발표하려고 했으나 문서를 바로 찾지 못했다. 옆에 있던 동료의 도움으로 문서를 찾은 샤보브스키는 신국외여행규정을 발표했다.

샤보브스키의 말이 끝나자마자 기자회견장 맨 앞자리에 있던 피터 브링크만Peter Brinkmann 독일 ≪빌트BILD≫지 기자가 신규정이 '언제' 발효하느냐고 물었다.[4] 샤보브스키는 "내가 알기로는 즉시, 지체 없이sofort, unverzüglich"라고 대답했다. 여행 조건을 제시하지 않아도 여행 신청이

---

3. 샤보브스키는 베를린 장벽 붕괴 20주년 다큐멘터리 'Schabowskis Zettel: Die Nacht als die Mauer fiel'에서 보도 통제에 관해 전혀 듣지 못했다고 했다(독일 ARD TV 방영, 2009.11.2).
4. 독일 ARD TV의 베를린 장벽 붕괴 20주년 다큐멘터리는 '언제'라는 질문을 브링크만 기자가 했다고 방송했다.

가능하게 되었다는 신규정은 오후 8시 TV 방송을 통해 동독과 서독은 물론 전 세계에 알려졌다.

국외여행이 자유화되었다는 소식을 들은 동독 주민들은 곧바로 서베를린으로 가는 보른홀머 슈트라세Bornholmer Straße 검문소에 모여들었다. 자동차를 몰고 온 이들도 있었다. 주민들은 국외여행이 자유화되었다며 바리케이드를 치우라고 소리쳤다. 검문소 소장인 하랄트 예거Harald Jäger는 구내식당에서 저녁을 먹으며 샤보브스키의 기자회견을 시청했다. 그가 국가보안부에 상황이 심각하다며 지침을 요청했으나, 국가보안부는 주민들을 돌려보내라는 말만 되풀이했다. 오후 9시 20분 주민들의 요구가 거세지자 검문소는 기존의 규정대로 여권에 다시는 동독에 돌아올 수 없다는 도장을 찍어 주며 주민들을 서베를린으로 가도록 허용했다. 그러나 대다수 주민은 "우리는 돌아온다Wir kommen wieder"를 외치며 전면 자유화를 요구했다. 예거 소장은 마지막으로 내무부 책임자와 연락을 시도했으나 연락이 되지 않았다.

검문소로 몰려드는 주민들은 점점 늘어났다. 오후 11시 30분 더 이상 통제하기 어렵다고 판단한 예거는 바리케이드를 치웠다.[5] 수천의 동독 주민이 서베를린으로 넘어가기 시작했다. 인근 검문소를 통해서도 많은 주민이 넘어가기 시작했다. 베를린 장벽 위로 올라가는 이들도 있었다. 지난 28년 동안 동·서 베를린을 갈라놓았던 베를린 장벽은 이렇게 무너지기 시작했다. 철옹성 같았던 베를린 장벽이 이렇게 무너지리라고는 아무도 예상하지 못했다. 11월 10일 오전 4시에 발표되었어야 할 신국외여행

---

5. 독일 정부는 예거 전 소장을 2015년 10월 3일 프랑크푸르트에서 열린 독일 통일 25주년 기념식에 초청하여 그의 업적을 기렸다.

무너진 베를린 장벽 사이로 서베를린을 오가는
동독 주민들(1989. 11. 13, 베를린 포츠담 광장).

규정은 이렇게 일찍 발표되어 베를린 장벽이 무너진 것이다. 정부 대변인 샤보브스키가 역사에 길이 남을 큰 실수를 한 것이다. 그러나 그의 실수는 동독 주민들이나 독일을 위해 아름다운 실수였다.

베를린 장벽 붕괴 소식에 전 세계가 놀랐다. 특히 고르바초프 서기장 등 소련 지도부의 놀라움이 컸다. 베를린을 전승 4개국이 관리하고 있기 때문에 베를린에 관한 문제는 동독이 소련과 미리 협의했어야 하기 때문이다. 소련은 사전 협의도 없이 베를린 장벽이 붕괴된 소식만 받은 것이다. 그도 그럴 것이 동독 정부는 베를린 장벽을 개방할 의도가 전혀 없었다. 주민들의 서독 방문과 외국으로의 여행을 자유화하고자 했을 뿐이었다. 그런데 결과가 베를린 장벽의 붕괴로 이어진 것이다.

독일이 1949년 동·서독으로 분단된 이후 동독 주민들은 끊임없이 서베를린으로 탈출했다. 1949년 1월부터 1961년 8월까지 탈출자 수는 약 270만 명이었다. 이대로 가다가는 동독의 존립 자체도 위태로웠다. 결국 동독은 탈출자들을 막기 위해 소련과 협의 후 1961년 8월 13일에 서베를린과의 경계선에 장벽을 세웠다. 처음에는 철조망을 설치했다가 점차 견고한 콘크리트 장벽을 쌓았다. 베를린 장벽의 총 길이는 167.8km다. 이 중 동·서 베를린 경계선에 세워진 장벽의 길이는 43.1km다. 장벽을 따라 탈출자를 감시하기 위한 초소가 302개나 있었다.

베를린 장벽은 제2차 세계대전 이후 형성된 동·서 냉전의 유물이자 독일 분단의 상징이었다. 1987년 6월 12일 로널드 레이건Ronald Reagan 미국 대통령은 브란덴부르크 문 앞에서 행한 연설에서 고르바초프 서기장에게 베를린 장벽을 부셔 버리라고 촉구한 바 있다. 1989년 1월에 호네커 서기장은 베를린 장벽이 언제까지 존속해야 하는가에 관해 질문을 받고 "베를린 장벽은 장벽이 세워져야 했던 여건이 변하지 않는 한 앞으로 50년 내지 100년은 더 존재할 것"이라고 장담했다. 이처럼 베를린 장벽은 그동안 끊임없이 동·서 진영 간의 쟁점이 되어 왔다.

불과 2년 전만 해도 베를린 장벽이 무너지리라고는 상상할 수도 없었다. 1987년 9월 서독을 방문한 호네커 서기장은 서독과 전 세계에 동독이 사회주의 국가로 성공했다며 동독 정권의 안정성을 과시했었다. 그러나 그가 서독을 방문한 지 불과 2년 후에 베를린 장벽이 무너졌다. 호네커의 서독 방문 시점부터 베를린 장벽이 무너지기까지 동독에서는 어떠한 변화가 있었는가?

¨ 호네커 서기장의 서독 방문

1987년 9월 7일 에리히 호네커 동독 공산당 서기장이 4박 5일 일정으로 서독을 공식 방문했다. 1970년 5월에 슈토프 동독 총리가 정상회담차 헤센 주 카셀을 방문한 적이 있었으나 동독 국가 원수의 방문은 이번이 처음이었다.

그동안 동·서독 간에 세 차례의 정상회담이 있었다. 최초의 정상회담은 1970년 3월 동독 에르푸르트에서 브란트 서독 총리와 슈토프 동독 총리 간에 있었다. 제2차 회담은 두 달 뒤인 5월에 카셀에서 열렸다. 제3차 회담은 1981년 12월에 동베를린 교외 베어벨린 호수Werbellinsee에서 헬무트 슈미트Helmut Schmidt 총리와 호네커 서기장 간에 있었다.

호네커 서기장은 슈미트 총리의 초청으로 1983년에 서독을 방문하려고 했었다. 그러나 1982년 10월 1일 슈미트 총리가 불신임으로 갑자기 물러난 데다[6] 동·서독 간의 긴장 관계로 호네커의 방문은 1984년으로 미루어졌다. 그의 방문은 다시 1986년으로 연기되었다가 이번에 이루어졌다. 호네커의 방문이 여러 차례 늦추어진 데는 동·서독의 접근을 저지하려는 소련의 방해도 있었다.

분단 시 서독은 동독은 외국이 아니고 '특별한 형태의 관계*die Beziehungen von besonderer Art*'라는 입장을 갖고 있었다. 그럼에도 서독은 호네커의 방문을 공식 방문으로 하며 동독 국기 게양, 국가 연주, 의장대 사열 등으로 그를 국가 원수로 최대한 예우했다.

호네커는 리하르트 폰 바이츠제커Richard von Weizsäcker 연방 대통령 및 콜 총리와 각각 정상회담을 했다. 콜과 호네커는 동·서독 간의 상호 방문 개선 문제와 이를 위한 철도요금의 할인 문제, 관광 교류와 청소년 교류 확대 방안, 동·서독 도시 간 자매결연, 그리고 문화·체육 교류 등 전반적인 교류 확대 방안에 관해 협의했다. 이외에도 상품 교류와 경제 교류를 확대하는 방안, 서독과 서베를린을 오가는 교통수단의 개선 문제, 우편과 전화 통화 개선 문제에 관해서도 협의했다. 두 정상은 환경 보호 문제, 방사선 보호와 과학기술 협력 문제에 관해서도 의견을 교환했다. 동·서독은 이에 관련된 3개의 협정을 체결했다.

콜 총리와 호네커 서기장은 본 방문을 마치며 공동성명을 발표했다. 이 공동성명에서 두 정상은 독일 영토에서 다시는 결코 전쟁이 일어나지 않

---

6. 연방 총리에 대한 불신임은 후임 총리를 선출해야만 이루어진다. 이를 '건설적 불신임'이라고 한다. 1982년 10월 1일 연방 하원이 헬무트 콜 기민당 대표를 총리로 선출하여 슈미트는 물러났다.

동독 국가 원수로는 처음으로 서독을 방문하여 콜 총리(왼쪽)와
함께 군 의장대를 사열하는 호네커 동독 공산당 서기장(1987.9.7, 본).

도록 해야 하며 평화가 뿌리내리도록 노력하기로 다짐했다. 상호 방문, 관광 및 청소년 교류의 확대, 동·서독 도시 간 자매결연, 철도 교통, 우편 및 전화통화의 확대 등 동·서독 간의 관계를 증진하고 교류를 확대하기로 했다. 군비 축소 문제에 관해서도 협력하기로 했다.

이어 호네커 서기장은 여러 지방 도시도 방문했다. 쾰른과 뒤셀도르프에 이어 부퍼탈Wuppertal에 있는 프리드리히 엥겔스Friedrich Engels, 1820~1895의 생가生家와 트리어Trier에 있는 카를 마르크스Karl Marx, 1818~1883의 생가를 둘러보았다. 호네커에게는 공산당 이론을 제기한 두 사람의 생가 방문이 중요했다. 그는 또한 프랑스와 인접한 자를란트 주의 작은 도시 비벨스키르헨에 살고 있는 여동생을 잠시 만나기도 했다. 이곳에서 가까운 노인키르헨에서 태어난 호네커는 어린 시절 철공소와 지붕 수리 일을 하면서 반히틀러 투쟁에 앞장섰던 공산당원이었다. 그는 뮌헨에 이어 다카우의 유대인 수용소 기념관도 둘러보았다.

호네커는 지방 도시를 방문하면서 요하네스 라우 노르트라인-베스트팔렌 주 총리, 오스카 라퐁텐Oskar Lafontaine 자를란트 주 총리, 베른하르트 포겔 라인란트-팔츠 주 총리, 프란츠 요한 슈트라우스 바이에른 주 총리 등과 만나 동·서독 관계 증진에 관해 의견을 나누었다. 그러나 통일 문제에 관해서는 진전이 없었다. 호네커는 "자본주의와 사회주의는 물과 기름처럼 합쳐지기 어렵다"며 동·서독이 통일이 될 수 없다고 강조했다.

호네커는 서독 방문을 통해 무엇보다도 동독이 사회주의 국가로 성공했으며 안정된 국가임을 보여 주고자 했다. 이 당시 서독에서는 이를 어느 정도 인정하는 분위기였다. 독일의 분단이 점차 굳어 가는 상황에서 독일인들은 통일을 생각할 수 없었다.

호네커의 서독 방문 이후 동·서독 교류가 크게 늘어났다. 특히 '긴급한 가사家事 문제'로 인한 동독 주민들의 서독 방문이 큰 폭으로 늘어났다. '긴급한 가사 문제'란 서독에 살고 있는 가족과 친지의 결혼, 생일, 병환 또는 사망의 경우를 말한다. 이러한 경우에 동독 주민들은 예외적으로 서독을 방문할 수 있었다. '긴급한 가사 문제'로 인한 방문자는 1986년에 약 24만 4,000명에서 1987년에는 129만 명으로 5배 이상 늘어났다.

동·서독 도시 간 자매결연도 늘어났다. 그동안 5개에 불과했던 자매결연 도시가 호네커 방문 이후 1987년에 10개가, 1988년에는 29개가 새로 늘어났다. 1989년 9월까지 모두 62개 도시 간에 자매결연이 맺어졌다. 이후 통일 과정에서 서독 도시들은 자매결연을 맺고 있는 동독 도시를 지원했다. 이들 자매도시들 간의 교류는 통일 이후에도 계속되고 있다.

¨ 동유럽에 부는 개혁의 바람

1980년대 후반 들어 폴란드와 헝가리 등 일부 동유럽 국가에서 변화와 개혁의 바람이 일기 시작했다. 이러한 변화와 개혁은 1980~1981년 폴란드의 자유노조 운동과 1985년 3월 소련 공산당 서기장이 된 고르바초프가 추진한 '페레스트로이카(개혁)'와 '글라스노스트(개방)'의 개혁 정치로 가능했다. 고르바초프가 추진한 개혁 정치의 주요 내용은 사회주의의 낡은 체제를 고치고 막대한 국방비를 줄여 경제를 발전시키는 것이라고 요약할 수 있다. 그는 외교에서 '신사고新思考'를 통해 미국과 관계를 개선하고 긴장 완화도 추구하고자 했다. 고르바초프의 이러한 신선한 정책은 자유를 갈망하는 동유럽인들에게 큰 희망을 주었다.

동유럽 국가 중에서 특히 폴란드와 헝가리의 변화가 두드러졌다. 이미 두 차례의 자유화 운동이 있었던 폴란드에서는 1989년 6월 처음으로 실시된 자유선거에서 자유노조연합이 승리했다. 9월에 자유노조 출신의 마조비에츠키가 공산당과 연립 정부를 구성하여 총리가 되었다. 헝가리에서는 1989년 10월 7일 집권당인 공산당이 당명을 사회주의 정당으로 바꾸고, 10월 23일에는 국명에서 '인민'을 삭제하여 '헝가리 공화국'으로 바뀌었다. 비록 두 나라에서의 변화지만 앞으로 동유럽이 변화할 것임을 나타내는 것이었다.

그동안 동유럽 국가 국민들은 끊임없이 자유를 갈망해 왔다. 동독(1953년 6월)을 시작으로 폴란드(1956년 6월), 헝가리(1956년 10월), 체코슬로바키아(1968년 8월), 폴란드(1980~1981년) 등에서 자유화 운동이 있었다. 소련은 이러한 자유화 운동을 탱크를 동원하여 무력으로 진압했다. 소련은 또한 1968년 체코슬로바키아의 자유화 운동을 바르샤바조약기구 군대를 동원하여 진압했다.

1968년 11월 12일 레오니트 브레즈네프Leonid Brezhnev 소련 공산당 서기장은 폴란드 공산당 제5차 대회에서 체코슬로바키아 자유화 운동 진압을 정당화했다. 즉 사회주의의 어느 국가가 그 생존이 위협을 받을 때에는 이를 사회주의 국가 전체에 대한 위협으로 보고 다른 사회주의 국가가 개입할 권리가 있다고 했다. 이 '브레즈네프 독트린'으로 동유럽 국가들의 주권은 크게 제한되었다.

그러나 1980년대 후반 들어 동유럽에 일기 시작한 변화와 개혁으로 '브레즈네프 독트린'은 더 이상 유지하기 어렵게 되었다. 1988년 말부터 폐기가 거론되던 '브레즈네프 독트린'은 마침내 1989년 10월 27일 바르샤바 조약기구 외무장관 회의에서 공식 폐기됐다. 이제 동유럽 국가들은 국내 문제에 관해서 좀 더 자유롭게 결정할 수 있게 됐다.

이러한 변화에도 불구하고 동독 공산 정권은 마르크스-레닌주의를 고수하며 새로운 변화를 원하는 주민들의 요구에 귀를 기울이지 않았다. 공산 정권은 "옆집에서 도배를 한다고 해서 우리도 도배를 할 필요는 없다"라며 개혁을 거부했다. 동독 정부는 1989년 5월 7일 실시된 지방 선거에서 이미 정해진 후보자에 대한 찬성을 강요하며 선거를 조작하는 과거의 관행을 되풀이했다. 투표율 98.77%에 투표자의 98.85%가 민족전선 후보자를 지지했다고 발표했다. 과거에는 주민들이 공산 정권의 이러한 발표를 순순히 받아들였으나 이번에는 달랐다. 시민운동가들은 처음으로 공산당이 선거를 조작했음을 증명해 보였다. 부정 선거에 대한 항의가 여러 곳에서 나타나 동독에서도 서서히 변화의 조짐이 보였다. 고르바초프의 개혁 정치와 브레즈네프 독트린의 폐기는 동독 주민들에게 공산 정권에 저항하는 용기를 주었다.

¨ 동독을 떠나는 주민들 - 개혁의 신호탄

1989년 5월에 실시된 지방의회 선거 이후 동독 주민들의 불만은 점차 커져 갔다. 주민들의 불만이 큰 이유는 동독 공산당이 모든 일상생활에서 권력을 독점하고 있기 때문이었다. 주민들은 정치권력의 집중, 주민 감시, 열악한 사회간접자본 시설, 조잡하고 노후화된 공장의 생산시설, 점차 심해지는 환경 파괴 등의 모든 원인이 동독 공산당에 있다고 여겼다.

이제 동독에 새로운 변화가 나타나기 시작했다. 동독의 변화는 위로부터 시작된 폴란드와 헝가리의 변화와는 다르게 일반 주민들에 의해 아래로부터 시작되었다. 일반적으로 아래로부터의 개혁 요구가 성공을 거둘 경우 위로부터의 지시에 의한 변화보다도 파급 효과가 훨씬 크다.

개혁을 거부하는 동독 공산 정권에 실망한 주민들은 두 가지 형태로 저항했다. 하나는 서독으로의 탈출이었고, 또 다른 하나는 개혁 요구 시위였다. 동독의 변화는 주민들이 헝가리, 폴란드와 체코슬로바키아를 통해 서독으로 탈출하면서 시작되었다. 특히 젊은이들이 적극적이었다. 1989년 1월 1일 발효된 신국외여행규정으로 다른 사회주의 국가로의 여행이 전보다 자유로워졌다. 1989년 여름에 동유럽 국가로 여행하는 동독 주민이 크게 늘어났다. 1989년 1~9월의 9개월 동안 외국여행을 신청한 이들이 무려 16만 1,000명이나 되었다. 이 인원은 1972~1988년의 17년 동안의 외국여행자 19만 3,000명에 근접했다.

처음에 동독 주민들은 주로 헝가리를 경유하여 탈출했다. 새로운 변화를 추구하던 헝가리는 1989년 5월 2일 오스트리아와의 국경선에 설치된 감시 초소와 철조망을 제거하기 시작했다. 6월 27일 줄러 호른Gyula Horn 헝가리 외무장관은 알로이스 모크Alois Mock 오스트리아 외무장관과 함께 국경선에 설치했던 철조망 절단 행사를 가졌다. 이 행사가 텔레비전을 통해 전 세계에 알려졌다. 동독 주민들도 이 장면을 보았다. 헝가리는 또한 6월에 유엔 난민협약에 서명했다. 삼엄하기만 한 공산 국가에 자유로 가는 빈틈이 생겨났다. 동독 주민들이 헝가리를 통해 서독으로 탈출할 수 있는 길이 열린 것이다.

헝가리를 경유하여 서독으로 탈출했다는 소식이 간헐적으로 알려지면서 헝가리로 오는 동독 주민이 날이 갈수록 늘어났다. 8월 들어서는 탈출 규모가 커졌다. 8월 19일에는 범유럽연맹이 헝가리 국경 도시 소프론에서 개최한 피크닉 행사로 국경이 몇 시간 열린 틈을 타 661명의 동독 주민이 오스트리아로 넘어갔다. 헝가리로 오는 동독 주민들 중 안전한 서독 대사관 구내로 오는 사람들이 점차 늘었다. 더 이상 수용할 수 없을 정도가 되자 대사관이 잠시 폐쇄되었다. 바르샤바와 프라하 주재 서독 대사관의 사정도 마찬가지였다.

주민들의 탈출이 계속되면서 규모도 커지자 동독 정부는 사태의 심각성을 인식하기 시작했다. 동독 정부는 헝가리 정부에게 사회주의 형제국가임을 강조하며 서독 대사관에 있는 동독 주민들의 송환을 요청했다. 헝가리는 제3국으로의 여행증명서가 없는 동독 주민이 제3국으로 떠나는 것을 허가해서는 안 될 의무가 있었다. 한편 서독 정부도 이들을 서독으로 데려오기 위해 헝가리 정부를 설득했다. 결국 서독 정부의 요구가 받아들여졌다. 서독 대사관에 있던 108명의 동독 주민은 국제적십자의 신분증을 받아 8월 24일 서독으로 넘어갔다.

헝가리에는 아직도 서독으로 가기를 원하는 수천 명의 동독 주민이 있었다. 또한 동독 주민들이 계속해서 헝가리로 들어오고 있었다. 서독의 콜 총리는 이 문제를 근본적으로 해결해야 했다. 콜의 초청으로 8월 25일 헝가리의 미클로스 네메트Miklós Németh 총리와 호른 외무장관이 비밀리에 서독을 방문했다. 네메트 총리는 콜 총리에게 헝가리에 들어온 동독 주민이 서독으로 갈 수 있는 방안을 마련하여 출국을 허용하겠다고 약속했다. 이에 대해 서독은 헝가리에게 5억 마르크의 지원을 약속했다.

8월 31일 부다페스트로부터 긍정적인 소식이 왔다. 헝가리 정부가 동독 주민들을 유엔 난민협약에 따라 처리할 것임을 시사한 것이다. 9월 11일 0시를 기해 헝가리 정부는 인도적인 차원에서 국경을 개방했다. 이 조치로 72시간 내에 약 1만 5,000명의 동독 주민이 서독으로 떠났다. 동독 정부는 이러한 조치가 동독에 대한 배신이며 국내 문제에 대한 간섭이라며 헝가리 정부를 강하게 비난했다. 동독 정부는 서독 정부가 배후에서 조정했다며 서독도 비난했다. 서독 외교의 성공으로 헝가리에서만 9월 말까지 약 2만 5,000명의 동독 주민이 넘어왔다.

소련은 헝가리 정부의 이러한 행동에 관여했어야 했다. 그러나 소련은 1989년부터 1990년 초까지 더 중요한 폴란드 사태와 소련 국내 문제에 매달리느라 헝가리 내 동독 주민들의 탈출에 관여할 여유가 없었다.[7]

¨ 프라하로 날아간 겐셔 외무장관

헝가리에 체류 중인 동독 주민들의 송환 문제는 헝가리 정부의 적극적인 지원으로 해결됐다. 동독 정부가 헝가리 여행을 통제하자 주민들은 체코슬로바키아와 폴란드로 몰려들었다. 프라하와 바르샤바 주재 서독 대사관에는 서독으로 가기를 원하는 동독 주민들이 몰려들었다. 더 이상 수용할 수 없을 정도였다. 식사 문제보다도 화장실과 샤워 시설 등 위생 문제가 더 심각했다. 9월 말이라 기온이 내려가면서 잠자리도 큰 문제였다.

---

7. 필립 젤리코 · 콘돌리자 라이스(김태현 · 유복근 옮김), 「독일통일과 유럽의 변환: 치국경세술 연구」, 123~125쪽.

서독 정부는 이 문제를 조속히 해결하고자 했다. 마침 겐셔 외무장관은 9월 23일 이래 유엔 총회 참석차 뉴욕에 있었다.[8] 그는 9월 27일 유엔 주재 서독 대표부에서 오스카어 피셔Oskar Fischer 동독 외무장관을 만났다. 오래전부터 동·서독 외무장관은 유엔 총회를 계기로 정례적으로 만나 동·서독 관계와 주요 국제 문제에 관해 의견을 교환해 왔다. 겐셔는 프라하와 바르샤바 대사관에 있는 동독 주민들이 서독으로 갈 수 있도록 협조를 요청했다. 다음 날 아침 겐셔는 폴란드와 체코슬로바키아 외무장관을 만나 협조를 요청했다. 폴란드 장관은 협조를 약속했다. 그러나 체코슬로바키아 장관은 이 문제는 서독이 동독과 협의하여 해결할 문제라며 개입하기를 꺼렸다.

겐셔 장관은 이 문제를 해결하기 위해서는 소련의 도움이 필요하다고 판단했다. 그는 9월 28일 오후 예두아르트 셰바르드나제Eduard Schevard-nadze 소련 외무장관에게 도움을 요청했다. 겐셔가 면담을 신청하자 그는 소련 대표부로 바로 오라고 했다. 대기해 놓은 자동차가 없어 겐셔는 뉴욕 경찰차를 이용했다. 셰바르드나제는 어린아이들도 있는지 물은 뒤 고르바초프에게 보고하고 동독은 물론 체코슬로바키아와도 협의하여 도와주겠다고 약속했다. 다음 날 오후 겐셔가 독일로 귀국하기 위해 호텔 문을 나서는 순간 피셔 동독 장관의 보좌관이 전화로 내일 오전 본 주재 동독 대표부 대표가 새로운 통보를 할 것이라고 알려 왔다. 겐셔는 직감으로 이 문제가 잘 해결될 것으로 판단했다.

---

8. 심근경색 증세가 있던 겐셔 장관의 뉴욕 출장에 의사 2명과 간호사가 심장 관련 의료 장비를 갖고 동행했다. 이들은 호텔에서도 겐셔의 옆방에 머무르며 만일에 대비했다. 이후에도 겐셔의 수십 차례의 외국 출장에 의료진이 동행했다.

9월 30일 아침 겐셔 장관은 본으로 돌아왔다. 그는 총리실에서 루돌프 자이터스 총리실 장관과 함께 호르스트 노이바우어Horst Neubauer 동독 대표부 대표를 만났다.[9] 노이바우어는 동독 정부가 프라하 대사관에 있는 동독 주민들을 서독으로 보내기로 결정했다고 설명했다. 교통편은 기차 편이며 동독을 경유한다고 했다. 그는 "이 결정을 호네커 서기장이 직접 내렸다"고 강조했다.

이날 오후 겐셔는 동독 주민들을 무사히 서독으로 데려오기 위해 자이터스 장관과 함께 프라하로 갔다. 콜 총리가 직접 가려고 했으나 전립선 수술 후라 가지 못했다. 외무부, 내무부와 총리실의 고위 관리들도 동행했다. 이날 밤 프라하 서독 대사관에 도착한 겐셔는 자고 있는 동독 주민들 사이로 계단을 올라 발코니에 섰다. 그가 "사랑하는 여러분!"이라고 하자 환호가 이어졌다. 그는 "여러분이 서독으로 갈 수 있게 되었음을 알리기 위해서 왔다"고 했다. 비슷한 시간에 바르샤바 주재 서독 대사관에서도 위르겐 쥐드호프Jürgen Südhoff 서독 외무부 차관이 800여 명의 동독 주민에게 서독으로 갈 수 있다고 알렸다.

이날 밤 프라하에서 동독 주민들은 6개의 특별 열차 편으로 서독으로 떠났다. 기차가 동독을 경유하기 때문에 이들의 불안감을 덜어 주고 안전에도 유의해야 했다. 이를 위해 모든 기차의 객실에는 서독 총리실 또는 외무부의 고위 관료 1~2명이 동승했다.[10] 겐셔와 자이터스도 기차로 함

---

9. 분단 시 동·서독은 상주 대표부를 교환했다. 서독 주재 동독 대표부는 서독 외무부가 아닌 총리실을 상대했기 때문에 이날 동독 대표가 총리실을 방문한 것이다. 동독에 주재하는 서독 대표부는 동독 외무부를 상대했다.

10. 동독 피난민들이 탄 열차에 객차마다 동독 비밀경찰 요원 2명이 탑승하여 피난민들의 신분증을 회수했다. 서독 측 요원은 객차마다 1~2명이 탑승하여 신원 확인을 위해 각자의 신상명세서를 종이에 적어 두도록 안내했다[피난민 호송 열차에 직접 탑승했던 독일 외무부 람바하(Dr. Frank Lambach)

프라하 주재 서독 대사관에 몰려든 동독 주민들. 겐셔 외무장관은 이들에게 서독으로
갈 수 있게 됐다고 알렸다(1989.9.30, 프라하).

독일 통일 한국 통일

께 가려고 했으나 동독 정부는 허용하지 않았다.

동독 정부는 이들을 태운 기차가 동독 영토에 들어오자 신분증을 회수하고, 조국을 배신했기 때문에 추방한다며 이들을 서독으로 보내는 것을 정당화했다. 이렇게 하여 프라하 주재 서독 대사관에 있던 약 5,500명의 동독 주민은 무사히 서독으로 넘어왔다. 훗날 겐셔는 "이날이 나의 정치 생애에서 가장 격동적인 시간이었다"고 회고했다.[11]

동독 주민들이 서독으로 떠난 뒤인 10월 3일 약 4,700명이 대사관에 다시 진입했다. 대사관은 다시 폐쇄됐다. 이들도 데려오기 위해 콜 총리는 호네커 서기장과 통화를 시도했으나 되지 않았다. 콜은 라디슬라프 아다메츠Ladislav Adamec 체코슬로바키아 총리와 통화했다. 아다메츠 총리는 10월 3일 16시 기준 약 6,000명의 동독 주민이 대사관으로 들어갔고, 약 2,000명이 대사관에 들어가려고 주변에 머물고 있다고 했다. 여기에 3,000~4,000명의 동독 주민이 국경을 넘어 체코슬로바키아로 들어오고 있는 중이라고 전했다. 이어 그는 17시 동독과 체코슬로바키아의 모든 국경을 폐쇄했고 이 시점에 체코슬로바키아에 있는 모든 동독 주민을 서독으로 보내기로 동독과 합의했다고 알려 왔다. 이들도 10월 4일 기차 편으로 서독으로 떠났다. 바르샤바 대사관에 있던 약 800명의 주민과 동베를린의 서독 대표부에 있던 동독 주민들이 서독으로 넘어갔다.

1989년 가을 서독 정부는 서독으로 오기를 희망하는 동독 주민들을 데려오는 데 외교력을 집중했다. 서독은 지난 9월에 헝가리에 이어 체코슬로바키아와 폴란드에 머물고 있던 동독 주민들을 데려오는 외교 성과를

대사를 1995년 3월 16일 독일 외무부에서 면담했다].
11. Hans-Dietrich Genscher, *Erinnerungen*, p.22.

올렸다. 동독 주민들의 대규모 탈출은 동독의 붕괴를 알리는 시작이었다. 1989년 가을에 동독 주민들의 대大반란이 시작되었다.

¨ 공산 정권에 등 돌린 주민들

동독을 떠나는 주민들이 갈수록 늘어나고 있었지만 동독 정부는 주민들의 개혁 요구에 대처하지 못했다. 아니 귀를 기울이지 않았다. 동독 정부가 변화와 개혁에 관심이 없자 주민들은 시민 단체 또는 정당을 결성하여 활동하기 시작했다. 1989년 9월 10일 시민운동 단체인 '신포럼Neues Forum'이 등록을 신청했으나 반국가 단체라는 이유로 거절됐다. 정당 창당도 활발했다. 9월 12일에 '즉시 민주주의Demokratie Jetzt' 당이, 10월 7일에 동독 사민당(SPD)이, 10월 29일에는 '민주주의 출발der Demoktratische Aufbruch' 당이 창당됐다. 시민 단체와 정당들은 정치 개혁만이 동독을 구할 수 있다며 정부에 개혁을 촉구했다.

이와 함께 새로운 형태의 시민 활동이 주목을 끌기 시작했다. 특히 교회가 큰 역할을 했다. 절대 권력자 에리히 호네커 서기장의 퇴진, 동독의 국외여행 자유화 조치, 베를린 장벽의 붕괴. 이 모든 것이 라이프치히의 한 교회에서 시작되었다.

1989년 9월 4일 처음으로 라이프치히 시민 약 1,200명이 니콜라이 교회St. Nikolaikirche에 모였다. 이들은 기도 모임을 가진 후 개혁을 요구하는 시가 행진을 했다. 지방 도시에 있는 한 교회의 이 월요 모임이 동독을 변화시키고 독일의 역사를 바꿀 것이라고는 누구도 예상하지 못했다. 이 당시는 헝가리 정부가 9월 11일 헝가리에 체류 중인 1만 5,000여 명의 동독 주민이 서독으로 떠나도록 허가하기 전이었다. 이후 시민들은 월요일마다 이 교회에서 기도 모임을 가진 후에 개혁을 요구하며 행진을 했다.[12] 라이프치히 월요 기도 모임과 시위는 드레스덴 등 동독 여러 도시로 퍼져 나갔다.

이와 같이 탈출이 이어지고 개혁을 요구하는 시위가 계속되는 중에 1989년 10월 7일 동독 수립 40주년 기념행사가 열렸다. 이 기념식에서 호네커 서기장은 "동독이 지난 40년 동안 이룩해 온 사회주의가 성공했다"고 평가하면서 "이는 사회주의의 승리"라고 강조했다. 그러나 기념식에 참석했던 고르바초프 서기장은 호네커에게 "정치적인 결정이 외부로부터 강요받던 시대는 이미 지나갔으며, 동독 내부의 문제는 모스크바가 아닌 동베를린에서 결정되어야 한다"며 개혁을 촉구했다. 그리고 그는 "너무 늦게 오는 사람에게는 인생이 벌을 내린다*Wer spät kommt, den besraft das Leben*"라며 동독이 조속히 개혁의 길로 나설 것을 조언했다.

호네커는 개혁을 추진하는 고르바초프와 오래전부터 사이가 좋지 않았다. 그는 고르바초프의 조언에 귀를 기울이지 않았다. 오히려 마르크스-레닌주의를 고수하며 사회주의를 더욱 발전시켜 나가고자 했다.[13] 그는 주민들이 변화와 개혁을 얼마나 열망하고 있는지 제대로 알지 못했다.

동독 수립 40주년 기념행사가 열린 바로 그날 오후 동베를린, 라이프

---

12. 동독 교회에서는 1980년대 이래 월요일마다 예배가 있었다. 이로 인해 주민들은 월요일에 기도 모임을 갖고 시위를 했다. 기도 모임은 17시에, 시위행진은 일반인들도 참가할 수 있도록 18시에 했다 [동독 정권에서 개혁운동을 했던 보제(Reinhard Bohse) 라이프치히 시 공보국장을 1995년 5월 16일 라이프치히 시청에서 면담했다].
13. 이 당시 북한(김일성)도 고르바초프를 마르크스-레닌주의 신념을 저버린 '수정주의자'로 보았다. 돈 오버도퍼·로버트 칼린(이종길·양은미 옮김), 「두 개의 한국」, 310쪽.

치히와 드레스덴 등 여러 도시에서 개혁을 요구하는 시위가 일어났다. 시위에서는 지금까지의 '국외여행 자유화' 요구에서 한발 더 나아가 '집회의 자유'와 '자유선거' 실시와 같은 정치 구호가 나타났다. 무엇보다도 축제가 되어야 할 동독 수립 기념행사가 시위로 얼룩지고 퇴색되었다. 이날 이후에도 시위는 매일 계속되었다.

10월 9일 라이프치히의 월요 기도 모임에 이은 시위에 약 7만 5,000명의 시민이 참가했다. 시위가 최대 규모로 커졌다. 이들은 '우리가 주권자'라는 의미의 '우리가 국민이다Wir sind das Volk', '폭력은 안 돼Keine Gewalt'와 '우리는 이곳에 남는다Wir bleiben hier'라고 쓴 깃발을 들고, 구호를 외치며 시위를 했다.

라이프치히의 시위를 진압하기 위해 호네커 서기장은 수만 명의 경찰과 보안요원을 동원했다. 그러나 진압하기에는 시위대의 규모가 너무 컸다. 또한 유혈 충돌이 우려되어 적극적으로 개입할 수가 없었다. 다행히 경찰과 시위대 간의 충돌은 없었다. 34만 명의 동독 주둔 소련군도 병영에 남아 있으며 시위에 개입하지 않았다. 바체슬라브 코체마소포 동독 주재 소련 대사가 주둔군 사령관에게 직권으로 시위에 관여하지 말라고 명령을 내렸기 때문이다.[14] 이 명령에 대해 그는 모스크바로부터 추인을 받았다. 시위는 평화적으로 진행되었다.

평화적인 시위가 가능했던 또 다른 이유는 라이프치히 게반트하우스 오케스트라das Leipziger Gewandhaus-Orchester의 지휘자 쿠르트 마주르Kurt Masur 등 시민 대표들과 라이프치히 공산당 지도부의 노력 때문이었다.

---

14. 필립 젤리코·콘돌리자 라이스(김태현·유복근 옮김), 앞의 책, 140쪽.

시위가 폭력으로 얼룩졌더라면 사태는 다른 방향으로 번졌을 수도 있었다. 시위가 평화적으로 진행되어 동독에도 새로운 변화가 가능하다는 것을 암시했다. 10월 9일의 라이프치히와 전국 각지의 시위로 결국 호네커는 퇴진해야 했다.

주민들의 대규모 탈출로 어려움을 겪고 있던 동독 공산당 지도부는 점점 확대되는 시위로 더 큰 어려움에 직면했다. 주민들의 시위를 잠재울 새로운 조치가 필요했다. 그리고 이 사태에 대해 누군가가 책임을 져야 했다. 공산당 정치국은 10월 10~11일 특별 회의를 열어 슈토프 총리의 제의로 만장일치로 호네커의 퇴진을 결정했다. 그의 퇴진은 사실상 그 전날 이루어졌다. 10월 9일 동독 공산당 2인자인 크렌츠는 호네커에게 동독이 심각한 위기에 처해 있음을 설명하면서 나라를 위해 물러나야 한다는 당의 입장을 전달했다. 슈토프 총리와 에리히 밀케Erich Mielke 국가보안부 장관도 동조했다.

호네커는 예기치 못한 이 제의에 놀랐다. 그러나 이를 받아들일 수밖에 없었다. 이 제의가 이미 소련과 협의한 결과라는 것을 그동안의 경험으로 알고 있기 때문이었다. 그는 1주일 후인 10월 18일 당 서기장과 국가원수 직에서 물러났다.

호네커는 1961년 8월 베를린 장벽 설치 시 총책임자였다. 그는 발터 울브리히트Walter Ulbricht의 뒤를 이어 1971년에 동독의 제1인자가 되었다. 1976년에는 국가원수 직도 겸했다. 그는 소련의 노선을 철저히 추종했으나 고르바초프 서기장이 개혁 정치를 실시하자 소련과 일정한 거리를 유지했다. 그러나 변화와 개혁에 대한 주민들의 요구에 눈을 감았던 호네커의 퇴진은 불가피했다.

호네커의 후임으로 10월 18일 크렌츠 정치국원이 당 서기장이 되었다. 10월 24일 그는 국가원수인 국가위원회 위원장으로도 선출되었다. 그는 지난날 호네커의 정치 노선을 지지해 온 강성주의자로 개혁에 반대해 왔었다. 그가 서기장에 취임하며 탈주자에 대한 사면과 국외여행 자유화 등의 개혁 의사를 밝혔으나 주민들의 반응은 냉담했다. 그를 믿지 못하기 때문이었다.

라이프치히 니콜라이 교회의 10월 16일 월요 시위에 약 12만 명이, 10월 23일 시위에는 무려 30만 명이 참가했다. 그들은 조속한 개혁과 공산 정권의 퇴진을 요구했다. 호네커가 퇴진했음에도 시위 참가자가 점점 늘어나 규모가 커졌다. 다행히도 시위는 평화적으로 진행되었다.

¨ 동독 주민이 이룬 평화 혁명

크렌츠 서기장이 취임한 약 1주일 뒤인 10월 26일에 콜 총리는 그와 통화했다. 동독의 사태가 악화되는 것이 서독 정부가 바라는 바가 아니라며 하루속히 안정되기를 바랐다. 콜은 국외여행 규정의 개정 문제를 언급하며, 불법으로 국경을 넘었거나 동독을 탈출하다 처벌받은 자들에 대한 사면을 제안했다. 또한 그는 서독 대사관으로 도피한 동독 주민들의 문제가 좋은 방향으로 해결되기를 희망했다. 크렌츠는 자신이 취임 시 했던 연설을 거론하며 개혁을 약속했다.

크렌츠 서기장은 취임 2주 만에 소련을 방문하여 11월 1일 고르바초프와 회담했다.[15] 그가 서둘러 소련을 방문한 이유는 동독의 국내 정세와 심각한 경제 사정 때문이었다. 크렌츠는 1989년 현재 동독의 부채는 265억 달러이며, 지불해야 할 이자만도 45억 달러라고 했다. 예상외로 많은 부채 규모에 놀란 고르바초프는 국민들에게 솔직히 알리고 절약할 것을 조언했다. 크렌츠는 서방측이 동독의 경제적 약점을 이용하여 통일을 하려고 한다며 불평했다. 고르바초프는 여러 이유를 들며 독일은 절대로 통일이 될 수 없다고 안심시켰다. 그러면서 앞으로 동독이 소련과 긴밀히 협력해야 한다고 했다.

크렌츠는 취임 후 개혁을 추진하겠다고 여러 차례 밝혔다. 그럼에도 개혁을 요구하는 시위는 전국으로 확대되었다. 주민이 공산 정권을 믿지 않기 때문이었다. 11월 4일에도 전국적으로 시위가 있었다. 동베를린 알렉산더 광장에서 있었던 시위에 약 70만 명이 참가했다. 시위대들은 자유선거 실시, 공산당 일당 독재 폐지와 내각 총사퇴 등을 요구했다. 이 시위는 1953년 6월 17일 근로조건 개선과 정부 퇴진을 요구하며 일어났던 대규모 봉기 이래 가장 큰 시위였다.

한편으로는 서독으로 탈출하는 주민이 늘어나고 있고, 또 다른 한편으로는 시위가 점점 확대되고 있어 동독 지도부는 이를 심각하게 받아들였다. 이제 획기적인 개혁 조치 없이는 주민들의 불만을 해소할 수 없게 되었다.

동독을 떠나는 주민이 계속 늘어났다. 1989년 1월부터 10월까지 10개월 동안 약 16만 7,000명이 떠났다. 더 심각한 문제는 대부분의 탈출자가 공장 기술자, 회사원, 의사와 간호사 등 능력이 있고 젊은 층이라는 점이

---

15. 회담 내용은 필립 젤리코·콘돌리자 라이스(김태현·유복근 옮김), 앞의 책, 143~145쪽 참조.

1989년 가을 동독 주민들은 개혁을 외치며 거리로 나섰다. 11월 4일 동베를린에서
약 70만 명이 시위에 참가하여 개혁을 촉구했다(동베를린 알렉산더 광장).

었다. 이로 인해 공장 가동과 대중교통 운행이 제대로 안 되고, 병원은 물론 대부분의 직장이 운영에 어려움을 겪고 있었다. 1989년 가을 동독은 막대한 대외 채무와 수출 부진으로 경제 사정이 어려웠다. 여기에 주민들의 탈출과 시위로 경제가 더 악화되어 국가 재정이 바닥날 정도였다. 이제 동독은 더 이상 개혁을 늦출 수 없었다.

이 당시 동독 공산당 지도부는 호네커가 물러나고 다른 사람이 서기장이 되면 문제가 해결될 것으로 생각했다. 그러나 공산당 지도부가 개혁과 변화에 대한 뚜렷한 방향이 없는 데다 신뢰를 받지 못하는 문제가 계속됐다. 공산당 지도부는 국민은 물론 당 내부에서도 신뢰와 지지를 상실했다.

이러한 상황에서 11월 7일 크렌츠 서기장은 슈토프 총리 등 내각을 총사퇴시키고, 11월 8일 당 정치국을 전면 개편했다. 후임 총리로 드레스덴시 공산당 제1서기인 한스 모드로가 취임했다. 고르바초프의 개혁 정책을 지지해 왔던 그의 총리 취임으로 개혁이 탄력을 받을 것으로 기대됐다.

동독이 내각을 전면 개편하자 콜 총리는 11월 8일 연방 하원에서 분단 상황에 관해 보고하면서 동독 정부에게 획기적인 개혁 조치를 요구했다.[16]

모든 독일인들에게 자유로운 자결권Freie Selbstbestimmung은 과거와 마찬가지로 지금도 우리 독일 정책의 핵심입니다. 자유로운 자결권은 과거와 마찬가지로 동독에 있는 우리 동포들의 희망이요, 바람입니다. …… 본인은 동독의 정치와 경제의 근본적인 개혁 조치와 연결 지어 광범위한 경제 원조를 할 용의가 있습니다. 동독 공산당은 권력 독점을 포기해야 하며,

---

16. 콜 총리의 의회 연설 내용은 Presse-und Informationsamt der Bundesregierung, Bulletin, Nr. 123 vom 9. November 1989 참조.

독립 정당을 허용하고 자유선거를 실시해야 합니다. 본인은 이러한 전제 조건 아래 완전히 새로운 차원의 경제 원조에 관해 동독과 협의할 용의가 있습니다.

이러한 콜 총리의 발언은 그가 1983~1984년에 동독을 지원했던 입장과는 완전히 달랐다. 그 당시 콜은 동독에 두 차례에 걸쳐 20억 5,000만 마르크의 차관을 보증하면서 이러한 조건을 달지 않았었다. 이제 그는 동독이 절실히 필요했던 경제 지원을 하기 위해서는 동독이 먼저 정치·경제 개혁을 해야 한다고 요구한 것이다.

다음 날 11월 9일 동독 정부는 국외여행 자유화 조치를 발표했다. 이 조치로 베를린 장벽이 붕괴됐다. 주민들의 개혁 요구에 동독 공산 정권이 굴복한 것이다. 1989년 가을 동독 주민들에 의한 평화 혁명이 결실을 맺어 가고 있었다. 이 평화 혁명은 민족 통일과 정치적 자유를 성공적으로 결합시킨 혁명이 되었다.[17]

독일 분단의 상징이었던 베를린 장벽이 붕괴됨으로써 분단으로 인한 독일 문제가 해결될 실마리가 잡혔다. 이제는 독일이 이 실마리를 풀려고 할 것인가? 또 풀려고 한다면 어떻게 풀어 나가느냐에 독일 문제의 해결이 달려 있었다.

---

17. 라이너 하젤로프(Reiner Haseloff) 독일 작센-안할트 주 총리는 2014년 9월 25일 서울에서 열린 "독일 통일 25년: 한국에 대한 교훈"이란 국제학술회의에서 이처럼 밝혔다.

제2장

통일로 가는 독일

"독일 통일 문제는 독일인들이 스스로 결정해야 할 일입니다. 독일인들이 스스로 어떠한 형태로, 어느 시기에, 얼마나 빨리, 그리고 어떠한 조건에서 통일을 실현해야 할지, 선택해야 합니다."

_ 미하일 고르바초프 소련 공산당 서기장

¨ 베를린 장벽 붕괴 후의 변화

1989년 11월 9일 신국외여행규정이 발효되어 수많은 동독 주민이 자유롭게 서베를린과 서독을 방문했다. 그럼에도 더 많은 개혁을 요구하는 동독 주민들의 시위는 계속되었다. 11월 20일 라이프치히의 월요 시위에 약 25만 명이 참가했다. 이날 드레스덴, 동베를린, 할레 등 다른 도시에서도 대규모 시위가 있었다. '우리는 한 민족이다!*Wir sind ein Volk!: We are one people!*' 이날 라이프치히 월요 시위에 처음 등장한 구호였다. 얼마 전까지만 해도 우리가 주권자라는 뜻의 '우리가 국민이다!*Wir sind das Volk!: We are the people!*'라는 구호였다. 새 구호는 동독 주민들이 서독 주민들과 같은 민족이라는 뜻이었다. 이는 동독 주민들이 통일을 원하고 있다는 표시였다.

11월 20일 자이터스 서독 총리실 장관은 동베를린을 방문하여 크렌츠 서기장 및 모드로 총리와 회담했다. 자이터스는 서독이 동독에 대해 광범

위한 지원을 할 계획임을 밝혔다. 그 전제 조건은 자유선거 실시, 헌법 개정, 법치 국가에 맞는 제도 도입 등 일련의 개혁 조치였다. 그는 이 개혁 조치가 나중에 되돌려져서는 안 된다고 강조했다. 즉 서독은 동독이 정치, 경제 개혁을 하여 주민들의 의사를 대변할 정부가 들어서야 지원을 하겠다는 입장이었다.

베를린 장벽이 붕괴된 후 서독은 처음으로 동독 사태와 독일 통일에 관한 고르바초프 서기장과 소련 고위층 인사의 생각을 듣게 되었다. 1989년 11월 21일 소련 공산당 중앙위원회 위원인 니콜라이 포르투갈로프Nikolai Portugalow가 콜 총리의 외교안보 보좌관인 호르스트 텔칙Horst Teltschik을 찾아온 것이다. 포르투갈로프는 텔칙에게 그가 독일어로 번역하여 직접 손으로 쓴 문서를 건네주었다. 이 문서에는 두 가지 내용이 있었다. 포르투갈로프는 첫째는 그가 발렌틴 팔린Valentin Falin 공산당 중앙위원회 국제국장과 이 서류를 작성한 고르바초프 서기장의 외교보좌관인 체르나예프Tschernajew와 협의한 것이고, 둘째는 팔린 국장하고만 협의한 것이라고 설명했다.[1]

첫째 내용은 공적인 성격을 띤 것으로 동독의 최근 사태에 관한 평가였다. 고르바초프는 최근의 동독 사태를 소련 없이 그리고 소련의 입장을 거슬려서 해결할 수 없음을 서독 정부가 의심하지 않을 것으로 생각한다고 했다. 소련은 아주 일찍부터(페레스트로이카가 나온 아주 이른 시점부터) 동독에서 이러한 사태가 올 줄을 예상했다고 했다. 이 내용에 텔칙은 다소 흥분되었다고 했다.

---

1. Horst Teltschik, *329 Tage: Innen Ansichten der Einigung*, pp.43~45.

둘째 내용은 동·서독 간의 협력에 관한 내용이었다. 통일 문제, 동독의 유럽공동체European Community, EC 가입문제 그리고 동맹체 소속에 관한 내용이었다. 소련은 독일 통일의 전 단계로 국가 연합적 조직die Konföderative Struktur에 찬성할 수 있다고 했다. 이 글을 읽은 텔칙은 "몸에 전기가 흐르는 듯했다"고 했다. 소련 지도부가 독일 통일 문제에 대해 서독이 생각하고 있는 것보다 훨씬 앞서 나가고 있기 때문이었다.

끝으로 포르투갈로프는 "크렌츠가 12월에 열릴 동독 공산당 전당대회에서 실각될 가능성이 크며, 후임은 드레스덴 시 당 제1서기인 한스 모드로가 될 것"이라고 귀띔해 주었다.

텔칙은 면담 결과를 곧바로 콜 총리에게 보고했다. 텔칙은 고르바초프와 그의 보좌관들이 독일 통일의 가능성과 이와 관련된 문제들에 관해 논의하고 있는 상황임을 강조했다. 그는 "통일 문제에 관해 우리가 더 이상 조용한 방에서 논의할 것이 아니라 공세적으로 나가야 할 적기"라고 건의했다. 콜 총리도 고르바초프를 조속히 만나겠다고 했다. 소련에서 믿을 수 없는 일들이 일어나고 있었다.

¨ 콜 총리, 통일 추진 선언

베를린 장벽이 붕괴된 상황에서 콜 총리는 통일 문제를 좀 더 깊게 다루고자 했다. 11월 23일 밤 총리실 방갈로(베란다가 있는 단층 목조 건물)에 콜 총리, 자이터스 장관, 클라인 공보장관, 텔칙 외교안보 보좌관 등 12명이 모여 통일 문제에 관해 심도 있는 토론을 했다. 텔칙은 베를린 장벽이 붕괴된 현 상황에서 콜 총리가 통일 문제에 관해 여론의 주도권을 잡고 나가야 할 때라고 제안했다. 그는 이를 위해 총리가 독일 통일 방안을 국내외에 제시할 필요가 있다고 건의했다. 총리가 지금 하지 않는다면 자민당(FDP)이나 사민당(SPD)이 먼저 들고나올 가능성이 있다고 덧붙였다. 그가 이렇게 나온 데에는 이틀 전 포르투갈로프와의 면담에서 자신감을 얻은 이유도 있었다. 텔칙은 콜이 라인란트-팔츠 주 총리 시절(1969~1976년 재임)부터 콜을 보좌해 온 최측근 인사이다.

텔칙의 건의가 받아들여졌다. 통일 방안을 제시할 콜 총리의 연설문 작성 작업이 텔칙 주도로 11월 24일 극비리에 시작됐다. 보안을 위해 연설문 작성 내용을 겐셔 외무장관에게도 알리지 않았다. 나중에 겐셔는 이 내용이 당연히 연립 정부 내 사전 협의 대상이었으나 협의가 없었다고 불만을 토로했다.[2]

이 초안은 다음 날 오후에야 만들어졌다. 토요일인 관계로 콜 총리는 루드빅스하펜Ludwigshafen의 자택에 머물고 있었다. 보안을 유지하기 위해 이 초안을 총리 운전기사를 통해 총리에게 전달했다.[3] 주말인 11월 25~26일 콜은 이 초안을 보완했다. 보완한 자료는 역시 보안을 위해 콜의 아내가 타이핑했다. 그녀는 전에도 콜의 박사 학위논문을 타이핑했었다. 콜이 보완한 자료는 11월 27일 월요일 총리실에서 다시 협의를 거쳐 완성되었다. 이날 이른 저녁 시간에 텔칙은 총리실에 모인 23명의 기자들에게 다음 날 발표할 내용을 설명했다. 물론 발표 시까지 보도 통제가 따랐다.

---

2. Hans-Dietrich Genscher, *Erinnerungen*, p.671.
3. 이 당시 본이 수도였다. 총리들은 주말에 공식 일정이 없으면 주로 자택에 머물렀다. 본에서 콜 총리
　의 자택이 있는 루드빅스하펜까지 자동차로 약 2시간 거리였다.

11월 28일 연방 하원에서 콜 총리가 참석하는 예산 문제 토론이 있었다. 콜은 이 기회를 이용하여 자연스럽게 '독일과 유럽의 분단 극복을 위한 10개 방안Zehn Punkte-Programm zur Überwindung der Teilung Deutschlands und Europas'을 발표했다.

첫째, 인도적인 분야와 의료 분야의 지원을 즉시 한다.

둘째, 경제, 과학·기술, 문화, 환경 분야에서 동독과의 협력을 확대한다.

셋째, 동독이 헌법 개정과 새로운 선거법 제정 등 정치와 경제 제도를 본격적으로 개혁한다는 전제 조건 아래 서독이 경제 원조와 협력을 확대한다.

넷째, 동독 모드로 총리가 제의한 조약공동체die Vertragsgemeinschaft를 고려해 볼 용의가 있다. 경제, 교통, 환경, 과학·기술, 보건, 그리고 문화 분야의 협력을 위한 공동위원회를 구성한다.

다섯째, 독일 연방국 건설을 목표로 동·서독은 '국가 연합적 조직die Konföderative Struktur'으로 발전시킨다. 이를 위해 동독에 민주적이고 정통성이 있는 정부가 구성되어야 한다.

여섯째, 동·서독 관계의 발전은 전 유럽의 통합 과정, 즉 동·서 관계에 맞도록 한다.

일곱째, 유럽공동체(EC)는 전 유럽 발전의 핵심으로 EC에 동독도 포함되어야 한다.

여덟째, 유럽안보협력회의Conference on Security and Cooperation in Europe, CSCE는 전 유럽의 핵심 조직으로 이를 더욱 발전시키고, 동·서 경제 협력 조정을 위한 공동 기구와 전 유럽의 환경 보호를 위한 기구를 설립한다.

아홉째, 유럽의 분단과 독일의 분단을 극복하기 위해 광범위한 군비 축소와 군비 통제를 실시한다.

열째, 이러한 광범위한 정책을 통해 유럽의 평화를 달성하고, 이를 토대로 독일 민족은 자유로운 자결권을 행사하여 통일을 이룩한다. 통일 독일은 독일 정부의 변함없는 정치적 목표다.

다섯 번째의 '국가 연합적 조직'은 동독 모드로 총리가 취임 연설에서 제의한 '조약공동체'보다 발전된 것이나 과도기적인 것이다. 콜 총리의 10개 방안은 결국 (1) 동독의 정치, 경제와 사회 개혁이 이루어지고 난 뒤에 (2) 동·서독이 협력을 통해 '국가 연합적 조직'으로 발전하여, (3) 마지막에 유럽 국가들과 협력하여 통일을 이룩한다는 3단계 방안으로 요약된다. 독일과 유럽 분단 극복의 마지막 단계가 독일 통일임은 물론이다.

독일 정부는 보안을 유지하기 위해 연설문을 부시 미국 대통령에게 연설 직전에 보냈다. 소련에게는 연설 직후에 전달했다. 영국과 프랑스에게도 독일 주재 대사들을 통해 전달했다. 통일 방안을 발표하는 과정에서 4개국과 사전 협의도 없었고 통보도 늦어 독일은 한동안 4개국 정상들로부터 많은 원성과 비난을 받았다.[4] 특히 고르바초프 서기장은 베를린 장벽 개방에 관해 동독으로부터 사전에 연락을 받지 못했다. 이번에는 서독으로부터 콜 총리의 연설문을 사전에 받지 못해 그는 단단히 화가 났다.

콜 총리는 통일 방안을 발표함으로써 급박하게 돌아가는 동독의 사태를 안정시키고 통일을 위한 시간적 틀을 준비하고자 했다. 그는 통일 과정 초기부터 독일이 국제사회에서 강대국 역할을 하려 한다는 오해를 받지 않기 위해 동독과의 협상에 관한 구체적인 일정은 제시하지 않았다.

---

4. 콘돌리자 라이스 전 미 국무장관은 독일 《슈피겔》지와의 인터뷰에서 "콜 총리가 이런 계획을 발표하리라고는 전혀 생각하지 못했으며, 내용보다도 미리 통보를 받지 못해 기분이 나빴다. 미 대통령 안보보좌관이 콜 총리의 외교안보 보좌관에게 항의했다"고 했다. *DER SPIEGEL*, Nr. 39/2010(2010.9.27). 1989년 11월에 라이스는 조지 부시 대통령의 동유럽 자문관이었다.

콜은 통일이 되기까지는 앞으로 3~5년은 걸릴 것으로 생각했다.[5] 아무리 빨라도 유럽 역내 시장이 완성된 뒤에나 가능할 것으로 생각했다. 너무 빨리 통일하는 것은 독일이 감당하기 어렵다고 보았다. 그러나 콜 총리는 7개월 뒤인 1990년 6월 독일 ZDF TV에 출연해 이 당시 통일 시기를 너무 늦게 잡았다고 했다.

콜 총리의 10개 방안은 사실상 통일 방안이다. 그러나 그는 '통일' 대신에 '분단 극복'이라는 용어를 사용했다. 또한 독일 통일을 유럽의 분단 극복 과정에 포함시킴으로써 독일 통일이 유럽의 평화 질서를 목표로 하고 있으며, 독일 통일은 그 목표로 가는 하나의 과정임을 강조했다.[6] 이렇게 하여 콜은 주변국들에게 독일이 통일만을 추구한다는 인식을 주지 않도록 주의했다. 콜 총리의 통일 방안 발표로 독일 통일 문제는 이제 주요 국제 문제가 되었다.[7]

콜 총리의 통일 방안이 나오고 약 2개월 후인 1990년 2월 1일 모드로 동독 총리는 독일 통일의 길을 밝히면서 4단계 통일 방안을 제시했다. 모드로의 통일 방안은 동독과 서독이 군사 기구에서 각각 탈퇴한 후에 전독일 총선을 통해 중립화된 연방국으로 통일하는 것이었다. 그의 통일 방안은 1월 30일 모스크바에서 고르바초프 서기장으로부터 독일 통일에 원칙적으로 반대하지 않는다는 입장을 받아낸 후에 나온 것이다.

콜 총리의 통일 방안에는 독일에 주둔하고 있는 외국군이나 북대서양

---

5. 그러나 텔칙 보좌관은 그의 저서 *329 Tage*(329일)에서 이때 콜 총리가 통일에 5~10년을 예상했다고 기술했다. 확실한 것은 이때만 해도 콜은 시간적 여유를 갖고 통일하려고 했다는 점이다.

6. Johannes Gerstner, "독일 통일 과정에서 동독과 서독 의원의 역할," 『독일 통일을 함께 경험한 그들의 이야기』(콘라트 아데나워 재단 한국사무소, 2014), 27쪽.

7. Presse-und Informationsant der Bundesregierung, *25 Jahre Freiheit und Einheit*, p.19.

조약기구North Atlantic Treaty Organization, NATO와 바르샤바조약기구에 관한 언급이 없었다. 그에 비해 모드로의 통일 방안은 동독과 서독이 군사기구에서 탈퇴하자고 제의한 데 큰 차이가 있었다. 소련은 독일이 통일을 하려 한다면 반드시 나토에서 탈퇴해야 한다는 입장이었다. 모드로의 통일 방안은 소련의 이러한 입장을 반영하여 나온 것이었다.

서독은 통일된 독일이 나토에 소속되어야 한다는 입장이었다. 미국도 독일이 나토에 잔류하는 조건에서만 통일을 지지한다고 밝힌 바 있다. 따라서 콜 총리는 통일된 독일이 중립으로 남아 있는 것은 유럽의 평화와 안정을 불안하게 하고 독일의 고립을 초래한다며 반대했다. 그는 모드로 총리의 통일 방안을 받아들이지 않았다. 그러나 통일을 반대해 오던 동독이 통일의 불가피성을 인정하고 구체적인 통일 방안을 제시한 것은 통일을 위한 큰 진전이었다. 이는 콜 총리의 통일 노력에 큰 힘이 되었다. 이제 콜은 자신감을 갖고 통일을 추진할 수 있게 되었다.

¨ 독일 통일을 반대하는 주변국들

베를린 장벽이 무너진 데 이어 콜 총리의 통일 방안이 발표되자 독일인들 사이에서는 통일에 대한 기대가 높아졌다. 그러나 소련, 영국과 프랑스 등 주요국들은 독일 통일에 호의적이지 않았으며 반대가 심했다.

11월 18일 파리에서 EC 특별 정상회담이 열렸다. 이 정상회담은 베를린 장벽이 붕괴된 후의 유럽 문제를 협의하기 위해 의장국인 프랑스의 미테랑 대통령 초청으로 이루어졌다. 이 회의에서 영국의 대처 총리는 '현상 유지status quo'를 강조했다. 이는 동·서독 경계선을 포함한 현재의 유럽 국경선이 그대로 유지되어야 한다는 뜻으로, 결국 독일 통일을 반대한다는 것이었다. 대처는 전부터 독일 통일을 강하게 반대했었다. 대처는 이미 베를린 장벽이 붕괴되기 6주 전인 9월 말에 모스크바에서 고르바초프 서기장을 만나 독일 통일을 단호히 반대한다고 했었다.[8] 또한 대처는 각료들에게 독일이 통일되려면 10~15년은 걸릴 것이라고 장담하기도 했다.[9] 대처의 이러한 반대는 전통적으로 유럽 대륙에서 어느 한 국가가 강해지는 것을 원하지 않는 영국의 정책 때문이었다. 그럼에도 대처의 독일 통일 반대는 유독 심했다.

EC 특별 정상회담 20일 후인 12월 8~9일 스트라스부르에서 EC 정상회담이 열렸다. 이 회담에서도 대처 총리는 11월 28일 발표한 콜의 통일 방안을 비판하며 독일 통일에 반대했다. 그럼에도 정상회담은 독일 통일이 헬싱키 최종 의정서와 유럽 통합의 테두리 안에서 이루어져야 한다는 선언을 채택했다.

1989년 12월 3일 몰타에서 조지 부시 대통령과 고르바초프의 정상회담이 있었다. 이 회담을 마치고 나토 정상회담 참석차 이날 브뤼셀에 온 부시는 미 대사관저에서 콜 총리를 만나 고르바초프와의 회담 결과를 설명했다. 그는 "고르바초프가 콜이 통일을 너무 서두르고 있고, 구체적 일정이 없는 통일 방안에 대해 이의를 제기했다"고 했다. 또한 부시는 콜에게 고르바초프를 곤경에 빠뜨리지 않고 서방 국가를 결속시킬 수 있는 방안을 강구하는 것이 좋겠다고 조언했다. 콜은 고르바초프를 어려움에 처하

---

8. *DER SPIEGEL*, Nr. 39/2010(2010.9.27).
9. Helmut Kohl, *Erinnnerungen 1990–1994*, p.62.

지 않도록 유의하겠다고 했다.

12월 4일 브뤼셀에서 열린 16개국 나토 정상회담에서 부시는 독일 통일을 위한 4개의 원칙을 제시했다. 즉 (1) 통일이 독일인의 자결권에 의해 이루어져야 하고, (2) 통일 과정에서 나토와 EC에 대한 독일의 의무와 독일에 대한 연합국의 권한과 책임이 적절한 방법으로 고려되어야 하며, (3) 통일 과정은 유럽의 안정을 위해 평화롭고 점진적이며 단계적으로 진행되어야 하며, (4) 국경 문제 해결에 헬싱키 선언의 원칙이 지켜져야 한다고 강조했다.

부시는 친구 콜도 이러한 신념들을 공유하고 있는 것으로 알고 있다고 했다. 전제 조건이 있었으나 부시는 나토 정상들에게 미국이 독일 통일을 지지하고 있음을 분명히 한 것이다. 고르바초프와 대처가 독일 통일에 강하게 반대하는 상황에서 부시의 지지는 콜에게 큰 힘이 되었다.

소련의 고르바초프 서기장도 독일 통일에 반대했다. 몰타에서 부시 미국 대통령과 정상회담 후 고르바초프는 기자회견에서 "두 개의 독일을 원했던 역사적 사실을 잊어서는 안 된다"고 강조했다. 이어 그는 "독일 문제를 인위적으로 해결해서는 안 된다"며 성급한 독일 통일의 움직임에 대해 경고했다.

고르바초프 서기장은 콜 총리의 통일 방안 발표에 대해 단단히 화가 났다. 그의 화가 모스크바를 방문한 겐셔 외무장관에게 폭발했다. 12월 5일 모스크바에 도착한 겐셔는 셰바르드나제와의 회담에서 소련 지도부가 콜의 통일 방안에 대해 화가 나 있음을 느꼈다. 다음 날 만난 고르바초프는 겐셔에게 콜 총리가 통일 방안을 사전에 협의 없이 발표한 데다, 동독 지원에 대한 전제 조건을 단 데 대해 화가 난다고 했다. 그는 "최후통첩이나 명령 형식이 아닌 제의였어야 했다"며 불만을 토로했다. 겐셔도 통일 방안 내용에 관해 콜 총리로부터 사전에 연락을 받지 못했지만 고르바초프의 지적에 대해 하나하나 설명을 했다. 훗날 겐셔는 "고르바초프가 이날 그렇게 화가 난 모습을 그 전에나 그 이후에도 본 적이 없다"며 이날의 면담 결과를 회상했다.[10]

한편, 고르바초프는 12월 10일 소련 공산당 중앙위원회 회의에서 전략적으로 중요한 동맹국인 동독이 어려움에 처하도록 내버려 두지 않을 것이라고 했다. 또한 그는 "독일에 두 개의 독일이 있어야 한다는 것이 소련의 변함없는 입장이다"라고 강조했다. 그의 이러한 발언은 독일 통일을 반대하는 것으로, 독일이 통일되기까지는 아직도 많은 장벽이 가로막고 있었다.

12월 11일 소련의 제의로 전승 4개국 대사들이 베를린에서 모임을 가졌다. 이 모임을 베를린이 4개국의 관리 아래에 있다는 시위로 인식한 겐셔 장관은 화가 났다. 그는 제임스 베이커James Baker 미국 국무장관에게 "독일의 참여 없이 4개국만이 독일 문제를 협의하는 것을 받아들일 수 없다"며 강하게 항의했다. 겐셔의 항의는 앞으로 이런 일이 재발되지 않도록 하려는 의도도 있었다. 1955년 제네바에서 전승 4개국이 큰 테이블에서 독일 문제를 협의하는데, 동·서독은 발언권도 없이 옆의 조그만 테이블에서 지켜보아야 했던 때가 있었다. 이는 서독에게 굴욕이었다.

12월 14일 콜은 고르바초프에게 서한을 보냈다. 그는 11쪽이나 되는 긴

---

10. 겐셔는 고르바초프와의 이날 면담 내용을 그의 회고록에 상세히 기록했다. Hans-Dietrich Genscher, *Erinnerungen*, pp.682~688.

서한에서 독일 통일 방안에 대해 오해하지 않도록 독일 정부의 대동독 정책과 유럽 정책을 설명했다. 또한 그는 고르바초프에게 1990년 초에 비공식 정상회담을 갖자고 제의했다.

프랑스도 독일 통일에 반대했다. 미테랑 대통령은 1989년 12월 6일 키예프에서 고르바초프와 정상회담을 했다. 미테랑은 동독 방문 계획을 밝히며 함께 베를린을 방문하여 베를린이 4개국의 관리 아래에 있음을 재확인시키자고 제의했다. 그러나 고르바초프는 가려면 혼자 가라며 가지 않았다.[11] 결국 미테랑 혼자 12월 20~22일 동베를린을 방문했다. 콜 총리가 지난 12월 19일 서둘러 드레스덴을 방문한 이유는 미테랑이 동베를린을 방문하기 때문이었다.

그러나 프랑스는 1990년 들어 독일 통일을 지지하는 입장으로 돌아섰다. 유럽 통합, 특히 단일 통화를 도입하려는 미테랑으로서는 독일의 도움이 필요했다. 콜 총리는 1990년 1월 4일 프랑스 대서양 연안의 라세 Latché에서 미테랑 대통령을 만났다. 두 정상은 이 만남에서 독일 통일 문제와 통일된 독일의 동부 국경선 문제 등에 관해 대화를 나누었다. 콜은 유럽 통합에 대한 서독의 입장에 변함이 없다고 했고, 미테랑은 동·서독이 통일을 추진하는 것을 받아들인다고 했다. 이후 미테랑은 독일 통일에 관해 더 이상 반대하지 않았다.[12]

---

11. 발렌틴 팔린 전 주서독 소련 대사(1971~1978년 재임)는 2010년 12월 6일 베를린 사민당사에서 열린 '빌리 브란트의 동방조약 40주년 기념 포럼'에서 이러한 내용을 언급했다. 필자도 이 포럼에 참석했다.
12. *DER SPIEGEL*, Nr.39/2010(2010.09.29).

전승 4개국 중에서 유일하게 미국이 독일 통일을 지지했다. 부시 대통령은 1989년 11월 21일 워싱턴에서 겐셔 장관을 접견한 자리에서 미국이 독일인의 관심인 자결권에 의한 통일을 지지한다고 했다. 베이커 국무장관은 겐셔에게 독일 통일은 미국의 주요 정책이라고 강조했다. 12월 4일 부시는 나토 정상회담에서 미국이 독일 통일을 지지한다고 했다.

　12월 12일 오후 늦게 콜 총리는 독일을 방문한 베이커 장관을 접견했다. 콜은 미국이 독일 통일을 지지하고 있으나 소련, 영국과 프랑스 정상들이 신경과민인 상태에서 사태를 복잡하게 하는 일은 하지 않겠다고 했다. 베이커도 통일에 이르는 시간의 틀을 언급하지 않는 것이 좋겠다고 조언했다. 콜은 통일 과정이 성공적으로 진행되기 위해서는 고르바초프가 국내 정치에서 실패해서는 안 된다고 했다. 이는 폴란드와 헝가리의 국내 정세 안정에도 도움이 될 것이라고 했다. 그는 동독에서 다음 해 여름 전에 자유선거가 반드시 실시되어야 한다고 덧붙였다.

　이어 베이커는 콜 총리에게 이날 저녁 베를린에서 있을 강연에서 제시할 독일 문제 해결을 위한 포괄적 계획을 설명했다. 즉 "유럽 분단 극복의 일부분으로 베를린과 독일의 분단이 평화와 자유를 통해 극복될 기회가 주어져야 하며, 이 과정에 미국의 안보가 유럽의 안보와 연결되어 있다"는 점을 강조하겠다는 내용이었다.

　미국은 계속해서 독일 통일을 지지했다. 베이커 국무장관은 1990년 2월 1일 미 하원에서 부시 대통령이 지난 12월 4일 브뤼셀에서 제시한 4개 항을 언급하며, 독일 통일이 미국의 대독일 정책의 주요 목적이라고 밝혔다. 이와 같이 미국을 제외하고 전승 3개국은 독일 통일을 반대하거나 부정적이었다.

¨ 드레스덴의 동·서독 정상회담

국외여행이 자유화되었으나 동독 주민들은 정부의 개혁 의지를 불신하고 시위를 계속하며 폭넓은 개혁을 요구했다. 또한 서독으로 넘어가는 동독 주민이 크게 늘어났다. 1989년 11월 한 달에만 13만 3,429명이 서독으로 탈출했다. 1~10월까지의 18만 7,000명을 포함하면 총 32만 명이 넘었다. 주민들의 개혁 요구가 갈수록 거세지고 동독을 떠나는 이들도 늘어나자 크렌츠 서기장은 더 이상 자리를 유지하기가 어려웠다.

개혁 조치의 일환으로 동독 인민 의회는 12월 1일 헌법 제1조의 "노동 계급과 마르크스-레닌 당의 지도 아래"라는 동독 공산당의 권력 독점 문구를 삭제했다. 동독이 더 이상 공산당이 지배하는 나라가 아님을 밝힌 것이다. 12월 3일 공산당 중앙위원회는 당 정치국과 중앙위원회의 해체를 결정했다. 이와 함께 이날 크렌츠 서기장과 당 정치국원 전원이 퇴진했다. 이로써 사실상 동독 공산당은 막을 내렸다. 공산당 정치국의 해체와 크렌츠의 퇴진은 주민들의 끈질긴 개혁 요구로 이루어진 것이다. 앞으로 공산당 서기장이 아닌 행정부의 총리가 동독을 이끌어 가게 되었다. 12월 6일 크렌츠는 국가위원회 위원장과 국방위원회 위원장에서도 물러났다.

12월 5일 오후 동베를린에서 자이터스 총리실 장관은 모드로 총리와 회담했다. 이 회담에서 콜 총리가 12월 19~20일 드레스덴을 방문하기로 합의했다. 콜이 동베를린을 방문하지 않기로 했기 때문에 두 번째로 큰 도시인 드레스덴을 방문지로 선정했다. 베를린 장벽 붕괴 이후 미테랑 프랑스 대통령이 외국 국가원수로는 처음으로 12월 20~22일 동베를린을 방문하기로 되어 있어 콜은 하루 앞서 방문해야 했다. 또한 동독 정부가 서독 주민들에게 적용하는 동독 방문 제한 규정과 강제 환전 규정을 폐지하기로 합의했다. 이 합의로 서독 주민들과 동독 주민들은 1949년 분단된 이래 40년 만에 자유롭게 오갈 수 있게 되었다.

베를린 장벽이 붕괴된 이후 처음 열리는 동·서독 정상회담은 그 자체만으로도 상징성이 컸다. 이 정상회담은 통일로 가는 중요한 길목이었다. 드레스덴 방문을 앞두고 콜 총리는 회의를 주재했다. 볼프강 쇼이블레 Wolfgang Schäuble 내무장관은 통화와 경제 동맹을 동독에 제의하자고 제안했다. 그래야 밀려드는 이주자들을 억제하여 동독을 다소 안정시킬 수 있기 때문이었다. 또한 자유선거를 실시하도록 해야 한다는 제안도 나왔다. 그러나 콜 총리는 동독을 너무 몰아세우거나 사태를 더욱 과열되게 하는 것은 좋지 않다고 했다. 동독이 감당할 수 있을 정도가 되어야 한다고 하여 이 제안들은 보류되었다.[13] 방문 하루 전날 서독 주재 소련 대사는 텔칙 외교안보 보좌관에게 전화를 걸어 드레스덴에서 소동이 일어나면 총리가 어떻게 진정시킬 것인지를 물었다. 텔칙은 걱정하지 않아도 된다며 소련 대사를 안심시켰다.[14]

12월 19일 오전 콜 총리는 드레스덴 방문 길에 올랐다. 도로테 빌름스 Dorothee Wilms 내독관계부 장관, 헬무트 하우스만 Helmut Haussmann 경제 장관, 노르베르트 블륌 Norbert Blüm 노동부 장관, 자이터스 총리실 장관, 클라인 공보 장관 등 5명의 장관이 수행했다. 텔칙과 아커만 보좌관 등도 수행됐다. 콜 총리의 드레스덴 방문을 취재하기 위해 전 세계에서 1,500여

---

13. Wolfgang Schäuble, *Der Vertrag: Wie ich über die deutsche Einheit verhandelte* , p.21.
14. Horst Teltschik, 앞의 책, p.86.

명의 기자가 몰려들었다. 독일 통일 방안이 발표된 이후 서독 총리의 첫 동독 방문이라 전 세계의 관심이 쏠린 것이다.

드레스덴-크로체 공항에 도착한 콜 총리는 "이 정권은 끝났다. 통일은 온다"라는 확신이 들었다. 공항에는 12월의 추운 날씨에도 불구하고 수천 명의 주민이 나왔으며, 서독 국기의 물결이 넘쳐흘렀기 때문이었다.[15] 콜 은 영접 나온 모드로 총리와 함께 숙소로 이동했다. 시내로 가는 도로에 도 많은 주민이 환영의 인사를 했다. 숙소인 벨비Bellevue 호텔 앞에도 많 은 이들이 "헬무트, 헬무트"와 "독일, 독일"을 외치며 콜을 환영했다.

그런데 갑자기 문제가 발생했다. 주민들이 콜에게 연설을 해 달라고 요 청한 것이다. 콜은 물론 서독 측 누구도 연설을 예상하지 못했다. 그러나 연설을 해야만 하는 분위기였다. 마침 옆에 있던 볼프강 베르크호퍼Wolfgang Berghofer 드레스덴 시장이 마이크 시설을 지원해 주고 연설무대 설치 도 도와주겠다고 했다.

콜 총리는 연설을 하기로 약속했다. 그는 호텔로 들어가 모드로 총리와 회담했다. 회담에서 모드로는 동독의 어려운 경제 사정을 설명하며 1990 ~1991년 동안 서독이 동독에 끼칠 손해액 150억 마르크(약 75억 유로 상 당)의 보상을 요구했다. 그러나 콜은 우선 자유선거 실시 등 동독의 정치, 경제 개혁이 중요하지 현 상황에서 재정 지원은 적절하지 않다며 거절했 다. 그럼에도 두 정상은 (1) 경제, 교통, 통신 분야에서의 협력, (2) 12월 22일 브란덴부르크 문 개방 행사 실시, (3) 동독 주민의 서독 방문 지원을 위한 20억 마르크의 공동기금 조성, 상품 구입 목적으로 60억 마르크 및

---

15. Helmut Kohl, *Ich wollte Deutschlands Einheit*, pp. 213~214.

콜 총리는 드레스덴에서 모드로 총리와 정상회담 후 저녁 늦은 시간에
폐허가 된 드레스덴 프라우엔 교회 앞 광장에서 동독 주민들에게 연설했다.
전 동독 지역에서 온 수십만 명이 콜의 연설을 들었다(1989. 12. 19, 드레스덴).

우편 교류 사업에 3,000만 마르크 지원, (4) 서독 주민과 서베를린 시민들에 대한 동독 방문조건 완화 등에 합의했다.

정상회담이 끝난 뒤 콜 총리는 수행원들과 함께 연설에 포함될 내용에 관해 협의했다. 협의를 마친 콜 총리는 혼자서 연설에 들어갈 주요 내용을 A4 용지에 손으로 써 내려갔다. 이어 늦은 저녁 시간에 제2차 세계대전 중 폭격으로 파괴된 드레스덴 프라우엔 교회Dresdner Frauenkirche[16] 앞 광장으로 갔다. 12월 중순의 추운 날씨에도 불구하고 전 동독에서 올라온 수십만 명의 주민이 기다리고 있었다. 콜은 독일 통일 10개 방안으로 예민해진 소련, 영국, 프랑스의 지도자들을 자극하지 않도록 연설 내용에 주의했다. 또한 동독 주민들이 흥분하여 예기치 않은 사태로 번지지 않도록 조심했다.

콜 총리는 주민들에 의한 평화 혁명을 거론하며, 비폭력으로 진지하게 미래를 위해 시위를 한 것은 독일 역사상 처음이었다며 평화 혁명을 높이 평가했다. 이 시위는 민주주의, 평화, 자유와 독일 민족의 자결권을 위한 시위였다고 했다. 콜은 동독 주민들의 결정을 존중할 것이라며, 독일의 미래를 위한 길을 함께 만들어 가자고 호소했다. 그는 자신의 목표는, 역사가 허락한다면, 통일이라고 했다. 그는 진정한 평화는 자유 없이는 불가능하다며, 동독의 자유를 위해 싸우고 시위를 하라고 촉구했다. 우리가 여러분들을 지지하고 함께 있을 것이라고 했다. 마지막으로 콜은 "신께서 우리 독일인들의 조국을 더 보살펴 주십시오"라며 연설을 끝냈다. 콜의

---

16. 건축가 베르(George Bähr)의 설계로 1726년 공사를 시작하여 1743년에 완공된 교회다. 1945년 2월 13일에 있은 연합군의 드레스덴 대공습으로 완전 파괴되었다. 동독 정권에서는 복원하지 못하다가 통일 이후 파괴에 대한 경고로 그대로 보존하자는 의견이 있었다. 그러나 복원하기로 결정하여 2005년 10월 지금의 모습으로 완전 복원되었다.

연설에 대해 주민들은 "독일, 독일*Deutschland, Deutschland*", "헬무트, 헬무트*Helmut, Helmut*", "우리는 한 민족이다!*Wir sind ein Volk!*"라고 외치며 환호했다. 소동이 없이 연설이 끝났다.

연설을 마친 콜 총리는 인근 식당에서 문화계와 반체제 인사들과 함께 늦은 저녁 식사를 했다. 자정이 훨씬 지나서 콜 총리는 수행원들과 함께 걸어서 숙소로 돌아왔다. 그는 손으로 직접 쓴 연설 원고를 기념으로 텔칙 보좌관에게 주었다. 그는 운전기사를 포함한 전 수행원을 초청하여 연설 관련 이야기를 나누며 축배를 들었다. 그는 "우리는 통일을 이룰 것이다. 동독 주민들이 통일을 원하고 있기 때문에 더 이상 미룰 수 없다. 이 정권은 확실히 끝났다"라고 했다. 다음 날 콜은 동독 교회와 재야인사 대표들과의 면담을 끝으로 드레스덴 방문을 마쳤다.

드레스덴의 정상회담은 동독 주민들의 힘으로 크렌츠 등 공산당 지도부가 물러나고 일련의 개혁 조치가 진행되는 시점에 열렸다는 데 그 의의가 있었다. 모드로는 서독의 지원을 받아 이주자들을 줄이고 경제를 회복해 동독을 안정시켜 사회주의 국가로 남아 있고자 했다. 콜은 정상회담을 통해 동독의 폭넓은 개혁과 자유선거를 조속히 실시할 것을 촉구했다.

콜의 드레스덴 방문은 동독 주민들에게 독일이 하나가 되어야 한다는 열망을 고조시켰다. 특히 예정에 없던 연설은 동독 주민들에게 통일에 대한 큰 메시지를 주었다. 콜은 드레스덴 방문에서 동독의 경제 사정이 생각했던 것보다 심각하며 점점 더 어려워지고 있다고 느꼈다. 그는 통일을 좀 더 앞당겨야 할지도 모르겠다고 생각했다.[17]

---

17. 콜은 "통일로 가는 결정적인 경험을 1989년 12월 19일에 했다"라며 드레스덴 방문을 통해 통일을 확신했다고 했다. Helmut Kohl, 앞의 책, p.213.

드레스덴 정상회담에서 합의한 대로 12월 22일 오후 3시 베를린에서 콜 총리와 모드로 총리는 브란덴부르크 문 개방 행사를 했다. 몸퍼 서베를린 시장과 에르하르트 크락Erhard Krack 동베를린 시장도 함께했다. 이들은 서쪽에서 동쪽으로 걸어간 뒤 콜과 모드로는 손을 내밀어 비둘기를 날려 보냈다. 춥고 비가 내리는 가운데 열린 이 행사를 지켜보던 수천 명의 동·서 베를린 시민은 환호하며 기뻐했다.

콜은 지난날 베를린을 방문했던 기억을 회상했다. 1947년 겨울 처음으로 베를린을 방문했을 때 폐허의 잔해가 가득했던 기억에서부터 1987년 6월 레이건 미국 대통령이 브란덴부르크 문 앞에서 "고르바초프, 이 장벽을 부셔 버리시요!"라고 했던 연설 등을 떠올렸다. 그때는 브란덴부르크 문이 열린다는 것은 불가능하다고 생각했다. 그런데 그의 연설이 있은 지 2년 만에 실제로 열린 것이다. 브란덴부르크 문은 베를린의 상징으로 1961년 8월 베를린 장벽이 세워지면서 굳게 잠겨 있었다. 이 문이 28년 4개월 만에 다시 열림으로써 독일인들에게 곧 통일이 될 수 있다는 희망을 주었다.

1989년 말에서 1990년 초만 해도 독일 통일의 길이 언제, 어떻게 들어서게 될지 불투명했다. 따라서 독일 정부는 통일 문제에 매우 조심스럽게 접근해야 했다. 전승 4개국을 경유하지 않고 통일을 이루려 한다는 인상을 주지 않기 위해서였다.[18]

---
18. Thilo Sarrazin, "Die Entstehung und Umsetzung des Konzepts der deutschen Wirtschafts- und Währungsunion," in Theo Waigel /Manfred Schell, *Tage, die Deutschland und die Welt veränderten*, p.168.

¨ 붕괴 직전의 동독

동독 주민들의 탈출, 개혁 요구 시위, 호네커 서기장의 퇴진, 베를린 장벽의 붕괴, 콜의 드레스덴 방문 등 굵직굵직한 사건이 일어났던 1989년이 저물어 갔다. 1989년 한 해 동안에만 34만 3,854명의 동독 주민이 서독으로 넘어왔다. 이는 동독 인구의 2.1%로, 대부분이 기술자와 의사 등이었으며 젊은이가 많았다. 1990년으로 해가 바뀌었는데도 동독을 떠나는 이들은 더 늘어났다.

1990년 1월 4일 모드로 총리는 콜 총리에게 2월 5일 본에서 회담을 하자고 제의했다. 그는 드레스덴 정상회담에서 요청했던 150억 마르크의 지원을 재차 요구한 데 이어 1월 11일 기자회견에서도 지원을 다시 요청했다. 그가 이처럼 지원을 요청한 이유는 탈주자들이 늘어나고 시위가 계속되면서 재정이 파탄 난 상태이기 때문이었다. 지난해 11월 크렌츠 서기장은 모스크바 방문 시 고르바초프에게 과도한 대외 부채 등 동독의 어려운 경제 사정을 설명하며 재정 지원을 요청했었다. 그러나 고르바초프는 소련의 경제 사정도 좋지 않아 소련도 돌보기 어렵다며 이웃(서독)에게 부탁해 보라고 조언했었다. 동독은 국제 금융 시장에서 자금을 조달할 수 없기 때문에 기댈 곳은 오직 서독밖에 없었다.

1월에 들어서도 시위는 계속되었다. 라이프치히 월요 시위에 새로운 구호가 나타나기 시작했다. "독일 마르크가 오면 우리는 머무르고, 마르크가 오지 않으면 우리가 마르크에게로 간다!*Kommt die D-Mark, bleiben wir, kommt sie nicht, geh'n wir zu ihr!*" 동독 주민들은 독일 마르크의 도입을 원하고 있었다.

한겨울인데도 비가 내리는 가운데
브란덴부르크 문 개방 행사가 열렸다(1989. 12. 22, 베를린).

독일 통일 한국 통일

1989년 12월 초에 공산당 정치국과 중앙위원회가 해체됐다. 이후 동독 비밀경찰인 국가보안부(슈타지stasi)의 요원들은 지난날의 불법, 부패 및 감시 관련 문서의 폐기를 시도했다. 이에 12월 4일 에르푸르트, 라이프치히, 드레스덴 등지의 시민들이 슈타지 지역 본부 건물에 진입하여 이를 막았다. 1990년 1월 15일에는 시민들이 동베를린 소재 슈타지 본부에 진입하며 문서 폐기를 저지했다. 한편, 소련이나 동독 공산당의 일부 강경파들은 시위에 개입할 구실을 찾기 위해 동독 내 상황이 더 악화되기를 바랐다.[19] 그러나 시위자들은 경찰이 다가오면 '폭력 금지'를 외치며 경찰에 대항하지 않았다. 때로는 경찰의 질서 유지에 따르기도 했다.

1990년 들어 1월에만 7만 3,729명의 동독 주민이 서독으로 넘어왔다. 동독을 떠나는 이들이 줄어들지 않았다. 국정 운영을 정상적으로 수행하기 위해 모든 시도를 했으나, 시작도 할 수 없었다. 1월 29일 모드로 총리는 인민 의회에서 동독이 국가로서의 권위를 상실해 가고 있으며, 시위 및 파업과 휴업으로 경제가 매우 어려운 상황이라고 했다. 그 정도로 동독의 경제 사정은 심각했다. 주민들의 불만도 커져 갔다.

서독에서도 동독 상황을 심각하게 인식했다. 매일 약 2,500명이 서독으로 넘어오는 상황에서 콜 총리는 동독이 붕괴 직전에 있음을 인식했다. 콜은 동독이 공산주의도 아니고 제3의 길로 개혁하는 것은 불가능하며, 조속한 통일이 유일한 해결책이라고 생각했다. 그는 두 달 전 독일 통일 10개 방안을 발표할 때만 해도 통일을 3~5년에 걸쳐 추진하려고 했다. 그러나 지금의 상황에서 그는 동독 인민 의회가 새로 구성된다면 맨 먼저

---

19. 《DER SPIEGEL》, Nr. 39/2010(2010.09.27).

조속한 통일을 결정해야 할지도 모른다고 생각했다.[20]

콜 총리는 2월 3일 스위스 다보스에서 열린 세계 경제 포럼World Economic Forum, WEF을 계기로 모드로 총리를 만났다. 모드로는 연초만 해도 동독의 상황이 안정되었었는데 지금은 지방 행정 체제가 붕괴되고 있다고 했다. 그는 서독의 지원이 절실하다며 150억 마르크의 지원을 재차 요청했다. 네 번째 지원 요청이었다. 그러나 콜은 "동독 내부의 근본적인 개혁이 이루어지지 않은 상황에서 돈만으로는 문제가 해결되지 않는다"며 지원을 거절했다. 콜은 동독의 심각한 경제 문제를 해결하기 위해 동·서독 간의 통화와 경제 통합을 제의했다. 모드로는 독일 마르크를 단일 결제 수단으로 채택하는 것이 가능할 것이라고 했다. 2월 초 서독 언론들은 붕괴 위험에 처한 동독의 심각한 경제 상황에 관해 보도했다.

¨ 독일 통일 각료위원회 설치

다보스에서 돌아온 콜 총리는 통일 작업을 서둘렀다. 콜은 기민/기사당 주요 당직자들과 기본법 제23조와 제146조에 관한 통일 방안과 통화 통합문제에 관해 협의했다. 2월 7일 콜 총리가 주재한 각료 회의는 통일을 위한 두 가지 중요한 결정을 했다. 그 하나는 동독과의 통화와 경제 통합 문제에 관한 결정이었다. 사안이 중요하여 각료 이외에 기민당(CDU), 기사당(CSU)과 자민당(FDP) 등 연정을 이루는 3개 정당의 대표, 연방 하원

---

20. Helmut Kohl, *Ich wollte Deutschlands Einheit*, p.250.

원내대표와 카를 오토 푈Karl Otto Pöhl 연방은행장도 참석했다.

콜 총리가 직접 제안 이유를 설명했다. "동독의 경제와 재정 상태가 점점 심각해지고 있고, 동독은 국가로서의 권위가 무너지고 있으며, 행정은 마비되고 주민의 불만은 높아지고 있다. 이로 인해 동독의 심각한 상황은 예측을 할 수 없을 정도다"라고 했다. 다른 참석자들도 같은 의견을 제시하여 각의는 동독에게 통화와 경제 통합을 제안하기로 결정했다.

또 다른 결정은 내각에 '독일 통일 각료위원회das Kabinettsausschuβ Deutsche Einheit'를 설치하는 것이었다. 위원장은 콜 총리가, 부위원장은 자이터스 총리실 장관이 맡았다. 위원회에 통화 통합, 경제 개혁, 노동 및 사회 질서, 법률 조정, 외교·안보 문제, 국가구조 및 공공질서 등 6개의 소위원회를 두었다. 연방 하원도 의회 차원에서 통일 업무를 지원하기 위해 의장을 위원장으로 하는 '독일 통일 연방 하원위원회die Bundestagsausschuβ Deutsche Einheit'(총 39명의 위원)를 설치했다. 동독 인민 의회도 같은 수의 독일 통일위원회를 구성하여, 동·서독 위원회는 세 차례의 공동회의를 개최하여 통일 관련 문제를 협의했다.

2월 들어 동독을 떠나는 이들이 더 늘어났다. 1월에 하루 평균 2,500명이었던 이주자는 3,000여 명으로 늘어났다. 이대로 가면 2월 한 달에만 약 10만 명이 예상되었다. 이러한 상황에서 2월 13일 모드로 총리는 각료 17명과 함께 본Bonn에 왔다. 각료가 17명인 이유는 원탁회의 대표인 8명의 무임소 장관이 있기 때문이었다.

콜 총리는 모드로와의 단독 회담에서 동독을 떠나는 이들이 점점 늘어나고 있는 상황에서 주민들을 안정시킬 극단적인 조치가 필요하다고 강조했다. 콜은 동·서독이 통화와 경제 통합에 관한 협의를 시작해야 한다고 제안했다. 대외적인 문제들은 '2+4 회담'에서 다루어져야 한다고 설명했다. 그러나 모드로는 "두 개의 독일 국가가 존속하여 각자 주권을 유지하되 통화만 통합하기"를 원했다. 그는 재차 100억~150억 마르크의 재정 지원을 요청했다. 모드로는 통일을 하려는 의사가 전혀 없었다.

그러나 콜 총리는 경제 체제를 통합하지 않는 통화만의 통합은 의미가 없다며, 서독의 경제와 은행 체제를 도입해야만 효과가 있다고 했다. 또한 그는 동독에 민주주의의 정통성 있는 정부가 들어서고, 독일 마르크를 도입하고 경제를 개혁해야만 지원을 할 수 있다고 했다. 야당인 사민당은 동독이 개혁을 추진하기 전이라도 지원해야 한다고 주장했으나 콜은 듣지 않았다. 콜은 동독이 지불불능 상태임을 알았다. 그는 동독의 장래에 관해 대책이 없는 모드로를 지원하는 데 관심이 없었다. 콜은 동독에 자유선거에 의해 주민들의 진정한 의사를 대변할 정부가 들어서기까지는 광범위한 경제 지원을 하지 않겠다는 기존의 입장을 지켰다. 그래야 지원 효과가 있고 동독이 신속히 개혁하기 때문이었다.

한편 모드로 총리와 함께 온 동독 장관들은 자이터스 총리실 장관과 별도 회담을 가졌다. 그들은 통화 통합이 너무 빠르게 이루어지는 것을 우려했다. 마티아스 플라체크Mattias Platzeck 무임소 장관은[21] 독일 마르크의 도입은 동독이 무조건 항복하는 것과 같다며 불만을 토로하기도 했다.

2월 15일 콜 총리는 정부 성명을 통해 통화 통합에 대한 입장을 분명히 했다. 동독에 독일 마르크를 도입하는 것은 정치적인 개혁이 먼저 이루어져야 가능하다고 했다.

---

21. 그는 통일 후인 2002년 6월부터 브란덴부르크 주 총리로 재임하면서 잠시 사민당(SPD) 대표로도 활동했다. 그러나 건강 악화로 2013년 7월 모든 정치 활동에서 물러났다.

˙˙ 모스크바로부터의 청신호

독일 통일은 당사자인 동·서독 합의만으로는 이루어질 수 없었다. 동·서독 합의 이외에 '베를린과 전 독일에 대한 권한과 책임'을 갖고 있는 미국, 영국, 프랑스, 소련 4개국의 동의가 있어야 했다. 특히 해결해야 할 대외적인 문제 중에 소련과 관련된 문제가 많아 소련의 동의가 중요했다. 따라서 독일은 통일 과정에서 대소련 외교에 많은 노력을 기울였다.

1990년 1월 8일 크비진스키Kwizinskij 주서독 소련 대사는 고르바초프 서기장의 지시로 콜 총리를 긴급히 예방했다. 그는 생필품, 특히 육류 지원이 가능한지를 문의했다. 콜은 이를 소련과의 관계를 개선하는 계기로 삼고자 했다. 베를린 장벽 붕괴와 콜의 통일 방안 발표로 인해 독일은 소련과의 관계가 서먹해진 상태였다. 콜의 지시로 1월 15일 텔칙 외교안보보좌관은 소련이 필요로 하는 생필품 목록에 관해 보고했다. 소련의 최근 국내 정세에 관한 보고서도 추가했다. 보고서의 요지는 소련의 경제 사정이 매우 좋지 않고, 고르바초프가 보수파의 공격을 받고 있어 국내 정치적으로 어려움에 처해 있다는 내용이었다.

콜 총리는 만약에 고르바초프가 조기에 물러나게 된다면 통일을 포함한 모든 것이 물거품이 될 것이라고 판단했다. 콜은 그를 지원하고자 했다. 1월 24일 콜은 소련에 대해 쇠고기 5만 2,000톤, 돼지고기 5만 톤, 버터 2만 톤, 분말 우유 1만 5,000톤 및 치즈 5,000톤의 판매를 승인했다. 모두 2억 2,000만 마르크 상당이었다. 소련의 요청이 있은 지 2주일 만에 신속히 지원했다. 생필품 부족으로 고르바초프가 국내 정치적으로 어려움에 처하지 않도록 배려했기 때문이다. 콜은 동독 지원에는 엄격했으나 소련에겐 적극적이었다.

2월 2일 고르바초프의 서신이 도착했다. 지난 12월에 보낸 콜 총리의 서신에 대한 답신이었다. 모드로 총리와의 회담 결과를 알려 오며 콜을 모스크바로 초청한다는 내용이었다. 지난해 말부터 추진해 온 고르바초프와의 회담이 성사된 것이다.

모스크바로 떠나기 전인 2월 9일 콜은 조지 부시 대통령으로부터도 서한을 받았다. 통일을 추진하는 콜의 입장을 지지하며, 통일된 독일이 나토에 잔류해야 한다는 내용이었다. 또한 "미국은 어떠한 경우에도 소련이 4개국의 지위를 이용하여 독일을 소련의 의도대로 다루지 않도록 하겠다"고 했다. 부시의 서한은 모스크바로 떠나는 콜에게 큰 힘이 됐다.

2월 10일 콜 총리는 겐셔 외무장관과 함께 모스크바를 방문했다. 콜과 겐셔는 고르바초프와의 회담에서 예상되는 의제에 관해 깊이 있게 준비했다. 고르바초프는 이미 지난 1월 30일 모스크바를 방문한 모드로 동독 총리에게 원칙적으로 독일 통일을 반대하지 않는다는 입장을 표명한 바 있다. 이는 고르바초프가 처음으로 독일의 통일 가능성을 언급한 것이다.

콜 총리를 영접하기 위해 공항에 나온 모스크바 주재 독일 대사는 서류봉투 하나를 텔칙 외교안보 보좌관에게 전달했다. 베이커 미 국무장관이 콜 총리에게 보내는 편지였다. 베이커가 전날 고르바초프 서기장 및 셰바르드나제 장관과 나눈 대화의 요지가 들어 있었다. 베이커가 독일 통일 문제를 동·서독과 4개국이 참여한 기구에서 다루자고 제의했으나, 고르바초프가 확실한 입장을 밝히지 않았다는 내용 등이 담겨 있었다. 베이커는 이 서한을 전달할 시간이 맞지 않아 독일 대사를 통해 공항에서 전달한 것이다. 독일은 미국과 이처럼 정보를 긴밀히 공유했다.

이날 오후 크렘린 궁에서 콜 총리는 고르바초프와 단독 정상회담을 했다. 각각 보좌관 1명과 통역만이 배석했다. 콜은 지난해 6월 고르바초프가 독일을 방문했던 이야기로 대화를 시작했다. 콜은 1990년 들어서도 동독을 떠나는 주민이 늘어나고 있고, 재정 상태도 좋지 않아 동독이 매우 어려운 사정에 있음을 자세히 설명했다. 그러면서 지금 손쓰지 않으면 동독은 큰 혼란에 빠질 것이라고 했다. 그는 좀 더 시간을 갖고 통일을 추진하려고 하나 사태가 억제하기 어려울 정도로 시급하다고 덧붙였다.

콜 총리는 통일된 독일의 범위는 동·서독과 베를린을 포함하며, 오데르Oder 강과 나이세Neisse 강을 연결하는 선(오데르–나이세 강 선)이 독일과 폴란드 간의 국경선이 될 것이라고 했다. 콜은 통일된 독일이 군사적으로 중립을 유지하는 것은 유럽의 안정을 위태롭게 한다며 중립을 받아들일 수 없다고 했다. 즉 통일된 독일이 나토에 잔류하겠다는 것이다.

이어 고르바초프가 질문을 시작했다. 통일 시기를 문의하자 콜은 현 상황에서 대답하기 어렵다고 했다. 오데르–나이세 강 선을 국경선으로 인정하는 문제와 통일된 독일의 군사적 지위 등에 관해 고르바초프가 다시 묻고 콜의 대답이 이어졌다. 이어 고르바초프는 통일과 관련하여 결정적인 발언을 했다.

소련과 서독 및 동독 사이에는 통일에 대해, 그리고 통일을 추구하는 인간의 권리에 대해 어떠한 의견 차이가 없다고 생각합니다. 그리고 독일인들이 스스로 선택해서 결정해야 합니다. 동독과 서독의 독일인들은 그들이 어떠한 길을 가려고 하는지를 스스로 결정해야 합니다. 소련은 한 나라에 살고자 하는 독일인들의 결정을 존중할 것입니다. 독일 통일 문제는 독일인들이 스스로 결정해야 할 일입니다. 독일인들이 스스로 어떠한 형태로,

어느 시기에, 얼마나 빨리, 그리고 어떠한 조건에서 통일을 실현해야 할지 선택해야 합니다. …… 독일 문제의 해결은 유럽 통합과 동·서 관계의 테두리 안에서 이루어져야 합니다.

이는 고르바초프가 사실상 독일 통일을 받아들인다는 발언이었다. 고르바초프로부터 통일과 관련하여 중요한 발언을 들은 콜은 오해가 없도록 회담 내용을 다시 정리하겠다고 했다. 고르바초프는 이에 동의하고 그의 발언 내용을 또박또박 반복했다. 배석한 텔칙 보좌관은 고르바초프의 말을 두 번 들었다며 더 이상 오해는 있을 수 없다고 했다.[22] 이어 두 나라 외무장관이 참석한 확대 정상회담에서도 고르바초프는 이 내용을 한 번 더 반복했다.

고르바초프는 통일된 독일의 국경선 문제는 자신에게 매우 중요한 문제로 콜 총리가 이 점을 고려해 주기를 바란다고 했다. 즉 오데르–나이세 강 선을 인정해 달라는 뜻이다. 독일 통일에 따른 대외적인 문제를 다룰 2+4 회담에 관해서도 협의했다. 콜 총리는 통일 문제를 협의하는 과정에서 어떠한 경우에도 동·서독의 참여 없는 4개국만의 회담을 단호히 반대한다고 했다. 이에 고르바초프는 "결코 총리 없이 하지 않겠다Nichts ohne den Kanzler"라고 약속했다. 회담에 이어 만찬 후 영빈관으로 돌아온 콜은 곧바로 기자회견을 했다. 콜은 고르바초프와의 회담에서 한 나라에서 살고자 하는 결정을 내리는 것은 전적으로 독일 국민의 고유의 권한임을 합의했다고 발표했다.

---

22. Horst Teltschik, 앞의 책, p.141.

콜 총리가 지난해 11월 독일 통일 방안을 발표했을 때만 해도 소련 등 주요국들의 강한 반발로 통일이 불투명했다. 부시 대통령이 지지하고 있는 상황에서 이제 고르바초프도 동의하여 통일의 가능성이 커졌다. 그동안 소련은 '독일 문제'는 독일인들 스스로 결정해야 할 문제라고 하면서도, 독일 통일은 독일만의 문제가 아니며 이웃 나라들도 관련이 있다면서 통일을 반대했었다. 독일인 스스로 통일 문제를 결정해야 한다는 고르바초프의 발언은 독일 통일이 독일인들의 자결권에 속하는 문제임을 인정한 것이었다. 이는 소련의 대독일 정책이 통일을 지지하는 방향으로 변하고 있음을 뜻했다.

¨ 콜 총리, 신속한 통일로 선회

통일 방안과 관련하여 콜 총리와 모드로 동독 총리가 제안한 방안에는 '연방제' 과정이 들어 있었다. 따라서 동·서독은 몇 년간 연방제 형태를 유지하다가 통일을 할 것으로 예상되었다. 그러나 1990년 들어서 동독의 상황은 더욱더 악화되었다. 동독을 떠나는 주민이 계속 증가하고 있고, 재정은 파탄에 가까울 정도였다. 지방 조직은 붕괴 직전에 있었다. 공산 정권에 대한 주민들의 불만도 커져만 갔다.

이러한 상황에서 콜 총리는 동독을 안정시키는 가장 좋은 방법은 통화와 경제를 통합하여 되도록 빨리 통일하는 것이라고 판단했다. 만일에 사태가 더 악화되어 동독이 붕괴라도 된다면 수많은 동독 주민이 서독으로 몰려들 것이다. 그렇게 되면 쓰러진 동독을 다시 일으켜 세우는 것은 더 어렵고 비용도 훨씬 많이 들기 때문이었다. 서독 정부는 1990년 2월 7일 동독에 경제와 통화 통합을 정식으로 제의했다.

약 한 달 후인 3월 5일 밤 콜 총리는 총리실 방갈로에서 통일과 관련된 중요한 협의를 했다. 쇼이블레 내무장관, 자이터스 총리실 장관 외에 루페르트 숄츠Rupert Scholz, 클라우스 슈테른Klaus Stern 등 5명의 저명한 헌법 및 공법 학자들도 참석했다. 협의 내용은 두 가지였다. (1) 통일을 어떠한 방법으로 추진할 것인가? 즉, 기본법 제23조 또는 제146조로 할 것인가? (2) 오데르–나이세 강 선을 폴란드와의 동부 국경선으로 인정할 것인가? 독일인들은 누구도 통일이 되면 오데르–나이세 강 선을 폴란드와의 국경선으로 승인해야 한다고 생각하지 못했다. 이제 이 국경선 문제가 해결되지 않고는 통일이 될 수 없기 때문에 이 문제에 관해 입장을 정리해야 했다. 이 두 가지 사안에 관해 그동안 몇 차례 협의가 있었는데, 다음 날 있을 각료 회의 결정을 앞두고 결론을 내려야 했다.

독일의 헌법인 기본법das Grundgesetz은 두 가지 통일 방안을 규정하고 있었다. 하나는 제23조로 "다른 주가 독일 연방공화국에 가입하면, 가입한 주에도 기본법이 발효된다"라는 조항이다. 즉 동독의 주가 독일 연방공화국에 가입하여 통일하는 방법이다. 이 방법은 동독이 가입한다는 선언만으로 통일이 이루어져 비교적 간단했다. 이 조항에 의해 1957년 1월 프랑스의 관할 아래에 있던 자를란트Saarland 주가 서독에 편입된 사례가 있다. 또 다른 방안인 제146조는 "이 기본법은 독일 민족의 자유로운 결정으로 제정된 헌법이 발효되는 날에 그 효력을 잃는다"라고 했다. 이 조항은 총선을 통해 제헌의회를 구성하고 신헌법을 제정하여 통일하는 방안이다. 이 조항에 의한 통일은 새로 헌법을 제정해야 하기 때문에 훨씬

독일 통일 한국 통일

더 복잡하고 시일도 오래 걸린다.

참석자들은 기본법 제23조와 제146조에 관해 찬반 토론을 했다. 동독이 정치, 경제 및 사회적으로 매우 불안정한 상황에서 통일이 오래 걸릴 경우에 자칫 무산될 우려가 있다고 했다. 소련의 복잡한 국내 사정을 고려할 때 통일을 이룰 시간도 많지 않았다. 모두들 제23조에 의한 통일을 선호했다. 즉 동독이 서독에 가입하여 통일하는 방법을 택한 것이다.

이날의 협의 결과를 토대로 다음 날 서독 내각은 두 가지 중요한 결정을 했다. 하나는 통일을 기본법 제23조에 의해 추진하기로 했다. 또 다른 결정은 오데르-나이세 강 선을 통일된 독일의 동부 국경선으로 인정하기로 했다. 이로써 통일에 대한 서독 정부의 주요 입장이 정해졌다. 동독의 입장만 남았다.

야당인 사민당은 통일 방안에 관해 입장이 달랐다. 사민당은 제146조에 의해 통일하는 방법을 주장했다. 즉 사민당은 시간적 여유를 갖고 점진적인 통일을 추진하고자 했다. 또 다른 문제인 오데르-나이세 강 선의 인정 문제에 관해서 사민당은 반대하기가 어려웠다. 이미 빌리 브란트가 외무장관으로 재직할 때인 1968년 3월 18일 뉘른베르크 사민당 당 대회에서 "향후 평화 조약이 체결될 때까지 오데르-나이세 강 선의 인정 내지는 존중"[23]을 처음으로 언급한 바 있기 때문이다.

---

23. Egon Bahr, *Zu meiner Zeit*, p.234.

¨ 동독 최초의 자유선거

통일의 방향을 결정짓는 동독 인민 의회 총선일이 1990년 3월 18일로 결정되었다. 당초 이 선거는 원탁회의Runder Tisch에서 5월 6일에 실시하기로 합의했었다. 그러나 1990년 1월 28일 모드로 총리와 원탁회의 대표자들은 조속한 개혁을 바라는 주민들의 의사에 따라 인민 의회 선거는 3월 18일로, 지방의회 선거는 5월 6일로 앞당겼다. 서독은 통일을 준비할 수 있는 시간을 더 벌었다.

동독 공산당과 정부의 권력이 급속히 붕괴되는 과정에서 정치적인 공백을 메우고 주민들의 진정한 의사를 대변할 기구가 필요했다. 이에 '즉시 민주주의' 당의 주도로 정부, 정당, 교회와 노동자 대표 33명으로 원탁회의가 구성되어 1989년 12월 7일 첫 모임을 가졌다. 원탁회의는 총선 시까지 모드로 정부에게 많은 영향력을 행사했다. 원탁회의의 가장 두드러진 업적은 비밀경찰인 국가보안부(슈타지)를 해체한 일이다. 그 이외에 조기 총선 실시와 새로운 헌법 초안을 마련했다. 이런 활동으로 원탁회의는 초기에 주민들로부터 지지를 받았다.

그러나 시일이 흐르면서 원탁회의는 주민들로부터 호응을 받지 못했다. 원탁회의가 통일을 죄악시하며 동독의 존속을 주장했기 때문이다. 그럼에도 원탁회의는 혼란의 소용돌이에서 정부와 시민운동 단체를 결합하여 자유선거 실시와 슈타지 해체 등의 개혁에 크게 기여했다.

모드로 정부는 자유선거에 의해 수립된 정부가 아니기 때문에 주민의 의사를 대변할 수 있는 정부는 아니었다. 따라서 앞으로 서독과의 통일을 위한 협상에서 동독 주민의 진정한 의사를 대변할 정통성 있는 정부가 수립되어야 했다. 바로 이 점이 이번 총선이 갖는 중요성이었다.

총선은 동독 최초의 자유선거인 동시에 통일의 방향을 결정짓기 때문에 동독은 물론 서독에게도 중요했다. 총선에 24개의 정당과 단체가 참여했으나, 동독 사민당과 기민당의 대결로 압축되었다.

총선의 쟁점은 통일을 어떤 방법으로 할 것인가였다. 통일 방안에 관해 동독 기민당과 사민당의 생각이 서로 달랐다. 기민당은 동독의 경제 현황 등을 고려하여 기본법 제23조에 의해 통일을 추진하고자 했다. 기민당은 통일 방안에 같은 입장이었던 독일 사회주의당(DSU) 및 민주주의 출발당(DA)과 함께 '독일 동맹Allianz für Deutschland'을 결성했다. 그러나 총선에는 개별적으로 나갔다. '독일 동맹'은 콜 총리의 노력으로 1990년 2월 5일 결성됐다. 반면에 동독 사민당은 기본법 제146조에 의한 점진적인 통일을 주장했다.

총선에 콜 총리를 비롯하여 빌리 브란트 전 총리와 겐셔 외무장관 등 서독 정치인들이 지원 유세를 했다. 콜 총리는 2월 20일 에르푸르트를 시작으로 3월 14일 라이프치히까지 6개의 도시를 돌며 선거 지원 유세를 했다. 콜은 유세에서 총 100만 명 이상의 주민에게 동독 기민당 등 '독일 동맹'에 대한 지지를 호소했다. 또한 서독 정당들이 비용도 일부 지원했다. 동독에는 기민당 지지 계층인 가톨릭계나 자영업 계층이 적었고, 사민당 지지 계층인 노동자가 많았다. 따라서 사민당이 근소하게 승리할 것으로 예상되었다. 총선은 투표율 93.9%가 말해 주듯이 주민들의 높은 관심 속에 이루어졌다.

선거 결과 40.8%를 얻은 기민당이 소속된 '독일 동맹'이 48.0%의 득표로 승리했다. 사민당은 21.9%, 민사당(PDS)은 16.4% 득표에 그쳤다. 동독

독일 통일의 방향을 결정짓는 동독 최초의 자유선거(1990. 3. 18).

주민들은 기본법 제23조에 의한 조속한 통일을 원했다. 기민당이 통일 협상을 주도하게 됐다. 콜 총리의 주도로 결성됐던 '독일 동맹'의 승리는 바로 콜의 승리였다. 5월 6일에 실시된 지방의회 선거에서도 기민당이 더 많은 지지를 얻었다.

동독 기민당의 승리로 콜 총리의 입지는 독일 내는 물론 국제적으로도 강화됐다. 사민당의 참패에 소련은 크게 당황했다. 소련은 점진적인 통일을 주장한 사민당이 승리할 것으로 예상했었다. 사민당의 패배로 소련이 독일 통일을 지연시킬 수 있는 카드 한 장이 사라졌다.

이번 총선의 특징은 집권당의 선택보다는 이미 정해진 통일을 얼마나 빨리, 그리고 어떤 방법으로 실현할 것인가를 결정하는 데 있었다. 이런 면에서 동독 주민들은 나날이 어려워지고 있는 경제를 회복시키고, 또 서독으로의 이주자를 줄이기 위해서는 신속한 통일만이 가장 좋은 방안이라고 선택한 것이다. 이번 총선으로 그동안 막연했던 통일의 방향이 구체화되었다. 즉 앞으로 통일 협상을 주도할 동독 기민당의 통일 방안이 서독 콜 정부의 통일 방안과 일치하여 통일은 더욱 빠르게 이루어지게 되었다. 사민당은 선거에서 졌으나 협조하겠다고 약속했다.

¨ 통일로 가는 독일

4월 5일 인민 의회가 구성되었다. 자비네 베르크만-폴Sabine Bergmann-Phol이 의장으로 선출되었다. 그녀는 국가 원수도 겸했다. 의회는 새로운 헌법 제정을 포기하고 되도록 조속히 통일하는 방향으로 나아갔다. 4월

11일 기민당 대표 로타어 데메지에르Lothar de Maizière는 사민당 및 자민당과 대연정大聯政을 구성했다. 이로써 통일 조약 비준에 필요한 2/3 이상의 의석을 확보했다. 4월 12일 데메지에르가 총리로 선출되어 신정부가 출범했다. 통일에 관해 동독 주민의 의사를 대변할 정통성 있는 정부가 수립되어 서독과의 통일 협상을 빠르게 추진할 수 있게 되었다.

데메지에르 총리의 요청으로 외교 정책에 관한 자문을 위해 콜 총리의 외교안보 보좌관인 텔칙이 동독에 파견되었다. 그는 4월 16일 베를린의 한 호텔에서 총리실 인사와 데메지에르가 발표할 국정 연설 내용 중 외교 분야에 관해 협의했다. 이어 그는 총리실 청사 뒷문으로 들어갔다. 자칫 서독이 동독을 원격 조정한다는 인상을 주지 않기 위해서였다. 데메지에르도 같은 입장이었다. 텔칙은 데메지에르와 2+4 회담 등 통일에 따른 외교 문제에 관해 협의했다. 이어 텔칙은 총리 실장 및 정무차관과도 여러 의견을 나누고 오후 늦게 본으로 돌아왔다.

4월 19일 데메지에르 총리는 인민 의회에서 첫 국정 연설을 했다. 그는 기본법 제23조에 의해 가능한 한 빨리 통일을 하는 것이 신정부의 주요 정책이라고 밝혔다. 통일된 독일이 나토에 잔류해야 한다는 입장도 강조했다. 그는 서독과 통화·경제와 사회 동맹을 체결하겠다며, 임금, 연금 및 저축액에 대해서는 1:1로 교환되어야 한다고 주장했다.

동독 신정부가 기본법 제23조에 의해 통일하겠다고 밝혀 통일이 빠르게 추진될 수 있게 되었다. 또한 통일된 독일의 군사 동맹체 잔류 문제와 관련하여 동독도 서독과 같이 나토 잔류 입장을 밝혀 대외적으로 한목소리를 낼 수 있게 됐다. 데메지에르 정부가 기본법 제23조에 의해 통일하기로 결정한 사유는 다음과 같다.[24]

첫째, 이 방법만이 통일을 빠르게 이룰 수 있었다. 이 방법에 의한 통일은 인민 의회의 단순한 의결로 가능했다. 제146조에 의해 새로운 헌법을 제정할 경우에 헌법의 구조와 내용에 관한 많은 변경 요구가 있을 것이고, 이에 관한 합의 도출이 어려웠을 것이다. 설령 합의를 한다고 하더라도 많은 시간이 걸렸을 것이다. 독일로서는 고르바초프 서기장의 재임 중에 통일하기 위해 서둘러야 했는데, 자칫 헌법 문안 합의 도출 문제로 통일을 놓칠 우려도 있었다.

둘째, 서독이나 동독의 주민들이 통일이 된다고 해서 새로운 헌법을 제정할 필요성을 별로 느끼지 않았기 때문이다. 서독 주민들은 새로운 헌법을 제정하기보다는 지금까지 헌법 기능을 잘 수행해 온 '기본법'의 질서를 그대로 이어 가기를 원했다. 또한 동독 주민들은 서독의 '기본법' 체계에 근거한 풍요롭고 자유로운 삶과 사회 및 경제 질서가 가능한 한 조속히 동독 지역에도 실현되기를 원했기 때문이다.

서독 정부는 이미 지난 3월 6일 기본법 제23조에 의해 통일하기로 결정했다. 동독에도 기본법 제23조에 의해 통일하기로 한 데메지에르 정부가 들어선 것은 서독에게 큰 행운이었다. 이제 동·서독 정부의 통일 방안이 일치하여 통화·경제와 사회 동맹조약 체결 등 통일을 위한 동·서독 간의 협상이 빠르게 진행될 수 있게 되었다.

독일이 통일되기 위해서는 또 다른 문제인 '대외적인 문제'가 해결되어야 했다. 콜 총리는 '대외적인 문제'가 1990년 말까지 해결이 된다면 1990년 말에 통일을 이룰 수 있을 것으로 생각했다.

---

24. Klaus-Dieter Schnapauff, "독일 통일 과정의 법적평가 및 한반도 통일을 위한 제언," 2011.

제3장

동독과의 힘겨운 통일 협상

"모든 것이 하루 이틀 사이에 좋아질 수는 없습니다. 지난 수십 년 동안 공산주의의 계획경제와 이로 인한 결과는 하룻밤 사이에 없어지지 않습니다. …… 우리가 오늘은 동독과 서독으로 나누어져 있지만, 내일이면 우리 모두는 하나의 독일입니다."

_ 볼프강 쇼이블레 독일 내무장관

·· 통일에 따른 내부적인 문제와 대외적인 문제

동독 총선으로 조속한 통일을 추진하는 신정부가 구성되어 통일 작업이 속도를 냈다. 독일이 통일되기 위해서는 '내부적인 문제'에 관한 동·서독 합의 이외에 외교·안보, 군사 문제 등 '대외적인 문제'가 해결되어야 했다. '대외적인 문제' 해결에는 관련 당사국의 동의 내지 승인이 있어야 했다. 이로 인해 동독과의 협상보다도 '대외적인 문제' 해결이 더 어려웠다. 이렇게 독일 통일은 크게 '내부적인 문제'와 '대외적인 문제'의 해결이란 '투 트랙'으로 이루어졌다.[1]

우선 '내부적인 문제'가 있었다. 통일을 어떤 방식으로 할 것인가? 즉 기본법 제23조에 의해 할 것인가, 또는 제146조에 의해 할 것인가? 동·서독 화폐의 교환비율을 어느 정도로 할 것인가? 경제와 사회 통합은 어떻

---

1. 손선홍, "독일 통일을 위한 대외적 문제 해결과 시사점," 『외교』 제110호(한국외교협회, 2014.07).

게 할 것인가? 통일된 독일의 수도와 연방정부 및 의회의 소재지를 어디로 할 것인가? 이러한 내용들은 '내부적인 문제'로 동·서독이 협의해 결정하면 되었다.

또 다른 문제로 '대외적인 문제'가 있었다. '대외적인 문제'는 주로 1945년 8월에 체결된 '포츠담 협정'[2]의 결과로 발생된 문제들이다. '포츠담 협정'에 따라 미국, 영국, 프랑스, 소련의 4개 연합국은 독일을 4년 4개월 동안 분할 점령하여 통치했다. 1949년 9월 독일 연방공화국(서독)이 출범하였으나, 9월 21일에 발효된 '점령 규약'으로 서독의 주권은 크게 제한되었다. 이 규약으로 서독은 군대를 보유할 수 없었고, 외교 관계 수립도 제한되었다. 또한 미국, 영국, 프랑스 3개국의 군도 계속 주둔하게 됐다. 새로운 국가가 수립됐으나 주권은 크게 제한되었다.

이후 서독은 친서방 정책을 추진하며 주권 회복을 위해 꾸준히 노력했다. 1954년 10월에 '파리 조약'이 체결되어 서독의 주권은 크게 강화되었다. 그러나 독일이 분단 상태에 있기 때문에 미국, 영국, 프랑스 3개국은 '강화조약 체결과 독일 통일을 포함한 베를린과 전 독일에 대한 권한과 책임'을 갖게 되었다. 소련은 '파리 조약'의 당사국이 아니었지만 '포츠담 협정'에 따라 4개국의 전 독일에 대한 권한이 계속 유효하다고 주장했다. 따라서 독일이 통일되려면 4개국의 '베를린과 전 독일에 대한 권한과 책임'의 해제 등 '대외적인 문제'가 해결되어야 했다.

독일 통일의 협상 과정은 크게 (1) 서독이 동독과 하는 협상과 (2) 서독

---

2. 이 협정은 1945년 7월 17일~8월 2일 베를린 교외 포츠담의 체칠리엔호프 궁전에서 열린 포츠담 회담에서 체결되었다. 정식 명칭은 "베를린 3자 회담에 관한 보고서"이나 일반적으로 '포츠담 협정'이라고 한다.

이 전승 4개국과 하는 협상으로 구분된다. 서독이 동독과 협상하는 '내부적인 문제'를 먼저 다루고, 서독이 관련 당사국들과 협상하는 '대외적인 문제'는 다음 장에서 다루고자 한다.

¨ 동·서독, 통화와 경제 통합에 합의

동독 정부는 1989년 11월 주민들의 국외여행을 자유화한 데 이어, 자유선거 실시를 밝히는 등 개혁 정책을 추진했다. 그럼에도 서독으로 넘어가는 탈주민이 계속 늘어나고 있었다. 이는 동독 정부에게 심각한 문제였다. 1989년 한 해 동안 탈주자 수는 34만 3,854명이었다. 1990년 들어서 1월 한 달 동안 7만 3,729명이 넘어갔다. 매일 2,500여 명이 넘어가고 있었다. 늘어나는 탈주민 문제는 이들을 수용해야 하는 서독으로서도 큰 문제였다.

여기에 동독은 좋지 않은 경제 상황에서 재정 위기도 겪고 있었다. 이러한 위기는 (1) 산업과 농업 분야의 낮은 생산성, (2) 265억 달러나 되는 많은 대외 부채, (3) 동독 기업의 높은 부채, (4) 소련과 동유럽 수출시장의 붕괴 등 여러 요인이 복합적으로 작용하여 발생했다. 특히 대외 부채 규모는 동독 경제가 감당하기 어려울 정도였다. 이대로 가다가는 재정 파탄으로 동독이 붕괴될 위험에 처해 있었다. 동독 주민들은 시위에서 "독일 마르크가 오면 우리는 머무르고, 마르크가 오지 않으면 우리가 마르크에게로 간다"라는 구호를 외치며 조속한 독일 마르크의 도입을 촉구했다.

이러한 상황에서 콜 총리는 이주민을 줄이고 동독을 안정시키는 최선의 방법은 동독과 조속히 통화와 경제를 통합하는 것이라고 판단했다. 물론 통화와 경제 통합은 통일로 가는 전 단계였다.

베를린 장벽이 붕괴된 후 서독 정부의 모든 부처가 바쁘게 움직였다. 특히 2+4 회담을 준비하거나 동독과 협상을 담당하는 외무부, 내무부, 재무부, 총리실과 국방부가 더 분주했다.

재무부도 통일 준비에 들어갔다. 1990년 1월 30일 본 소재 바이에른 주 대표부 청사에서 테오도어 바이겔Theodor Waigel 재무장관은 부내 몇몇 고위 인사들과 비밀회의를 가졌다. 회의 주제는 (1) 기본법 제23조와 제146조에 의한 통일 방법에 관한 협의와 (2) 동독과의 통화 통합과 공동의 경제구역 설정을 위한 국가 조약 체결 문제였다. 재무부 내 법률 전문가이자 EC 및 주 재정 국장인 브루노 슈미트−블라이브트로이Bruno Schmidt-Bleibtreu의 발제를 겸한 강연은 통일이 기본법 제23조에 의해 이루어져야 한다는 분명한 길을 제시했다. 또한 통화와 경제 통합을 위한 동·서독 간의 국가 조약은 통일로 가는 첫 번째 단계라는 합의가 이루어졌다. 이 회의 후 재무부에 통일 문제와 동·서독 관계 업무를 담당할 특별부서가 꾸려졌다. 이날의 회의는 향후 동독과의 통화와 경제 통합을 위한 중요한 전환점이 되었다.

1990년 2월 3일 다보스 포럼에서 모드로 동독 총리를 만나고 온 콜 총리는 2월 6일 동독과 통화·경제 동맹에 관한 협상을 하겠다고 밝혔다. 다음 날 서독 각의는 동독과 통화와 경제를 통합하기로 의결했다. 콜은 동독에게 정식으로 제의했다. 점진적으로 통화를 통합하는 방법도 있었다. 그러나 경제가 파탄 나고 탈주민이 계속 늘고 있는 동독의 상황을 고려할 때 점진적인 통합은 비용이 더 들고 효과적이지 못했다. 무엇보다도 통일에 앞서 동독 주민들에게 서독 주민들과 같은 화폐를 사용한다는 확실한 희망을 심어 주는 것이 필요했다. 따라서 서독 정부는 신속한 통화 통합을 결정했다.[3]

2월 13일 콜 총리는 본을 방문한 모드로 총리와의 회담에서 동독의 심각한 상황을 고려하여 조속히 통화를 통합해야 하는 필요성을 설명했다. 그러나 모드로는 두 개의 독일 국가가 존속하고 각자 주권을 유지하되 통화만 통합하고 경제 체제는 각각 유지하려고 했다. 또한 동독은 서독이 요구한 사유 재산제의 인정, 시장경제 체제 도입, 자유노조 허용, 통화 제도 개편 및 투자시장 개방 등에는 부정적이었다. 모드로는 통화 통합은 하고자 했으나 그 목적은 달랐다. 그는 서독의 재정 지원을 받아 경제를 안정시켜 동독 체제를 유지하려고 했다. 콜은 통화 통합은 서독의 경제 체제와 은행 체제를 도입해야만 성공할 수 있다며 설득했다. 결국 두 정상은 통화 통합을 준비하기 위한 '전문가 위원회'를 구성하기로 합의했다.

곧바로 동·서독 '전문가 위원회'가 구성되어 2월 20일 동베를린에서 제1차 회의가 열렸다. 서독 측 수석대표는 호르스트 쾰러Horst Köhler 재무차관[4]이, 동독 측은 발터 롬베르크Walter Romberg 무임소 장관(그는 3·18 총선 후 재무장관이 됐다)이 맡았다. '전문가 위원회'는 (1) 통화, (2) 경제 개혁 및 경제 정책, (3) 예산 및 재정, (4) 사회보장 분야 등 4개의 분과위원회를 두

---

3. Bruno Schmidt-Bleibtreu, "Zur rechtlichen Gestaltung des Staatsvertrages vom 18. Mai 1990," in Theo Waigel /Manfred Schell, *Tage, die Deutschland und die Welt veränderten*, p.230.

4. 쾰러 차관은 통일 후 2004~2010년 연방 대통령을 역임했다. 그는 아프가니스탄 주둔 독일군을 위문하고 돌아오던 2010년 5월 22일 독일 경제의 이익을 보호하기 위해 독일군의 해외 파병 당위성을 언급했다. 야당이 그의 발언을 강하게 비판하자 그는 이 비판이 연방 대통령에 대한 권위를 손상시키고 정당성이 결여됐다며 5월 31일 자진 사퇴했다.

었다. 분과위원회는 각 분과별로 여러 차례 회의를 했다. 분과위원회 회의를 토대로 3월 5일과 13일에 두 차례 더 전체 회의를 했다.

3월 13일 동베를린에서 열린 제3차 '전문가 위원회'는 서독 정부와 동독 정부에게 보내는 통화 동맹과 경제 공동체 결성을 위한 중간 보고서를 채택하고 임무를 종료했다. 본 협상은 3월 18일 총선을 통해 동독 신정부가 구성된 후에 시작하기로 했다. 이 중간 보고서는 4월 25일에 시작된 본 협상의 중요한 토대가 되었다.

이후 서독 재무부는 수차례의 내부 협의를 거쳐 3월 28일 통화·경제 동맹 조약의 초안을 마련했다.

¨ 통화·경제와 사회 동맹 조약 협상

총선을 통해 동독 신정부가 구성되자 동·서독은 통화와 경제 동맹 조약 체결을 위한 본 회담을 1990년 4월 25일에 시작하기로 합의했다. 서독 측 수석대표로 재무차관을 역임한 한스 티트마이어Hans Tietmeyer 연방은행 이사가 임명됐다.[5] 티트마이어 대표는 처음부터 통일로 인해 동·서독과 유럽공동체(EC) 회원국 간에 일어날 수 있는 민감한 문제점들을 방지하기 위해 노력했다. 그는 4월 9일 브뤼셀로 자크 들로르Jacques Delors EC 집행위원장을 방문하여 서독의 입장을 설명했다. 앞으로도 동독과의 협

---

5. 연방은행 이사였던 그가 수석대표가 된 배경에는 1962년 경제부에서 관료 생활을 시작하여 재무차관(1982.11~1989.12)을 역임하며 오랫동안 경제 및 재정 정책을 다루어 온 경력이 있었다. 1990년 1월 연방은행 이사가 된 그는 통일 후인 1993년 10월~1999년 연방은행장으로 재임했다.

상 과정을 수시로 EC에 알리겠다고 했다.

4월 11일에 티트마이어 대표는 데메지에르 동독 총리 후보자를 처음 만나 의견을 나누었다. 며칠 후 그는 동독 측 수석대표인 귄터 크라우제 Günther Krause와도 만나 협의했다. 이 과정에서 동독 측이 임금과 보수의 동·서독 통화 교환비율을 당연하게 1:1로 여기는 것으로 드러났다. 자유 시장에서 동독 마르크와 독일 마르크의 평균 환율은 4:1 정도였다. 동독 주민들의 서독 방문이 많은 주말에는 10:1에서 많게는 20:1까지도 형성 되었다. 그런데도 그들이 이렇게 생각하는 데에는 동독 총선을 지원 유세 하던 서독 정치인들이 교환비율을 1:1로 할 수도 있다고 한 점도 있었다. 티트마이어는 "서독 정치인들과 의견을 교환하는 과정에서 이들도 1:1을 당연하게 생각하고 있어 놀랐다"고 했다. 그는 공식 회담도 하기 전에 서 독 측이 생각하는 교환비율 2:1은 실현 가능성이 희박하다고 생각했다.[6]

서독 정부는 동독과의 공식 협상을 앞두고 두 차례 내부 협의를 했다. 4 월 19일 자이터스 총리실 장관, 겐셔 외무장관, 쇼이블레 내무장관과 노 르베르트 블륌Norbert Blüm 노동장관이 조약안을 토대로 1차 협의했다. 이 자료를 토대로 콜 총리가 주재한 제2차 회의에서 서독 측 입장을 최종 확 정했다. 콜 총리의 지시로 쇼이블레 내무장관과 티트마이어 수석대표는 4월 23일 동베를린에서 데메지에르 총리를 예방하여 이 안을 토대로 서 독 측 입장을 설명했다. 그리고 통화와 경제 동맹 조약에 관한 서독 측 초 안을 전달했다.

데메지에르 총리는 이미 4월 19일 인민 의회에서 한 첫 국정 연설에서

---

6. Hans Tietmayer, "Erinnerungen an die Vertragsverhandlungen," in Theo Waigel/Manfred Schell, *Tage, die Deutschland und die Welt veränderten*, p.71.

통화와 경제 통합을 7월 1일까지 완료하겠다고 선언했었다. 그는 임금, 보수, 연금과 개인 저축에 대해서는 교환비율이 1:1이 되어야 한다고 주장했다.

4월 24일 데메지에르 총리는 본을 방문했다. 콜 총리는 그와 통화와 경제 동맹 조약을 체결하여 1990년 7월 1일에 실시하기로 합의했다. 통화와 경제 동맹에 관한 동·서독 정상의 합의로 통일 일정이 더욱 구체화되었다.

4월 25일 동독 총리실에서 통화와 경제 동맹을 위한 제1차 회담이 열렸다. 서독 측 대표단에는 재무부, 경제부, 노동부 차관과 연방은행 부행장 등이 포함되었다. 사안에 따라 외무부, 식량·농림부와 법무부 차관도 참여했다. 이들 중에는 예비회담인 '전문가 위원회'의 수석대표였던 쾰러 재무차관과 재산권 문제를 담당했던 클라우스 킨켈Klaus Kinkel[7] 법무차관도 있었다.

데메지에르 총리가 참석하여 개회사를 하고 동독 대표단을 소개했다. 수석대표 크라우제 이외에 대표단은 재무부, 경제부, 노동사회부와 중앙은행 인사들로 구성됐다. 회담이 시작되었으나 서독 측이 이틀 전에 데메지에르 총리에게 전달한 조약 초안을 크라우제 대표가 검토하지 못해 진전이 없었다. 그는 서독 측 조약안을 데메지에르로부터 회의 직전에 받아 미처 검토하지 못했다고 했다.

4월 27일 동베를린에서 열린 제2차 회담에서는 서독 측 초안을 갖고 1차 협의를 했다. 크라우제 대표는 일부 내용을 제외하고 서독 측 안을 토

---

7. 그는 통일 후에 법무장관(1991.1~1992.3)을 거쳐 겐셔 장관이 퇴임하자 그의 뒤를 이어 외무장관(1992.3~1998.10)을 역임했다.

대로 협의할 수 있다고 했다. 그러면서 그는 동독 측 안도 제시했다. 동독 측 요청으로 사회 동맹 분야도 추가됐다. 제2차 회담에서 많은 합의가 이뤄졌다. 통화 교환비율과 방법에 관해서는 본에서 열릴 제3차 회담에서 수석대표와 은행 측 인사만 모여 결정하기로 합의했다.

제3차 회담을 하루 앞둔 4월 29일 일요일 본에서 티트마이어 수석대표는 연방은행 부행장, 재무차관, 경제차관 및 노동차관과 함께 통화 교환비율에 관해 협의했다. 교환비율은 가장 민감한 문제였다. 교환비율을 2:1로 동독 측에 제의하기로 의견이 모아졌다.

제3차 회담은 4월 30일~5월 1일 서독 총리실에서 열렸다. 그동안 1:1의 비율을 주장하던 크라우제는 동독 주민 1인당 4,000~6,000 동독 마르크에 대해 1:1에 동의한다면, 그 이상의 예금액에 대해서는 2:1을 수용하겠다고 제의했다. 이 제의에 대해 서독 측은 1:1 교환이 동독 상품의 물가를 오르게 하고 구매력을 떨어뜨려 공장 문을 닫게 할 것이라며 난색을 표시했다. 이로 인해 실업자가 크게 늘어날 것이라는 의견도 제시했다. 동독 측이 받아들이지 않아 교환비율은 합의되지 않았다. 제3차 회담에서 교환비율 문제를 제외한 '12개 항의 합의 사항'이 이루어졌다.

제3차 회담이 끝난 5월 1일 밤 콜 총리는 회담 결과인 '12개 항의 합의'를 토대로 연정聯政 회의를 주재했다. 이 회의에서 순수 임금, 보수, 연금, 임차료와 장학금은 1:1의 비율을 적용하기로 결정했다. 콜 총리가 적극적이었다. 이 결정은 동독 주민들의 이익을 최대한 보장해 주어 통일을 조속히 이뤄야 한다는 판단으로 이뤄졌다. 개인 저축에 대해서는 1인당 평균 4,000마르크까지 1:1로 교환해 주되 나이에 따라 차등을 두었다. 즉 14세 미만은 2,000마르크까지, 15~59세까지는 4,000마르크까지, 60세 이상은 6,000마르크까지 1:1로 했다. 그 이상의 저축액에 대해서는 2:1로 했다. '12개 항의 합의 사항'도 극히 일부만 수정하여 승인했다.

이 연정 회의 결과를 티트마이어 수석대표는 즉시 크라우제에게 전화로 통보했다. 늦은 밤이었지만 회담 결과가 승인되었다고 알리는 것이 중요했다. 동독 정부도 다음 날 제3차 회의 결과에 관한 회의를 갖기 때문이었다.

다음 날 5월 2일 동독 정부도 데메지에르 총리 주재로 각의를 열어 '12개 항의 합의 사항'을 승인했다. 동독 정부가 승인하자 이날 오후 자이터스 총리실 장관과 티트마이어 수석대표는 기자회견을 열어 "동독과 합의가 이루어져 7월 1일 통화·경제와 사회 동맹 조약이 발효될 수 있다"고 발표했다. 좀 이른 감이 있으나 동독 주민들에게 통화 통합이 예정대로 실시된다고 확신을 줄 필요가 있기 때문이었다.

제4차 회담은 5월 3~4일 동베를린에서 열렸다. 통화 통합 작업을 원활히 하기 위해 서독 연방은행의 지점을 동독 지역에 바로 설치하여 통화가 통합되는 7월 1일부터 활동할 수 있도록 했다. 이 회담에서는 국가 조약에 들어갈 전문前文 이외에 환경 문제와 사회 동맹 분야가 많이 다루어졌다.

5월 9일 콜 총리는 그동안의 협상 결과를 토대로 마지막 연정 회의를 주재했다. 킨겔 법무차관은 소련 점령 기간 중에 몰수된 재산을 원소유주에게 반환하는 데 대해 동독 내 반대가 심해 동독 정부가 기존 입장을 바꾸기 어려울 것이라고 보고했다. 동독 주둔 소련군의 유지 비용과 동독의 대외 채무와 관련된 교환비율은 2:1로 결정했다.

마지막 회담인 제5차 회담은 5월 11일 본에서 열렸다. 조약 전문, 통화 동맹 규정, 환경 문제, 과도 기간 동안 동독 기업의 사회적 시장경제 체제 적응 문제, 사회 동맹 문제에 관한 협의가 이루어졌다. 동독 대표단은 사회 동맹과 관련하여 동독에 특별 규정을 요구했다. 크라우제 수석대표는 곧 정치적인 통일을 하게 되는데 가능한 한 서독 규정을 받아들이자며 자국 대표단을 설득하기도 했다. 회담은 5월 13일 새벽이 되어서야 끝났다.

5월 14일 동베를린에서 서독 바이겔 재무장관은 롬베르크 동독 재무장관과의 마지막 협상을 앞두고 노르트라인-베스트팔렌 주와 바이에른 주의 재무장관과 서독 측 입장을 조율했다. 특히 동독의 부채를 서독의 연방정부와 주정부가 나누어 부담하는 데 두 장관이 동의했다.

동·서독 재무장관 회담에서 롬베르크 장관은 동독이 그동안 이룩한 모든 것이 내버려지는 데에 대해 못마땅한 태도였다. 그러나 재정이 파탄이 난 동독으로서는 이 조약을 체결하는 방법 이외에 다른 대안이 없었다. 바이겔 장관은 그가 크라우제 수석대표보다 역량이 모자란다는 것을 느꼈다. 이 회담에서 환경 조항을 비롯하여 산업단지와 고용 창출을 위한 토지 취득과 관련된 조항의 문안이 합의됐다.

5월 16일 콜 총리는 서독의 주 총리들을 초청하여 그동안 동독 정부와 했던 협상 결과를 설명했다. 바이겔 장관은 '독일 통일기금' 조성 계획에 관해 설명하고 주 총리들의 동의를 받았다. 이날 오후 자이터스 장관과 티트마이어 수석대표는 '연방 하원 독일 통일위원회'에 출석하여 동독과의 협상 결과를 설명했다. 5월 17일 본에서 열린 마지막 동·서독 재무장관 회담에서 재정 지원 규모가 타결되어 전체 협상이 마무리됐다. 이제 조약 서명만이 남았다.

¨ 정치 통일에 앞서 이룬 경제 통일

5월 18일 오전 동독 정부와 서독 정부는 '통화·경제와 사회 동맹에 관한 국가 조약Staatsvertrag über die Schaffung einer Währungs-, Wirtschafts- und Sozialunion' 안을 각각 의결했다. 이날 오후 본의 샤움부르크 궁Palais Schaumburg에서 바이겔 장관과 롬베르크 장관이 서명했다. 콜 총리와 데메지에르 동독 총리도 참석했다. 이 조약은 전문前文, 본문 6장 38조, 7개의 부속 문서와 공동 의정서로 구성되었다. 간단히 '국가 조약'으로 불린다. 소유권과 재산권 문제는 내용이 너무 복잡한 데다 시간 부족으로 이 조약에서 제외되었다.

독일 연방공화국(서독)과 독일민주공화국(동독)은 '국가 조약' 전문에서 1989년 가을에 동독에서 평화적이고 민주적인 혁명이 일어난 사실에 감사하며, 유럽의 평화 질서 안에서 자유롭게 통일을 이루기로 결정했다. 동·서독은 동독의 경제와 사회를 더욱 발전시키기 위한 토대로 동독에 사회적 시장경제 제도를 도입하기로 했다. 동독 주민의 생활 여건과 고용 여건도 꾸준히 개선하기로 했다. 또한 통화·경제와 사회 동맹을 결성함으로써 기본법 제23조에 따른 통일을 향한 첫 번째 중요한 발걸음이 유럽 통합에 기여하기를 희망했다. 다만, 통일을 위한 대외적인 문제는 미국, 영국, 프랑스 및 소련 정부와의 협의 대상임을 밝혔다.

통화 동맹通貨同盟과 관련하여 1990년 7월 1일부로 독일 마르크(DM)를 단일 통화로 지정했다. 발권 은행은 서독의 연방은행die Bundesbank이 맡기로 했다. 이로써 동독은 통화 정책에 관한 주권을 포기했다. 통화 교환 대상은 동독에 거주하거나 주소를 둔 사람과 기관이며, 이들이 동독 금융기

콜 총리와 데메지에르 동독 총리가 지켜보는 가운데
'통화·경제와 사회 동맹에 관한 국가 조약'이 체결됐다(1990. 5. 18, 본).

관에 예치한 금액이다. 교환은 현금 대 현금으로 하지 않고 은행 계좌를 통해서만 하기로 했다. 동독에 거주하지 않는 자들의 예금액에 대한 교환은 특별 규정을 두어 3:1로 했다. 이렇게 하여 있을지도 모르는 동독 마르크를 사들이는 투기를 방지할 수 있었다. 1990년 6월 30일 기준 동독 금융기관에 예금된 1,847억 동독 마르크는 1,228억 독일 마르크로 교환되었다.

경제 동맹經濟同盟의 기본 원칙은 단일 경제 체제로서의 사회적 시장경제 제도다. 동독은 이를 토대로 개인 소유권을 인정하고, 경쟁과 자유 가격 제도를 실시하며, 노동·자본·상품과 용역의 자유로운 이동을 보장하기로 했다. 내독 무역內獨貿易과 관련하여 1951년 9월 20일에 체결된 '베를린 협정'을 통화와 경제 동맹에 맞게 조정하며, 독일 마르크로 결제하기로 했다. 그리고 동·서독 간의 통관과 관련한 통제를 폐지했다.

대외 경제에서 동독은 관세 및 무역에 관한 일반 협정General Agreement on Tariffs and Trade, GATT[8]의 무역 원칙을 존중하고, EC의 관할권을 준수하면서 동·서독이 긴밀하게 협의하기로 했다. 또한 동독의 국유 기업을 가능한 한 신속히 민영화하여 기업의 생산성을 높이기로 했다. 그리고 동독은 농업 및 식량 분야에서 EC의 규정을 적용하기로 했다. 환경 보호를 위해 가능한 한 조속히 서독의 환경 규정을 도입하기로 했다.

사회 동맹社會同盟과 관련해서 동독은 결사의 자유, 임금 협상의 독립 등 시장경제 원칙에 맞는 경제 원칙을 채택하기로 했다. 또한 연금, 의료보험, 사고보험, 그리고 실업보험 등 서독의 사회복지 제도와 유사한 제

---

8. 가트(GATT)는 관세 및 수입 제한과 무역 거래상의 장애를 완화 내지 철폐하는 것을 목적으로 1948년 1월 1일 발족된 기구다. 가트 체제는 1995년 1월 세계무역기구(WTO)가 출범하여 막을 내렸다.

도를 도입하기로 했다.

이외에도 동독 정부의 공공 재정을 지원하기 위해 1991~1994년 동안 1,150억 마르크의 통일기금을 조성하기로 했다(그러나 비용이 늘어나 4년 동안 1,607억 마르크를 조성했다. 통일기금에 관해서는 제9장에서 설명한다).

콜 총리는 '국가 조약'에 통일이 되어 자유로운 독일에서 공동의 미래를 향해 가는 모든 독일인들의 의사를 담았으며, 이 조약으로 통일을 향한 결정적인 발걸음을 내디뎠다고 평가했다.

'국가 조약'으로 동독이 사회주의와 계획경제 체제에서 자유민주주의와 시장경제 체제로 옮겨 가기 위한 제도적 장치가 마련됐다. 이 조약으로 동독이 경제와 통화 주권의 대부분을 서독에 넘겨줌으로써 완전한 경제 통합을 이루게 됐다. 이 조약은 동독 주민들에게 희망을 주었고, 동독에 남아 그들의 고향을 함께 재건하도록 하는 용기도 주었다. 이 조약으로 동독을 떠나는 이들이 크게 줄었다. 1990년 1~3월 월평균 6만 1,287명이었던 이주민이 6월에는 1만 689명에 그쳤다.

통화와 경제 통합이 이루어져 정치 분야의 통합도 앞당길 수 있게 되었다. 통일이 되기까지 아직도 많은 장애물이 있었다. 그러나 '국가 조약'으로 통일이 더 이상 되돌릴 수 없게 되었고, 빠른 시일 안에 이루어지리라는 것이 분명해졌다.

6월 21일 서독 연방 하원과 동독 인민 의회는 '국가 조약'을 각각 비준했다. 이날 연방 하원은 오데르-나이세 강 선을 폴란드와의 국경선으로 인정하는 결의안도 채택했다. 동·서독 의회는 조약이 서명된 지 불과 한 달 만에 비준하여 통일이 신속히 이루어질 수 있도록 지원했다. '국가 조약'의 비준과 오데르-나이세 강 선을 국경선으로 하는 결의를 통해 통일로 가는 결정적인 길로 들어섰다.

'국가 조약'은 7월 1일 발효되었다. 콜 총리는 "통일이라는 위대한 목적을 위해 통일과 자유, 복지와 사회적 평등이 실현될 때까지 모든 독일인에게 열심히 일하고 희생하는 정신이 요구됩니다. 희생할 각오가 되어 있지 않은 민족은 이미 도덕적인 힘을 상실합니다"라며 희생이 필요함을 강조했다.[9]

'국가 조약'이 발효되기 전인 6월 19일 콜 총리는 독일 공영 TV 방송인 ZDF에 출연하여 통일을 향한 기차가 속도를 얻었다고 했다. 그는 1989년 11월 말 독일 통일 10개 방안을 발표할 때 통일 시기를 잘못 설정했음을 시인했다. 당시 그는 통일 시점을 1993~1994년으로 설정했었다.

통화 교환비율을 1:1로 한 결정에 대해 통일 과정에서부터 많은 논란과 비판이 있었다. 콜은 회고록에서 "그때의 상황에서는 그렇게 할 수밖에 없었고, 정치적인 이유로 다른 대안은 없었다"라고 했다.[10] 동독과의 협상에 참여했던 페터 클렘Peter Klemm 서독 재무차관은 "교환비율이 경제적으로는 너무 높았지만 정치적으로는 옳았다. 이는 동독 주민들에게 용기와 희망을 주어야 했기 때문에 정치적으로 내린 결정이었다"라고 평가했다.[11]

통화 통합은 동·서독 간의 문제였으나 뜻하지 않게 주변국과의 관계에 어려움이 따랐다. 4,000동독 마르크 이상의 저축액에 대해 2:1의 교환비

---

9. Horst Teltschik, 앞의 책, p.280.

10. 이 회고록은 콜이 은퇴 후인 2007년에 출간되었다. Helmut Kohl, *Erinnerungen 1990-1994*, p.89.

11. Peter Klemm, "Die Verhandlungen über die deutsch-deutsche Währungsunion," in Theo Waigel/Manfred Schell, *Tage, die Deutschland und die Welt veränderten*, p.146.

독일 통일 한국 통일

율에도 불구하고 유동성이 급격히 늘어나 물가 인상, 즉 인플레이션에 대한 우려가 있었다. 인플레이션을 억제하기 위해 연방은행은 이자율을 높였다. 인플레이션을 어느 정도 통제하였으나 마르크화의 가치가 상승하여 프랑화와 리라화 등의 가치는 떨어졌다. 이로 인해 독일은 주변국과 관계에서 어려움이 있었다.[12]

결국 영국은 1992년 9월 유럽통화체제에서 탈퇴했다. 독일 마르크화를 단일 통화로 한 거대한 통일 독일의 등장은 프랑스와 이탈리아로 하여금 독자적인 통화 정책을 시행하기 어렵게 했다. EC 내에서 단일 통화에 대한 논의가 급물살을 탔다.[13] 특히 미테랑 프랑스 대통령이 적극적이었다.

¨ 동독 내 몰수 재산의 소유권 문제

통화·경제와 사회 동맹 조약을 체결하는 과정에서 주요 쟁점 중의 하나는 동독 지역 내 몰수된 재산에 대한 소유권 문제였다. 그러나 사안이 복잡하여 별도로 다루어야 했다.

제2차 세계대전이 끝나고 동독 지역을 점령한 소련은 1945년 7월 23일 은행과 보험회사 등 주요 기간 사업을 국유화했다. 이어 1945년 9월부터 1947년에 걸쳐 토지개혁도 실시했다. 동독 지역은 산이 적고 넓은 농지가 많아 대토지를 소유한 대지주가 많았다. 토지개혁으로 100헥타르 이상을

---

12. Hans Tietmeyer, "독일 통일 시 통화 통합 등 경제적 평가 및 한반도 통일을 위한 제언," 2011.
13. 푈 전 연방은행장은 유럽통화동맹은 독일 통일이 없었더라면 이루어지지 않았을 것이라고 했다. 1992년 2월 7일 유럽연합 조약(마스트리히트 조약)이 체결되었고, 2003년 1월 1일 유로화가 공식 통용되었다.

소유하고 있던 1만 2,000여 명의 대지주의 토지는 물론 나치주의자와 전쟁 범죄자의 토지는 보상 없이 몰수되었다. 그러나 100헥타르 미만 소유자의 토지가 몰수된 사례도 4,000건 이상이 있었다.

이 토지개혁으로 소련은 점령 지역의 1/3인 약 330만 헥타르의 토지를 몰수했다. 몰수한 토지 중 2/3는 가난한 농민들이나 동프로이센 등지에서 이주해 온 피난민들에게 분배하기도 했다. 이 토지개혁으로 동부 독일 지역의 대지주가 완전히 몰락했다. 자연히 소련 점령 당국에 대항할 만한 토착 세력들이 제거되었다. 토지개혁은 점령 지역을 사회주의 체제로 바꾸기 위한 가장 중요한 수단이었다.[14]

1949년 10월 수립된 동독 정권도 재산을 몰수했다. 이미 대지주들의 토지는 몰수되었기 때문에 주로 형무소에 수감되었거나 서독으로 탈출한 반체제 인사들의 재산을 몰수했다. 동독 정권 아래서 집단농장과 관련하여 7만 5,000건의 몰수 행위가 있었다.[15] 전쟁이 끝나고 1961년 8월 13일 베를린 장벽이 세워지기 전까지 동독 지역에서 서독으로 넘어온 이들은 341만 9,042명이었다.[16] 동독 공산당은 몰수한 토지 일부를 농민들과 피난민들에게 나눠 주어 이들을 위하는 정당처럼 행동했다. 실제로는 이들을 이용하여 공산 정권의 지배 체제를 확고히 하고자 했다.

1990년 들어 통일 가능성이 커지자 독일 대지주들은 빼앗긴 토지를 되찾으려고 했다. 그들은 신문 등에 대대적으로 광고를 내며 몰수된 토지가 반환되어야 한다고 주장했다. 일반적으로 몰수된 재산은 원래의 소유자

---

14. 손선홍, 『분단과 통일의 독일 현대사』, 94~95쪽에서 인용.
15. Hildigund Neubert, "복권과 배상, 독재 정권의 희생자들을 위한 복지 정책," 『독일 통일을 함께 경험한 그들의 이야기』(콘라트 아데나워 재단 한국사무소, 2014), 76쪽.
16. 독일 연방 내무부 자료.

에게 되돌려 주는 것이 옳기 때문에 서독 정부는 원소유자에게 돌려주고자 했다. 그러나 여러 이유로 완전한 반환이 불가능하게 됐다. 특히 소련의 반대가 강했다. 소련은 모스크바 주재 독일 대사관에 보낸 1990년 4월 28일 자 공한에서 반대 입장을 분명히 했다.[17]

> 서독과 동독이 체결할 조약 안에는 4개국이 독일의 탈脫나치화, 비군사화와 민주화를 위해 공동으로 또는 점령지 내에서 개별적으로 행한 조치와 법령에 대해 정당성을 의문시하는 내용이 들어가서는 안 됩니다. 무엇보다도 소유권과 토지 문제에 관한 결정의 적법성에 관해 독일 법원 또는 다른 독일 국가 기관에 의해 새로이 검토되거나 변경되어서는 안 됩니다.

이 공한 내용에 대해 서독에서는 찬·반 의견이 대립되었다. 그런데 1990년 4월 새로 출범한 동독 정부가 소련 측 입장을 지지하고 나섰다. 데메지에르 총리는 "향후 체결될 조약에 소련 점령 기간 중에 있었던 재산권 조치에 대해 원상회복을 허용하는 내용이 포함될 경우에 이 조약에 서명하지 않겠다"고 했다. 그는 제2차 세계대전 이후 동프로이센 등지에서 동독으로 이주해 온 수백만 명의 독일인이 소련 점령 당국의 토지개혁으로 땅을 얻었는데, 40년이 지나 이들에게서 땅을 도로 뺏을 수 없다고 했다. 소련의 요구와 동독 정부의 이러한 입장으로 소련 점령 기간 중 몰수된 토지는 원소유자에게 돌려줄 수 없게 됐다.

제2차 세계대전 말기부터 1950년까지 1,000만 명이 넘는 독일인이 서독과 동독 지역으로 이주했다. 1945년 8월 포츠담 협정이 체결되기 전에

---

17. Wolfgang Schäuble, *Der Vertrag: Wie ich über die deutsche Einheit verhandelte*, p.103.

동프로이센 등 동부 독일 지역에 거주하던 약 400만 명의 독일인이 고향을 떠났다. 이어 포츠담 협정으로 오데르–나이세 강 선의 동부 독일 지역에 거주하던 약 560만 명의 독일인이 강제로 추방되었다. 또한 폴란드와 체코슬로바키아에서도 많은 이들이 넘어왔다. 이들이 독일로 피난 오는 과정에서 약 200만~250만 명이 추위, 굶주림과 병으로 목숨을 잃었다. 전쟁 이후 1950년까지 5년 동안 강제로 이주한 독일인들은 약 1,248만 명으로 이들 중 서독 지역으로는 약 798만 명이, 동독 지역으로는 약 450만 명이 이주했다.[18]

동독 내 몰수된 재산의 소유권 문제는 동·서독이 수차례의 협의를 거쳐 막판에 킨켈 법무차관이 데메지에르 총리와 협의하여 타결됐다. 동·서독 정부는 1990년 6월 15일 14개 항의 공동성명을 발표했다. 그 주요 내용은 첫째, 소련이 점령법적인 또는 점령 당국의 특권으로 1945~1949년에 몰수한 재산은 원상회복이 안 된다는 것이었다. 둘째, 동독 정권에서 몰수된 재산은 원칙적으로 원소유자에게 반환하기로 했다. 원소유자는 원상회복 대신에 보상을 선택할 수 있도록 했다. 다만, 고용을 유지하거나 창출할 목적인 경우에는 토지나 건물이 원상회복이 되지 않는다고 했다. 이 공동성명 내용은 8월 31일 체결된 '통일 조약'(제4조 제5항, 제41조)에도 그대로 반영되었다.

이러한 공동성명에도 불구하고 소련은 2+4 회담 과정에서 점령 기간 중에 몰수된 재산의 원상회복이 불가하다는 내용을 '2+4 조약'에 포함시키자고 독일에게 끈질기게 요구했다. 그러나 독일은 '공동성명'과 '통일

---

18. 손선홍, 앞의 책, 33~34쪽에서 인용.

조약'에서 이 문제가 해결되었기 때문에 '2+4 조약'에 포함시킬 수 없다고 맞섰다. 결국 이 문제는 '2+4 조약' 서명 시 동·서독 외무장관이 이의를 제기하지 않겠다는 공한을 소련 외무장관에게 보내기로 합의하여 해결되었다.

¨ 힘겨운 통일 조약 교섭

1990년 7월 1일 전 독일에 독일 마르크화가 단일 통화로 통용되어 경제 통일이 이루어졌다. 이제는 통일을 위한 법적인 조치가 남았다. 서독은 동독이 기본법 제23조에 의해 편입하는 데 국민 투표나 서독의 동의가 필요하지 않고 동독의 일방적인 선언만으로 가능하다는 입장이었다. 이 방법에 의해 이미 프랑스의 관할 아래에 있던 자를란트 주가 1957년 1월 1일에 편입한 사례가 있었기 때문이다. 그러나 동·서독은 미해결 문제들을 해결하고 통일을 법적으로 뒷받침하기 위해 조약을 체결하기로 했다.

서독 측은 쇼이블레 내무장관이, 동독 측은 크라우제 총리실 차관이 협상 수석대표를 맡았다.[19] 크라우제는 총선 이후 동독 기민당 원내대표인 동시에 총리실 정무차관이 되었다. 그는 '국가 조약' 협상에 이어 통일 조약 협상에도 다시 수석대표로 나섰다. 그 정도로 그에 대한 데메지에르 총리의 신임이 대단했다.

---

19. 서독 측 수석대표로 동독과의 업무를 담당하는 내독관계부 장관이 제외되고 그 자리를 쇼이블레 내무장관이 맡았다. 그 이유는 (1) 관계 부처, 의회와 주정부와의 협조 관계를 고려할 때 내무부가 더 적합했으며, (2) 동독 측이 총리실 또는 내무부와 협상하기를 원했고, (3) 쇼이블레가 콜 총리의 두터운 신임을 받고 있었기 때문이다.

쇼이블레 대표는 1990년 2월 7일에 구성된 '독일 통일 각료위원회' 산하 6개 소위원회 중의 하나인 '국가 조직 및 공공질서' 위원회의 책임자였다. 그는 이때 꾸린 20여 명의 실무 팀을 통일 조약 협상 팀으로 격상시켰다. 통일 조약의 비준과 기본법 개정에는 연방 상원과 하원에서 각각 2/3 이상의 찬성이 필요했다. 이를 위해 쇼이블레는 야당 측 인사인 노르트라인-베스트팔렌 주의 볼프강 클레멘트Wolfgang Clement[20] 특임장관을 협상 팀에 포함시켰다. 회담에 앞서 쇼이블레는 연방 하원(7월 4일)과 주정부(7월 5일) 관련 인사들에게 동독과 협상에 나서는 서독의 입장을 설명했다. 앞으로 의회와 주정부의 협조와 동의가 필요하기 때문이었다.

제1차 회담은 1990년 7월 6일 동독 총리실에서 열렸다. 양측 대표단은 각각 50명이었다. 마이크는 수석대표에게만 설치했다. 대표단원이 발언하고자 하면 이동 마이크를 사용했다. 개막식에서 개회사를 동독 측 수석대표 크라우제가 아닌 데메지에르 총리가 했다. 그는 통일을 위한 이 조약을 '제2의 국가 조약'이 아닌 '통일 조약'으로 하자고 제의했다. 이어 그는 동독은 기본법 제23조에 의해 통일하고자 한다며, 전 독일 총선을 1990년 12월에 실시하자고 제의했다.

쇼이블레 대표는 원고 없이 한 개회사에서 통일된 독일에서 살기로 한 동독 주민들의 결정을 존중한다고 했다. 그는 서독은 조약안 없이 회담에 임할 것이라며 동독 측이 조약에 포함될 내용을 제시해 달라고 요청했다. 서독 측은 제2의 국가 조약으로 하려고 했으나 동독 측의 제의를 받아들여 '통일 조약'으로 하는 데 동의했다. 그는 동·서독은 상대자가 아닌 동

---

20. 그는 통일 후 1998년 5월~2002년 10월에 노르트라인-베스트팔렌 주 총리를 역임했다.

반자임을 강조했다.

본 회담에서 데메지에르 총리는 쇼이블레 대표에게 통일될 독일의 국명, 국기와 국가 등에 관한 의견도 제시했다. 그는 통일된 독일의 수도로 베를린을 제의하며 여기에 연방정부와 의회도 소재해야 한다고 주장했다. 그러나 수도와 연방정부 소재지 결정 문제는 간단하지 않았다. 서독에서 베를린을 지지하는 이들이 있었으나 본이 계속해서 수도와 연방정부의 소재지가 되어야 한다고 주장하는 이들이 많았기 때문이다. 이 문제는 나중에 다시 협의하기로 했다. 데메지에르는 모든 협상을 8월 말에 끝내고 9월에 비준하자고 제의했다. 제1차 회담은 이렇게 끝났다.

쇼이블레와 크라우제 두 수석대표는 통일 조약 협상 중에도 휴가를 다녀왔다. 크라우제는 '국가 조약' 협상의 후유증으로 지칠 대로 지쳐 있었다. 그는 7월에 북부 이탈리아의 한 캠핑장에서 가족과 함께 2주를 보냈다. 쇼이블레는 제2차 회담 후 8월 중순에 독일 북해의 질트Sylt 섬에서 휴가를 보냈다. 지친 몸을 이끌고 협상을 계속하기보다는 적당한 휴식이 필요했다.

제2차 회담은 8월 1일 다시 동베를린에서 열렸다. 제2차 회담에서는 통일 조약에 대한 공동 초안을 갖고 협의했다. 이 초안은 제1차 회담 후 약 2주 동안 동·서독 실무 대표단이 협의하여 마련했다. 입장이 다른 문제는 괄호 안에 서독 측 입장은 〈D〉로, 동독 측 입장은 〈DDR〉로 표시했다.[21]

헌법인 기본법은 전문前文을 개정하고, 필요 없게 된 제23조를 삭제하기로 했다. 통일된 독일의 수도와 정부 소재지 문제와 관련하여, 크라우

---

21. 〈D〉는 독일 연방공화국(die Bundesrepublik Deutschland), 〈DDR〉은 독일민주공화국(die Deutsche Demokratische Republik)의 약자다.

제 동독 대표는 "통일된 독일의 수도와 정부 소재지는 베를린이다"라는 문안을 제시했다. 쇼이블레는 이러한 문안이 들어간 조약안은 서독 의회에서 비준될 수 없기 때문에 받아들일 수 없다고 설명했다. 클레멘트 특임장관도 쇼이블레를 거들었다.

여기까지 협의한 후 회담이 중단됐다. 이날 저녁 데메지에르 총리가 콜 총리를 만나는 자리에 크라우제가 배석해야 했기 때문이다. 이때 콜은 오스트리아의 휴양지 장크트 길겐St. Gilgen에서 휴가 중이었다. 통일을 불과 두 달 정도 남겨 놓은 상황이었지만 총리도 휴가를 보내고 있었다.

크라우제 대표가 오스트리아로 떠나고 난 오후에 서독 대표단은 수도 소재지 문제를 협의했다. 쇼이블레는 동독 측이 베를린을 수도로 강하게 주장하는 점을 고려하여 "수도는 베를린으로 하되, 연방정부와 의회의 소재지는 추후에 결정한다"라는 문안을 제시했다. 협의를 거쳐 이 문안은 서독 측 입장으로 확정됐다.

8월 1일 저녁 데메지에르 총리는 오스트리아 장크트 길겐에서 휴가를 보내고 있는 콜 총리를 방문했다. 그는 콜의 숙소에 들어오자마자 동독이 파산 직전에 있어 서독의 지원을 받아도 전 독일 총선일인 12월 2일까지 유지하기 어려운 사정을 설명했다. 그러면서 그는 통일 시기를 앞당기자고 제의했다. 그는 다음 주 인민 의회에서 동독의 서독 가입 일자를 10월 14일로 앞당기고, 같은 날 총선 실시를 제의하겠다고 했다.

이에 콜은 동독의 서독 가입 결정에는 동의했다. 총선을 앞당기는 문제는 연방 하원의 회기를 단축해야 하는 문제가 있으니 좀 더 논의한 후에 결정하자고 했다. 이어 일행은 크라우제의 피아노 반주에 맞추어 밤늦게까지 노래를 부르고 포도주를 마시며 지냈다.

다음 날 콜 총리는 쇼이블레 대표에게 전날 데메지에르와 나눈 대화의 주요 내용을 알려 주었다. 쇼이블레는 전에 크라우제가 동독의 불안정이 갈수록 심각하며, 특히 재정이 크게 부족하다고 했던 말을 떠올렸다. 크라우제는 통화·경제와 사회 동맹 조약으로 서독의 지원금이 들어와도 동독을 유지하는 데 턱없이 모자란다고 했다. 농업은 붕괴 직전에 있다고 했다. 동독은 그야말로 근근이 국가로서의 명맥을 유지하고 있었던 것이다.

크라우제 대표가 돌아와 제2차 회담이 8월 3일 속개되었다. 이날 데메지에르 총리는 기자회견을 열어 전 독일 총선과 동독 주의회 선거를 10월 14일 동시에 실시하겠다고 발표했다. 또한 동독의 서독 가입 일자를 10월 14일 이전으로 하겠다고 했다. 데메지에르의 기자회견을 들은 콜 총리는 화를 냈다. 기자회견 내용이 이틀 전에 그에게 말한 내용과 달랐고, 또 아무리 서둘러도 두 달 후인 10월 14일에 전 독일 총선을 할 수 없기 때문이었다. 통일 시기가 갑자기 앞당겨지자 8월 27일로 예정되었던 제3차 회담이자 마지막 회담 일정이 8월 20일로 조정되었다.

제3차 회담은 8월 20일에 4일간의 일정으로 본의 연방 교통부 청사에서 열렸다. 콜 총리도 휴가를 마치고 이날 업무에 복귀했다. 그런데 이날 전 독일 총선을 10월 14일에 실시하기로 한 선거 조약이 동독 인민 의회 표결에서 2/3의 지지를 얻지 못해 부결됐다. 조기 총선에 반대하는 사민당의 반대로 이런 결과가 나오자 데메지에르 총리는 재무장관 등 사민당 소속 각료들을 즉시 해임했다. 이에 사민당은 연정을 탈퇴했다. 통일 조약 협상을 위해 본에 와 있던 동독 대표단 일부도 교체됐다.

제3차 회담에서는 공무원 등 동독의 공공기관 근무자 정리가 어려운 문제였다. 동독의 공공기관 근무자가 너무 많기 때문이었다. 동독 인구

1,600만 명[22]에 공공기관 근무자 174만 명은 비슷한 인구를 가진 서독 노르트라인–베스트팔렌 주 공공기관 근무자의 3배 규모였다. 각 부처별로 해고 기준을 마련하여 정리하기로 했다. 동독 외교관은 어학 특기자 등 극소수만 남기고 전원 해고하기로 했다. 이들이 해외에서 공산주의 체제를 홍보하다가 갑자기 자유민주주의를 홍보할 수는 없기 때문이었다.

이외에도 동독 비밀경찰 문서인 슈타지 문서Stasi-Akten에 관해서도 논란이 있었다. 서독은 슈타지 문서를 서독 지역으로 옮겨 보관하려고 했으나, 동독 주민들의 거센 반대로 동독 지역에 두기로 했다.

한편 동독 인민 의회는 8월 23일 새벽 2시 47분에 동독이 1990년 10월 3일 자로 기본법 제23조에 따라 서독에 가입하기로 의결했다. 참석 의원 363명 중 294명이 찬성, 62명은 반대, 7명은 기권했다. 동독 지역의 주의회 선거는 10월 14일에 실시하기로 했다. 그러면서 세 가지 조건을 달았다. (1) 통일 조약에 대한 협의가 마무리되어야 하고, (2) 통일을 위한 외교·안보와 군사 문제를 다루고 있는 2+4 회담이 종료되고, (3) 동독의 지방조직이 주(Land, 州)로 변경되고, 10월 14일에 주의회 선거가 실시되어야 한다는 조건이었다. 다음 날 콜 총리는 연방 하원에서 인민 의회 의원들의 이 결정을 높이 평가하며, "통일로 가는 결정적인 조치를 했다"고 언급했다.

8월 24일 일부 첨예한 문제를 제외하고 통일 조약 협상이 마무리되었다. 이제 가서명만 남았다. 그런데 갑자기 콜 총리의 지시로 가서명이 보류되었다. 서독과 다른 동독의 임신중절 규정 때문이었다. 쇼이블레는 교

---

22. 1990년 12월 말 기준이다. 1989년 12월 말 동독 인구는 1,643만 명이었다.

통부에서 기다리던 크라우제에게 가서명을 할 수 없는 사정을 설명했다. 가서명이 늦추어진 데 대해 쇼이블레도 당황했지만 크라우제는 더 당황했다.

통일 조약을 협상하며 처음에는 전혀 문제될 것 같지 않던 사안들이 막판에 정치적으로 첨예하게 대립되는 일이 일어났다. 서독과 다른 동독의 임신중절 규정도 그중 하나였다. 서독 형법 제218조는 특별한 경우 이외에는 임신중절을 처벌하도록 규정하고 있었다. 이와는 달리 동독에서는 임신 3개월 이내에는 자유롭게 낙태를 할 수 있었다. 이런 이유로 데메지에르 총리는 협상 초기부터 '통일 조약'이 비준되기 위해서는 형법 제218조가 동독 지역에 바로 적용되지 않아야 한다고 주장했었다.

임신중절과 관련하여 쇼이블레와 크라우제는 한시적으로 거주지에 따라 법을 달리 적용하는 '거주지 원칙das Wohnortprinzip'에 합의했다. 즉 새로운 법이 제정될 때까지 서독 지역 거주자에게는 서독 법을, 동독 지역 거주자에게는 동독 법을 각각 적용하기로 한 것이다. 이에 따라 서독 지역 거주자가 동독 지역에서 낙태 수술을 받으면 처벌받게 되었다.

8월 24일 통일 조약 가서명이 막판에 무산된 이유는 동독이 아닌 서독 내부의 입장 차이 때문이었다. 서독 자민당이 이미 합의한 '거주지 원칙' 대신에 '행위지 원칙das Tatortprinzip'을 들고나온 것이다. '행위지 원칙'이란 서독 지역에 거주하는 여성이 통일 후 동독 지역에서 낙태 수술을 받아도 행위지에 따라 처벌받지 않는 것을 말한다. 사민당도 '행위지 원칙'을 주장했다. 자민당은 임신중절 문제가 해결되지 않고는 통일 조약이 가서명되어서는 안 된다고 주장했다. 연정을 이루는 자민당의 반대로 통일 조약 가서명이 중단된 것이다.

제3차 회담이 끝났으나 임신중절 문제 이외에도 해결해야 할 문제들이 아직도 남았다. 조세 수입 배분 문제와 통일 후 슈타지 문서의 처리 문제였다. 한스-요헨 포겔Hans-Jochen Vogel 사민당 대표는 콜 총리에게 서한을 보내 이 문제들에 관해 협의하자고 제의했다. 콜은 이 제의에 동의했다. 통일 조약이 비준되기 위해서는 사민당의 지지가 필요하기 때문이었다.

8월 26일 일요일 저녁 8시 총리실에서 콜 총리 주재로 회의가 열렸다. 이 회의에 정부 측에서는 쇼이블레 수석대표, 바이겔 재무장관, 자이터스 총리실 장관이, 사민당에서는 포겔 대표와 라우 등 부대표 3명이, 드레거 기민/기사당 원내대표, 뵈취 기사당 그룹 대표[23], 자민당에서는 람스도르프 당대표, 겐셔 외무장관과 미쉬닉 원내대표가 참석했다.

포겔 사민당 대표는 동독 공산 정권이 몰수한 재산을 원소유주에게 반환하기로 한 정부의 입장을 재고해 주도록 요청했다. 이에 대해 콜 총리는 10년 또는 15년 전에 얻어 살고 있는 집을 내주어야 하는 이들의 심정을 이해한다고 했다. 그러나 집과 재산을 빼앗겼던 이들의 사정도 고려해야 하고, 또 헌법인 기본법이 재산권을 보장하고 있어 원소유주에게 반환하도록 했음을 설명했다. 다만, 고용을 창출하는 경우에는 우선 보상이 가능하도록 했다고 했다.

이외에도 포겔 대표는 '통일 조약'에 대한 사민당의 동의 조건으로 (1) 소련 점령 기간 중에 있던 토지개혁 조치 효력에 대한 변경 반대, (2) 동독 지역에서 주택 임차와 금융기관에 대한 해약 통고 기간의 장기간 보장, (3) 동독 지역에서 임신중절을 받는 서독 주민들에 대한 처벌 반대, (4)

---

23. 기사당(CSU)은 바이에른 주에만 있는 정당이다. 기사당은 연방 하원에서는 기민당(CDU)과 함께 원내 교섭단체를 구성하고 있어 원내대표가 아닌 그룹 대표를 두고 있다.

통일이 되더라도 새로운 헌법을 제정할 가능성을 열어 둘 것을 제의했다. 그의 주장은 대부분 받아들여졌다. 회의는 자정 무렵 끝났다. 그러나 임신중절 문제는 해결되지 않았다.

¨ 통일의 토대 통일 조약

8월 30일 크라우제 동독 대표는 통일 조약에 가서명하기 위해 본에 왔다. 쇼이블레는 오후 5시부터 그와 함께 통일 조약 문안을 협의했다. 쇼이블레는 오후 7시 반 협의를 중단하고 콜 총리가 주재한 임신중절 관련 회의에 참석했다. 사민당과 자민당 대표도 참석했다. 이미 합의했던 '거주지 원칙'을 포기하고, 2년의 경과 규정을 두어 '행위지 원칙'을 결정했다. 사민당은 처음에 2년의 경과 규정에 반대했으나 콜 총리의 입장이 완강해 결국 받아들였다. 통일 후 전 독일 의회가 늦어도 1992년 12월 31일까지 임신중절에 관한 단일 규정을 마련하기로 합의했다(통일 조약 제31조 제4항). 이 회담에 참석했던 쇼이블레는 자정 무렵에 내무부에 돌아왔다. 이와 같이 '통일 조약' 협상에는 어려움이 많았다.

쇼이블레 대표는 기다리던 크라우제와 다시 임신중절 관련 규정과 슈타지 문서 관련 문안에 최종 합의했다. 조약 문안이 완성되어 8월 31일 새벽 2시 14분에 양측 대표가 가서명했다. 가서명 후 두 대표는 샴페인 한 잔씩을 마시고 각자 잠자리에 들었다.

8월 31일 아침 서독과 동독 내각은 통일 조약안을 각각 의결했다. 이 조약은 약 1,000쪽 분량으로 동독 주의 가입, 기본법 개정, 노동, 사회, 가족

통일 조약에 서명한 후 악수하는 쇼이블레 서독 대표(왼쪽)와 크라우제 동독 대표,
가운데는 데메지에르 총리(1990. 8. 31, 동베를린 황태자궁).

과 여성, 보건, 환경 보호, 문화, 방송, 교육, 과학, 스포츠 등 동독의 가입에 관한 모든 내용을 담고 있다. 이어 오전 9시 30분 쇼이블레 장관은 서독 공군기 편으로 베를린으로 갔다. 그는 조약 협상 과정에서 수고했던 지원 인력을 대거 초청했다. 회의 자료 복사 업무를 담당했던 이들과 커피와 음료수 제공을 담당했던 이들도 데려갔다.

8월 31일 오후 1시 15분 쇼이블레 내무장관과 크라우제 총리실 정무차관이 베를린 황태자궁Kronprinzenpalais에서 조약안에 서명했다. 이 조약의 정식 명칭은 '독일 통일 완수에 관한 독일 연방공화국과 독일민주공화국 간의 조약'이다. 보통 '통일 조약der Einigungsvertrag'이라 불린다. 데메지에르 총리는 콜 총리와 함께 서명하고 싶어 했다. 그러나 콜은 협상 대표가 서명하는 것이 좋겠다고 하여 두 대표가 서명하게 됐다. 콜 총리는 쇼이블레가 총리실 장관 역임 후 내무장관으로 재임하고 있어 동·서독 문제에 정통한 자들 중의 한 사람이라며 그가 임무를 잘 수행했다고 높이 평가했다.[24]

데메지에르 총리는 서명식에서 "통일 조약은 민주주의의 성공이며, 이 조약 체결로 경제 번영의 모든 꿈이 곧바로 이루어지는 것은 아니지만 우리는 올바른 길로 가고 있다"며 그 의미를 부여했다. 쇼이블레는 "모든 것이 하루 이틀 사이에 좋아질 수는 없습니다. 지난 수십 년 동안 공산주의의 계획경제와 이로 인한 결과는 하룻밤 사이에 없어지지 않습니다. 그러나 누구나 스스로 무엇인가를 이룰 수 있는 기회가 있다는 것을 알고 있습니다"라고 했다. 이어 그는 "우리가 오늘은 동독과 서독으로 나누어져

---

24. Helmut Kohl, *Ich wollte Deutschlands Einheit*, p.465.

있지만, 내일이면 우리 모두는 하나의 독일입니다"라고 강조했다. 콜 총리는 "통일 조약이 최고의 역사적인 의의가 있는 문서다"라고 평가했다.

'통일 조약'은 전문前文, 9장 45조의 본문, 일부 조항의 적용 기준에 관한 의정서, 서독 법 적용에 관한 특별 경과규정(부록 I), 동독 법률의 효력 지속에 관한 특별 경과규정(부록 II), 미해결 재산권에 관한 동·서독 정부의 공동성명(부록 III), 그리고 통일 조약의 이행을 위한 동·서독 정부의 합의서로 되어 있다.

전문에서 서독과 동독은 평화스럽고 자유스러운 가운데 자결권에 의해 통일을 이룩한다고 밝혔다. 또한 서독과 동독은 동·서독 주민들이 함께 살고, 독일 역사를 지키며, 독일 통일을 통해 유럽의 통합과 평화 질서에 기여하고자 노력할 것임을 다짐했다. 또한 유럽 모든 국가 국경선의 불가침과 영토의 신성함과 주권의 불가침이 평화를 위한 기본 조건임을 인식하여 이 조약을 체결한다고 밝혔다.

조약 제1조에서 브란덴부르크, 메클렌부르크-포어포메른, 작센-안할트, 작센, 그리고 튀링겐 주는 기본법 제23조에 따라 1990년 10월 3일 자로 독일 연방공화국의 주가 된다고 했다. 제2조에서 독일의 수도首都는 베를린이며, 의회와 연방정부의 소재지 문제는 통일 후에 결정하기로 했다. 한편 10월 3일을 '독일 통일의 날der Tag der Deutschen Einheit'로 정했다. 또한 서독과 동독은 '통일 조약'에서 기본법 전문의 일부를 개정하여, 기본법이 전 독일 국민에게 적용됨을 밝혔다. 한편 기본법 제23조를 삭제하고, 제146조를 개정하기로 했다. 동독의 채무 및 재산과 관련한 새로운 규정도 두었다. 동독 지역에도 서독의 법률을 적용하기로 하고, 서독의 국제법상의 조약과 합의 사항은 계속 유효하나 동독이 체결한 국제 조약의 이행 문제는 각 당사자 및 EC와 협의하여 결정하기로 했다.

9월 20일 서독 연방 하원은 찬성 442, 반대 47, 기권 3으로 '통일 조약'을 비준했다. 같은 날 동독 인민 의회도 찬성 299, 반대 80, 기권 3으로 비준했다. 서독 연방 상원은 9월 21일 비준했다. 동·서독 의회 모두 재적 의원 2/3 이상의 찬성으로 각각 비준했다.

쇼이블레 장관은 통일 조약을 협상하는 과정에서 동독과의 협상보다는 서독 내부의 협의가 더 어려웠다고 했다. 그는 "크라우제 동독 대표는 여러 협상 대상 중의 하나였으며, 서독 내 주정부, 연방 하원의 기민/기사당, 자민당과 야당, 그리고 여러 이익 집단을 이해시키고 이들의 동의를 얻는 서독 내부의 협의 과정이 더 어려웠다"고 회고했다.[25]

동독과의 협상보다도 서독 내부의 협의 과정이 더 힘들었다는 쇼이블레 장관의 말은 우리가 귀담아들어야 할 내용이다. 장차 우리의 통일 과정에서도 비슷한 일이 일어날 것이기 때문이다. 북한과 협상하는 과정보다도 정부가 국회와 국민의 다양한 요구를 조정하여 우리의 입장을 정하는 과정이 더 복잡하고 어려움이 따를 것이다.

---

25. Wolfgang Schäuble, 앞의 책, p.110.

제4장

대외적인 문제와
2+4 회담 기구 구성

"당신네 나라들이 독일 문제에 책임이 있는 4개국인가? 아니면 분단된 독일의 어느 한 당사국인가? 그 어느 쪽도 아니지 않은가? 당신들은 이 게임의 당사자들이 아니다."

_ 한스-디트리히 겐셔 독일 외무장관

¨ 대외적인 문제들

독일 통일의 당사자는 서독과 동독이다. 그러나 독일 통일은 동·서독의 합의만으로는 이루어질 수 없었다. '대외적인 문제'가 해결되어야 했기 때문이다.[1] '대외적인 문제'의 발단은 1945년 8월에 체결된 '포츠담 협정'으로 거슬러 올라간다. 이 협정에 의해 미국, 영국, 프랑스, 소련의 4개국은 독일을 나누어 점령 통치했다.

점령 기간 중에 서방 연합국 점령 지역 내 독일인들은 단일 국가를 수립하기 위해 노력했다. 그러나 서방 연합국과 소련의 입장이 달랐고, 소련 점령 지역 내 독일 정치인들은 단일 국가를 수립할 의도가 전혀 없었다. 독일 문제가 해결되지 않아 4년 후 독일은 서독과 동독으로 분단되었다. 이 과정에서 4개국은 '베를린과 전 독일에 대한 권한과 책임'을 갖게 되었

---

1. 이 책의 제4장과 제5장은 손선홍, "독일 통일을 위한 대외적 문제 해결과 시사점," 「외교」 제110호 (한국외교협회, 2014.07)를 토대로 내용을 확대했다.

으며, 몇몇 '대외적인 문제'들이 발생했다.

1990년 들어 독일 통일의 가능성이 커졌다. 독일이 통일되기 위해서는 '대외적인 문제'들이 해결되어야 했다. 이 문제의 해결에는 관련국들의 동의 내지는 승인이 있어야 했다. '대외적인 문제'로는 (1) 4개국의 '베를린과 전 독일에 대한 권한과 책임'의 해제, (2) 통일된 독일의 북대서양조약기구NATO 잔류 문제, (3) 통일된 독일과 폴란드 간의 동부 국경선 문제, (4) 통일된 독일의 군 병력 감축 및 ABC 무기(핵 및 생화학 무기) 보유 문제, (5) 동독 주둔 소련군의 철수 문제, (6) 소련 점령 당국이 동독 점령 기간 중에 몰수한 재산의 소유권 문제 등이 있다. 이 문제들의 내용과 이에 대한 독일과 소련의 입장을 알아본다.

첫째, 4개국의 '베를린과 전 독일에 대한 권한과 책임'의 해제 문제다.

1949년 9월 독일 연방공화국의 출범과 동시에 '점령 규약'이 9월 21일 발효되어 서독의 주권은 크게 제한되었다. 이 규약으로 서독은 군대를 보유할 수 없었고, 외교 관계 수립도 제한되었으며, 서방 3개국의 군대도 계속 주둔했기 때문이다.

이러한 상황에서 초대 총리인 콘라트 아데나워Konrad Adenauer는 친서방 정책을 추진하며 서독의 주권을 강화하고 국제적인 위상을 높이기 위해 노력했다. 1951년 3월에 '점령 규약'이 일부 완화된 데 이어 1952년 5월 26일 '독일 연방공화국과 3개 연합국 간의 관계에 관한 조약'(독일 조약 또는 일반 조약)이 체결됐다. 미국, 영국, 프랑스의 서방 연합국은 '독일 조약'이 발효되면 '점령 규약'을 철폐하여 점령 지배를 종료하기로 했다. 다만, 독일이 통일되지 않았고 강화조약도 체결되지 않은 상황을 고려하여, 3개국은 "독일 통일과 강화조약 체결 문제를 포함하여 지금까지 갖고 있

독일 통일 한국 통일

던 베를린과 독일 전체에 대한 권한과 책임"을 계속 유지하기로 했다. 이 '독일 조약'의 발효는 '유럽방위공동체' 설립 조약[2]과 연계되었다.

그런데 뜻하지 않게 유럽방위공동체 설립 조약이 1954년 8월 30일 제 안국인 프랑스 의회의 반대로 발효되지 않았다. 이와 연결된 '독일 조약' 도 무산되었다. 이렇게 되자 서방 3개국은 1954년 10월 23일 서독과 '독일 조약'을 토대로 한 '파리 조약'을 체결했다. 이 조약에 따라 서방 3개국은 '강화조약 체결과 독일 통일을 포함한 베를린과 전 독일에 대한 권한과 책임'을 갖게 되었다. 소련은 당사국이 아니나 '포츠담 협정'에 따라 4개국이 갖고 있던 전 독일에 대한 점령권이 계속 유효하다고 주장해 왔다. 따라서 독일이 통일되려면 우선 4개국의 '베를린과 전 독일에 대한 권한과 책임'이 해제되어야 했다.

둘째, 통일된 독일의 나토 잔류 문제다.

1989년 11월 베를린 장벽이 무너진 후 전승 4개국 중 유일하게 미국은 독일의 통일이 불가피하다고 보고 통일을 지지했다. 미국의 지지에는 전제 조건이 있었다. 독일이 통일된 이후에도 계속 나토에 잔류해야 한다는 것이다. 미국은 통일된 독일이 군사적으로 중립이 되어 나토에 잔류하지 않는다면 나토가 존속하기 어려울 것이라고 여겼다. 나토가 없어지면 미국은 유럽 문제에 관여할 수 없게 되어 유럽에 대한 미국의 영향력이 없어지는 점을 우려했다.[3]

---

2. 한국전쟁의 영향으로 미국은 서독의 재무장을 추진했다. 이에 프랑스 플르방(René Pleven) 총리는 1950년 10월 25일 서독의 재무장을 막고 소련의 무력 공격에 대비하기 위해 유럽군 창설을 제의했다. 미국의 주도로 1952년 5월 27일 파리에서 '유럽방위공동체' 설립 조약이 서명되었다.

3. 라이스 전 미 국무장관은 "통일된 독일이 나토에 잔류하지 않았더라면, 미국은 독일 통일을 지지하지 않았을 것"이라고 했다. 그는 "독일이 통일 이후에도 나토의 일부분이 되는 것이 미국의 핵심 관심사였다"라고 했다. *DER SPIEGEL*, Nr. 39/2010(2010.09.27).

독일도 유럽의 안정을 위해서는 군사적으로 중립의 위치에 있는 것보다는 나토에 계속 잔류하겠다는 입장이었다. 그러나 소련의 생각은 달랐다. 즉 "통일된 독일이 군사적으로 중립을 유지해야 한다"며 나토 잔류에 반대했다. 소련은 통일된 독일이 나토에 잔류할 경우 나토가 더 강력해질 것이며, 강력해진 나토는 소련과 동유럽 국가의 안보에 위협이 될 것이라고 우려했다.

셋째, 통일된 독일과 폴란드 간의 동부 국경선 문제다.

소련은 전쟁이 끝나고 폴란드의 동부 지역을 차지했다. 이로 인해 폴란드 영토가 줄어들자 줄어든 만큼 독일의 영토를 떼어 내 폴란드에게 넘겨주었다. 즉 '포츠담 협정'에 의해 "발트 해로부터 오데르 강을 따라 나이세 강 합류 지점까지, 그리고 나이세 강을 따라 체코 국경에 이르는 독일의 동부 지역과 소련의 관할 아래에 들어가지 않는 동프로이센의 일부 지역 및 단치히 시는 향후 강화 회담에서 확정될 때까지 폴란드의 관할 지역"이 되었다.[4] 이 경계선은 소련이 미리 정해 놓았는데, 미국과 영국이 마지못해 동의했다. 이로 인해 폴란드의 서부 국경선이 서쪽으로 더 이동했다. "향후 강화 회담에서 확정될 때까지"라는 문구로 인해 폴란드와 서독은 폴란드의 관할 지역이 된 동부 지역에 관해 다르게 해석했다.

우선 폴란드와 소련은 이 지역이 최종적으로 폴란드에 넘겨진 것으로 여겼다. 이런 이유로 동독도 1949년 오데르-나이세 강 선을 평화와 상호 불가침의 국경선으로 승인했다. 그러나 서독은 "향후 강화 회담에서 확정될 때까지 폴란드가 관리한다"라고 했기 때문에 이 지역을 폴란드에게 완

---

4. Ingo von Munch(Hrsg.), *Dokumente des geteilten Deutschland*, p.42.

■ 1945년 폴란드가 차지한 독일 영토
□ 1945년 소련이 차지한 폴란드 영토

점선이 제2차 세계대전까지 폴란드의 영토였다.
소련은 제2차 세계대전이 끝나고 폴란드 동쪽 영토의 일부분(□ 부분)을 차지했다.
그 대신에 '포츠담 협정'에 의해 독일 영토의 일부분(■ 부분)을 폴란드가 관할하도록 했다.
1990년 독일이 통일되는 과정에서 폴란드와 동독의 국경선 문제가 해결돼야 했다.

전히 넘겨준 것이 아니라고 주장했다. 즉 서독은 그 당시 협상 능력이 있는 독일 정부가 없었기 때문에 '포츠담 협정'은 강화조약이 아니고, 따라서 국경선도 확정된 것이 아니라는 입장이었다.

그럼에도 서독에서는 대부분이 통일을 위해서는 오데르-나이세 강 선의 승인이 불가피하다고 보았다. 반면에 폴란드 관할 아래에 들어간 동부 독일 지역에서 피난 온 사람들은 이러한 움직임에 거세게 반대했다. 이로 인해 독일 통일 과정에서 폴란드는 오데르-나이세 강 선을 국경선으로 확정 받기 위해 치열한 외교 노력을 했다.

넷째, 통일된 독일의 군 병력 감축과 ABC 무기 보유 금지 문제다.

분단 시 서독 연방군은 49만 5,000명, 동독 인민군은 17만 5,000명으로 통일된 독일은 67만 명의 군사 대국이 된다. 따라서 소련은 독일이 군사 대국이 되지 않도록 하기 위해 군 병력을 25만~30만 명으로 감축할 것을 요구했다. 또한 ABC 무기도 보유하지 않아야 한다고 했다.

서독은 통일 후에는 많은 병력을 유지할 필요가 없기 때문에 기본적으로 감축하려는 입장이었다. 다만, 향후 3~4년 안에 35만~40만 명 선으로 줄이되, 독일 혼자만이 아닌 전 유럽의 군축 차원에서 줄이고자 했다. ABC 무기는 평화를 지향하는 독일의 의지를 보여 주기 위해 보유하지 않으려고 했다.

다섯째, 동독에 주둔하고 있는 소련군의 철수 문제다.

분단 시 동독에는 약 34만 명의 소련군이 주둔하고 있었다. 이는 22개 사단과 42개 독립 여단 규모로 동독 인민군의 약 2배였다. 소련은 이 병력이 단기간에 철수하기 어렵다며 통일 이후 5~7년에 걸쳐 철수시키고자 했다. 또한 소련은 독일에게 철수 비용은 물론 철수 군인들의 주택 건설

비와 직업 전환 교육비도 요구했다. 독일은 소련군이 통일 후 가능한 한 빨리 철수하기를 원했다. 철수 군인들의 주택 건설비는 지원하겠다는 입장이었다.

여섯째, 동독 점령 기간 중에 소련의 토지개혁으로 몰수된 재산(토지)의 소유권 문제다.

소련 군사정부는 점령 기간 동안(1945년 5월~1949년 10월) 동독 지역의 주요 산업을 국유화하고 토지개혁을 실시했다. 토지개혁으로 100헥타르 이상을 소유한 대지주, 나치주의자와 전쟁 범죄자의 토지는 보상 없이 몰수했다. 이 조치로 몰수된 면적은 점령 지역의 약 1/3인 330만 헥타르였다.

통일 과정에서 몰수된 재산의 소유권 문제가 제기됐다. 소련은 독일에게 "소유권과 토지 문제에 관한 결정의 적법성에 관해 독일 법원 또는 다른 독일 국가기관에 의해 새로이 검토되거나 변경이 있어서는 안 된다"고 요구했다. 즉 점령 기간 동안에 있었던 토지개혁과 재산 몰수 조치가 무효가 되어서는 안 된다고 했다. 소련은 이러한 내용이 '2+4 조약'에 포함되어야 한다고 주장했다. 독일은 소련의 입장을 일부 이해하면서도, 이 내용을 '2+4 조약'에 포함하는 데는 반대했다.

¨ 당신들이 독일에 책임이 있는 4개국인가?

베를린 장벽이 붕괴된 후 1989년 11월 콜 총리가 독일 통일 10개 방안을 발표하자 독일 내는 물론 주변국들에서 통일 가능성이 거론됐다. 1990년 2월 10일에는 독일 통일 문제에 큰 진전이 있었다. 이날 고르바초프 서기장은 콜 총리와의 회담에서 "독일 통일 문제는 독일인들이 스스로 결정해야 할 일이며, 독일인들 스스로 어떠한 형태로, 어느 시기에, 어떠한 조건에서 통일을 실현해야 할지 스스로 선택해야 한다"라고 했다. 독일 민족이 스스로 통일 문제를 해결하고, 동시에 어떤 국가를, 어느 시점에 통일을 할 것인지 선택할 수 있다고 한 것이다. 독일 통일에 중요한 열쇠를 쥐고 있는 소련의 입장 변화로 독일 통일은 한발 다가섰다.

소련은 1990년 초겨울에 생필품 부족 등 심각한 경제난을 겪고 있었다. 여기에다가 소련 국내 문제와 독립을 요구하는 아제르바이잔과 리투아니아 문제로 어려움을 겪고 있었다. 독일은 이러한 상황에서 소련이 독일에 대한 올바른 전략을 수립하기가 어려울 것이라고 판단하고, 소련의 힘의 공백을 이용하고자 했다. 겐셔 장관은 '대외적인 문제'를 해결하기 위한 준비를 시작했다. 그는 특히 통일된 독일의 국경, 나토 잔류 문제, 독일이 완전한 주권 국가가 되는 문제를 누가, 언제, 어떻게 결정할 것인가를 생각하며 이 문제를 다룰 기구 구성 문제를 검토했다.[5] 기구 구성에는 세 가지 방안이 있었다.

제1안은 1945년 종전 당시의 53개 연합국이 참여하는 안이다. 이 안은 참가국이 너무 많아 회의 소집이 쉽지 않을 뿐만 아니라 독일에 배상금을 요구할 가능성이 있었다. 독일은 특히 폴란드의 배상 요구를 우려했다. 이 안은 대외적인 문제 해결에도 오랜 시간이 걸리기 때문에 제외되었다. 미국, 영국, 프랑스의 3개국도 참가국이 많으면 자신들의 중요성이 감소되기 때문에 이 안을 탐탁지 않게 여겼다.

---

5. 독일의 《슈피겔》지는 비밀 해제된 독일 외무부 문서를 인용하여 '대외적인 문제'를 다룰 기구 구성에 관해 상세하게 보도했다. *DER SPIEGEL*, Nr. 39/2010(2010.09.27).

제2안은 '베를린과 전 독일에 대한 권한과 책임'이 있는 전승 4개국이 협의하고 동·서독이 보조로 참여하는 안이다. 겐셔 장관은 독일이 당사자가 아닌 들러리가 되는 이 안도 배제했다. 이미 동·서독은 1955년에 제네바에서 4개국이 독일 문제를 협의하는 데 옆의 작은 탁자에서 지켜보아야 했던 쓰라린 경험이 있다. 겐셔는 지난해 12월 11일 4개국 대사들만의 베를린 모임에 대해 베이커 미 장관에게 강하게 항의한 적이 있었다.

제3안으로 겐셔는 동·서독이 4개국과 동등한 자격으로 참여하는 기구를 구성하고자 했다. 이 기구의 주체는 4개국이 아닌 동·서독이 되어야 한다고 생각했다.

그런데 전승 4개국과 동·서독이 참가하는 2+4 회담 형식은 미국에서 나왔다. 미국은 독일 통일을 추진하기 위한 방안의 하나로 2+4 회담 기구를 생각해 냈다. 이 기구 구성에는 (1) 소련도 참여하도록 하여 독일 통일에 따른 소련의 우려를 반영하고, (2) 소련에게 불만을 표출할 수 있는 토론의 장을 제공하면서, (3) 독일 문제를 협의하기 위해 소련이 제의한 4개국 회담을 무산시킬 수 있고, (4) 영국과 프랑스가 독자적인 목소리를 내지 않고 미국과 공동의 입장을 취하면서, (5) 통일 당사자인 독일의 입장을 적극 반영할 수 있다는 점이 고려됐다.[6]

1990년 2월 2일 겐셔 장관은 워싱턴에서 베이커 미 국무장관과 독일 통일에 따른 '대외적인 문제'에 관해 협의했다. 겐셔는 독일 문제를 전승 4개국만 협의하는 데 반대 입장을 밝혔다. 또한 독일 통일 문제를 다룰 기구는 '4+2'가 아닌 '2+4'가 되어야 한다고 주장했다. 베이커는 통일 문제를

---

6. 필립 젤리코·콘돌리자 라이스(김태현·유복근 옮김), 『독일통일과 유럽의 변환: 치국경세술 연구』, 243쪽; 염돈재, 『독일 통일의 과정과 교훈』, 296~298쪽.

다룰 기구는 2+4 회담이 될 것이라고 했다.

이후 베이커 장관은 2+4 회담 기구 구성에 관해 영국의 더글러스 허드 Douglas Hurd 장관 및 프랑스의 롤랑 뒤마Roland Dumas 장관과 협의하여 이들의 지지를 얻었다. 베이커는 2월 9일 모스크바를 방문하여 고르바초프 서기장과 셰바르드나제에게도 설명하고 참여를 요청했으나 확답을 받지 못했다. 콜 총리는 이미 지난 2월 10일 모스크바에서 고르바초프와의 회담에서 향후 독일 문제 협의 시 독일 없이 4개국만 모여 결정하지 않겠다는 약속을 받았었다.

미국을 비롯한 영국, 프랑스와 '2+4 회담' 기구 구성에 관한 공감대가 형성되자 독일은 이 회담 기구를 신속히 구성하려고 했다. 이 계획이 알려지면 참여하고자 하는 나라가 늘어나게 되어 기구 구성이 어려워질 수 있기 때문이었다.

마침 1990년 2월 12~13일 캐나다 오타와에서 유럽안보협력회의(CSCE)[7] 외무장관 회담이 열렸다. 이 회담에 나토와 바르샤바조약기구의 23개 전 회원국 외무장관이 참석했다. 이 기회에 겐셔는 2월 13일 독일 대사관저에서 미국, 영국, 프랑스 3개국 장관과 아침 식사를 하며 2+4 회담 기구를 구성하기로 합의했다. 6개국은 동등한 자격을 갖기로 하고, 셰바르드나제 소련 외무장관을 설득하는 일은 베이커와 겐셔가 맡기로 했다.

베이커와 겐셔로부터 2+4 회담 참여 제의를 받은 셰바르드나제는 본국과 여러 차례 협의했다. 셰바르드나제는 2+4 회담에서의 협의가 앞으로

---

7. CSCE는 1975년 헬싱키에서 냉전 시대의 동서 간 대화 증진과 인권 보호 문제 등을 협의하기 위해 창설되었다. 이 기구는 1995년 1월 유럽안보협력기구(Organization for Security and Cooperation in Europe, OSCE)로 명칭을 바꾸고, 유럽의 민주주의 증진과 군비 통제, 인권 보호, 긴장 완화, 분쟁 방지 등을 목적으로 활동하고 있다. OSCE 회원국은 57개국이다.

수년은 걸릴 것으로 생각하고 동의했다. 그러나 그는 서독이 1990년 가을까지 통일 작업을 끝내고자 하는 것을 예상하지 못했다. 겐셔는 별도로 피셔 동독 장관 및 스쿠비체브스키 폴란드 장관과도 협의했다. 겐셔는 진전 사항에 관해 콜 총리와 여러 차례 전화로 협의했다. 2월 13일 6개국 외무장관들은 2+4 회담 기구 구성에 합의하고 기념 촬영도 했다. 이 결과를 겐셔가 언론에 발표했다.

그런데 뜻하지 않은 문제가 발생했다. CSCE 회담에 참석 중이던 이탈리아, 네덜란드, 벨기에 장관들이 자신도 모르게 2+4 회담 기구가 구성된 데 대해 화를 내며 그들도 참여하겠다고 반발한 것이다. 예상치 못한 이들의 반발에 겐셔는 극도로 긴장했다. 그는 회담 기구를 새로 구성하는 것은 독일 통일을 더욱 어렵게 만들 것이라고 판단했다.

겐셔가 이들에게 나타나자 지아니 드 미셀리스Gianni De Michelis 이탈리아 장관은 독일 통일은 독일만의 문제가 아닌 유럽의 안보 문제라며 나토에서 논의되어야 한다고 주장했다. 한스 판덴브룩Hans van den Broek 네덜란드 장관은 네덜란드가 참가할 수 있도록 협상을 새로 하자고 주장했다. 이들의 주장이 지나친 것은 아니었다. 나토 영역의 확대 문제는 회원국의 동의가 필요하기 때문이었다.

그러나 겐셔는 여기서 물러나면 안 되었다. "당신네 나라들이 독일 문제에 책임이 있는 4개국인가? 아니면 분단된 독일의 어느 한 당사국인가? 그 어느 쪽도 아니지 않은가? 당신들은 이 게임의 당사자들이 아니다 *You are not part of the game*"라며 일축했다.[8] 겐셔의 단호한 입장에 놀란

---

8. Hans-Dietrich Genscher, *Erinnerungen*, p.729. 겐셔는 오타와 회담 후 이탈리아 외무장관(1990.2.21) 및 네덜란드 외무장관(2.27)을 각각 만나 오타와에서의 일들에 대해 오해를 풀었다.

이들은 한발 물러섰다. 하마터면 무산될 뻔했던 2+4 회담 기구는 겐셔의 뚝심으로 위기를 모면했다.

2+4 회담 기구의 구성은 독일에게는 세 가지 면에서 의의가 있었다. (1) 독일 통일 문제와 관련하여 동·서독이 4개국의 결정에 무조건 따르는 것이 아니라 함께 협의하기로 한 점이다. (2) 협의할 내용도 통일에 따른 '대외적인 문제'로 제한한 점이다. (3) 동독도 이 회담에 참가함으로써 통일을 대외적으로 약속한 점이다. 통일에 부정적인 동독 내 강경파들은 더 이상 통일을 반대할 수 없게 되었다.

독일로 돌아온 겐셔 장관은 2월 14일 '독일 통일 각료위원회'에서 2+4 회담 기구가 구성된 과정에 관해 설명했다. 겐셔는 이 기구가 구성됨으로써 전승 4개국이 독일을 배제한 채 독일 문제를 협의하는 일은 결코 없을 것이라고 했다.

2+4 회담 기구가 구성됨으로써 통일에 유리한 대내외적인 환경이 마련되었다. 그럼에도 소련은 2+4 회담을 가능한 한 오래 끌려고 했다. 통일을 이루기까지는 많은 난관이 놓여 있어 독일이 갈 길은 험난했다.

¨ 콜과 부시의 캠프데이비드 정상회담

미국이 독일 통일을 지지하고 있으나 독일은 더 확고한 미국의 지지가 필요했다. 또한 통일 문제와 관련하여 미국과 협의할 내용도 많았다. 미국으로서도 독일이 통일 이후에도 나토에 계속 남아 있도록 할 필요가 있었다. 콜 총리는 조지 부시 미 대통령의 초청으로 1990년 2월 24~25일 미국을 방문했다. 두 정상은 캠프데이비드에서 회담했다.

콜 총리는 부시 대통령에게 지난 2월 10일 고르바초프 서기장과 나눈 회담 결과를 설명했다. 또한 1990년 들어서도 동독 주민이 더 많이 넘어오고 있고, 동독의 경제 사정도 파탄 난 상태임을 설명했다. 부시는 콜에게 "통일된 독일의 나토 잔류가 미국에게 매우 중요하며, 다른 방안은 유럽의 안정을 불안하게 할 것"이라고 강조했다. 부시는 이미 1989년 12월에 미국은 통일된 독일이 나토에 잔류한다는 조건에서 통일을 지지한다고 했었다.

통일된 독일의 나토 잔류는 미국에게 매우 중요했다. 이에 콜은 독일이 통일 이후에도 나토에 잔류하겠다고 약속했다. 더 나아가 미군이 계속 유럽에 주둔해야 한다고 했다.[9] 미군의 유럽 주둔은 미국이 유럽 문제에 관여하기 위한 중요한 토대였다. 또한 부시가 문의한 통일된 독일의 국경선과 관련하여 콜은 오데르-나이세 강 선을 동부 국경선으로 인정하는 문제는 시기의 문제라며 인정할 뜻을 시사했다.[10]

두 정상은 기자회견에서 통일된 독일이 나토 회원국으로 잔류하고, 미군이 계속해서 유럽에 주둔하기로 합의했다고 밝혔다. 이 이외에도 콜과 부시는 다음 3개 항에 합의했다.[11] (1) 부시 대통령은 독일 통일에 대해 영국 대처 총리를 설득하여 지지를 얻는 일과 통일된 독일의 나토 잔류를 위해, (2) 콜은 프랑스 미테랑 대통령의 지지를 얻기 위해 각각 노력하기

---

9. 라이스 전 미 국무장관은 이 당시 부시 대통령의 중요한 임무는 콜 총리로부터 통일된 독일의 나토 잔류를 다짐받는 것이었다고 했다. 콜이 동의하자 부시는 콜을 믿을 수 있었다고 했다. *DER SPIEGEL*, Nr. 39/2010(2010.9.27).

10. 베이커 장관도 1990년 2월 2일 겐셔 장관과의 회담에서 국경선 문제를 제기했다. 미국은 독일이 오데르-나이세 강 선을 폴란드와의 항구적인 국경선으로 인정하기를 바랐다.

11. Helmut Kohl, *Erinnerungen 1982-1990*, p.1081.

로 했으며, (3) 2+4 회담은 동독에서 신정부가 구성된 뒤에 열기로 했다.

콜 총리는 고르바초프 서기장이 통일된 독일의 나토 잔류에 반대하는 상황에서 부시에게 나토 잔류를 다짐했다. 그러나 독일의 야당인 사민당은 독일이 나토에서 탈퇴해야 한다고 주장했다. 콜 총리는 캠프데이비드 회담을 통해 통일에 대한 부시 대통령의 확고한 지지를 재확인했다. 콜 총리는 지난 2월 10일 통일에 대한 고르바초프의 동의를 얻은 데 이어 부시로부터 재차 지지를 얻었다. 이제 독일은 미국의 든든한 지원을 바탕으로 통일 외교를 자신 있게 추진할 수 있게 되었다.

¨ 2+4 회담을 앞둔 독일의 외교활동

1990년 2월 10일 고르바초프 서기장이 독일 통일에 찬성 입장을 표명한 데 이어 2+4 회담 기구도 구성되어 독일의 통일 가능성은 한층 커졌다. 그러나 해결해야 할 '대외적인 문제'들이 많았다. 또한 소련은 2+4 회담을 최대한 오래 끌려고 했다. 그럼에도 독일은 모든 '대외적인 문제'를 2+4 회담의 틀 내에서 1990년 9월까지 해결하고자 했다. 그래야만 1990년 중에 통일을 할 수 있기 때문이었다. 2+4 회담을 앞두고 콜 총리와 겐셔 외무장관은 회담 당사국들을 상대로 본격적인 외교활동에 나섰다.

나미비아 독·소 외무장관 회담
1990년 3월 21일 아프리카 대륙의 나미비아가 독립하는 기념행사가 열렸다. 겐셔는 이 행사를 계기로 하여 셰바르드나제 장관과 독일 대사관저에서 만났다. 셰바르드나제는 "1945년의 포츠담 협정이 여전히 소련 국민과 소련 정치에 큰 의미가 있기 때문에, 2+4 회담이 이 협정의 토대 위에서 열려야 한다"고 주장했다. 즉 소련이 독일 점령 기간 중에 행한 토지개혁과 몰수 조치가 인정되어야 하며, 독일이 전승 4개국과 강화조약을 체결해야 한다는 입장이었다.

이에 대해 겐셔는 "2+4 회담은 과거가 아닌 독일과 유럽을 위한 미래 지향적인 관점에서 열려야 한다"며, 장래 통일된 독일이 소련에게 가져다줄 이익에 관해 설명했다. 그는 과거 독일과 소련 간에 끔찍한 전쟁이 있었지만 대代를 이은 적대감은 없다고 했다. 그리고 앞으로 두 나라 간 협력을 위한 경제적 이익의 잠재력은 무한하다고 강조했다. 겐셔의 설명에 셰바르드나제도 동의했다. 겐셔는 셰바르드나제에게 독일의 입장을 설명하는 기회를 가졌다.

바로 이어 겐셔는 같은 장소에서 베이커 미 국무장관을 만났다. 베이커도 독립 기념행사 참석차 나미비아를 방문 중이었다. 베이커는 셰바르드나제가 소련의 국내 사정으로 통일된 독일의 나토 잔류를 지지하기 어려운 입장이라고 설명했다.

콜·대처 및 콜·미테랑 정상회담

캠프케이비드에서 미국의 확고한 지지를 얻은 콜 총리는 영국과 프랑스의 지지를 얻기 위한 외교활동을 이어 갔다. 콜 총리는 3월 29~30일 런던을 방문하여 대처 총리와 회담했다. 독일 통일을 거세게 반대해 왔던 대처는 세 가지 조건을 제시하며 통일에 동의했다. (1) 통일된 독일이 나토에 잔류하고, (2) 독일에 나토의 핵무기가 배치되어야 하며, (3) 통일 이후에도 영국군과 미군이 독일에 계속 주둔해야 한다는 것이다. 통일을 완강히 반대하던 대처가 지지로 돌아선 데에는 2+4 회담 기구가 구성되는 등 독일이 점차 통일의 길로 가고 있는 상황에서 더 이상 반대하기가 어렵기 때문이었다. 부시 미 대통령의 설득도 도움이 되었다.

대처 총리와의 회담에서 강한 인상을 받은 탓인지 3일 뒤 콜 총리는 겐셔 장관 등과 2+4 회담을 준비하는 회의에서 대처와의 정상회담 결과를 설명했다. 그러면서 그는 "대처가 대단한 투사이며 굉장한 여장부"라고 묘사했다.[12]

콜은 훗날 회고록에서 대처 총리의 독일 정책을 3단계로 분류했다. 대처는 (1) 1989년 11월에서 1990년 2월까지는 독일 통일을 방해했고, (2) 1990년 2월에서 여름까지는 통일을 지연시키려고 했으며, (3) 그 이후에는 독일 통일이 불가피했기 때문에 마지못해 협조했다고 했다. 또한 대처는 각료들에게 독일이 통일하려면 적어도 10~15년은 걸릴 것이라고 공언했다고 했다.[13] 그 정도로 대처는 독일 통일을 강하게 반대했었다. 이런 대처로부터 통일에 대한 지지를 얻은 것은 큰 성과였다.

4월 25일 콜 총리는 제55차 독·불 정상회담[14]을 위해 파리를 방문했다. 콜은 1990년 들어 이미 미테랑 대통령을 두 차례 만났었다. 지난 1월에는 미테랑의 초청으로 대서양 연안 가스코뉴 지방의 라세에서 만났다. 콜과 미테랑은 독일 통일 문제에 관해 의견을 나누었다. 라세 만남 이후 미테랑은 더 이상 독일 통일에 적극적으로 반대하지 않았다. 2월에 콜은 파리

---

12. Horst Teltschik, *329 Tage: Innenansichten der Einigung*, p.190.
13. Helmut Kohl, *Erinnerungen 1990–1994*, p.60.
14. 독일과 프랑스는 두 나라의 관계 개선을 위해 1963년 1월에 체결한 '엘리제 조약'으로 1년에 최소 두 차례의 정상회담을 하고 있다.

에서 미테랑을 다시 만나 독·불 우호관계를 다지고 그와의 개인적 우정도 돈독히 하였다.

콜은 이번 정상회담에서 통일된 독일이 나토에 잔류하는 것이 중요하다고 설명했다. 그는 독일 통일과 독일의 나토 잔류 문제에 대해 미테랑의 지지를 얻었다. 콜과 미테랑은 독일 통일과 유럽 통합은 동전의 양면과 같다는 데 의견을 같이했다.[15] 미테랑은 유럽 통합을 역점적으로 추진하고 있었는데, 이를 위해 콜의 지지가 필요했다. 콜은 가까운 시기에 독일에서 다시 만나자며 미테랑을 초청했다. 겐셔는 별도로 뒤마 외무장관과 2+4 회담 의제에 관해 협의했다. 독일 통일 문제에 대해 대처보다는 미테랑이 좀 더 호의적이었다.

한편 4월 28일 아일랜드 더블린에서 열린 EC 특별 정상회담에서 12명의 정상들은 독일 통일을 지지했다. 지난해 12월 스트라스부르에서 열린 정상회담의 분위기와는 크게 달랐다. EC 정상들의 독일 통일에 대한 지지는 독일의 꾸준하고 치밀한 외교활동의 결과였다.

동·서독 외무장관 회담

겐셔 장관은 동독 외무장관과도 두 차례 협의했다. 1990년 3월 18일 총선 후 목사 출신인 마르쿠스 멕켈Markus Meckel이 데메지에르 정부의 외무장관이 되었다. 그는 4월 17일 겐셔 장관을 자택으로 방문한 데 이어 4월 24일에는 서독 외무부를 방문했다.

겐셔는 멕켈과의 두 차례 회담에서 2+4 회담에 대한 주요 4개국의 입

---

15. Helmut Kohl, *Ich wollte Deutschlands Einheit*, p.358.

장을 자세히 설명했다. 겐셔는 앞으로 2+4 회담 과정에서 자신과 긴밀히 협의하는 것이 중요하다고 강조했다. 멕켈은 동독 외교의 주요 목표는 유럽의 안정 속에 통일을 이룩하는 것이라고 했다. 이어 겐셔는 "여러 정황을 고려할 때 기본법 제23조에 의한 통일이 최선의 방법"이라고 설명했다. 그러면서 그는 "제23조에 의한 통일은 대외적인 문제가 완전히 해결된 뒤에야 가능하기 때문에 2+4 회담을 가을까지 끝내는 것이 중요하다"고 강조했다. 두 장관은 폴란드와의 동부 국경선 문제도 협의했다.

동·서독 외무장관의 두 번의 만남은 2+4 회담을 앞두고 주요 문제에 관해 입장을 정리할 수 있는 좋은 기회였다. 겐셔는 물론 외교 문제에 관해 경험이 전혀 없었던 멕켈에게도 소중한 만남이었다.

콜 총리는 4월 24일 본을 방문한 데메지에르 동독 신임 총리와 통일에 따른 '내부적인 문제'와 '대외적인 문제'를 협의했다. 동독 신정부는 이미 기본법 제23조에 의해 통일을 추진하겠다고 밝힌 바 있다. 또한 통일된 독일이 나토에 잔류한다는 입장이었기 때문에 동·서독 간의 입장 차이가 없었다.

5월 2일 겐셔 외무장관은 폰 바이츠제커 연방 대통령을 수행하여 폴란드를 방문했다. 그는 별도로 스쿠비체브스키 폴란드 외무장관과 2+4 회담에서 논의될 통일된 독일과 폴란드 간의 국경선 문제에 관해 협의했다. 이날 저녁 겐셔는 나토 외무장관 회의에 참석하려고 먼저 브뤼셀로 떠났다.

이로써 독일은 2+4 회담이 열리기에 앞서 미국, 영국, 프랑스, 소련, 동독 등 모든 회담 당사국의 정상 및 외무장관을 만나 의견을 나누었다. 국경 문제를 협의할 폴란드 인사와도 협의했다. 2+4 회담의 성공을 위해 독일은 이처럼 철저히 사전 준비를 했다.

제5장

산 넘어 산의 2+4 회담

"독일이 어떤 군사 동맹 기구에 속할지는 통일된 독일이 스스로, 자유롭게 결정할 수 있습니다. 통일된 독일은 과도 기간 없이 통일과 동시에 완전한 주권을 갖습니다."

_미하일 고르바초프 소련 대통령

¨ 제1차 2+4 회담(본)

독일의 통일 여부를 결정하게 될 2+4 회담이 시작되었다. 2+4 회담을 준비하기 위해 동·서독과 4개국의 실무진 대표들은 1990년 3월에 본에서, 4월에는 동베를린에서 예비회담을 했다. 제1차 2+4 회담은 5월 5일 본에서 열렸다. 회담 하루 전인 5월 4일 콜 총리는 이 회담에 참석하는 베이커 미 국무장관을 만나 7월 초 런던에서 열릴 나토 특별 정상회담과 독일의 나토 잔류 문제 등에 관해 협의했다. 면담을 마치고 베이커가 총리실을 떠나려고 할 때 셰바르드나제 소련 외무장관이 총리실에 도착했다.

콜 총리가 고르바초프 대통령과 조속히 만나기를 희망한다고 했다. 이에 셰바르드나제는 7월 중에 모스크바에서 만날 수 있을 것이라고 대답했다. 셰바르드나제는 "동독에 대한 소련의 전략적 이해관계 때문에 독일 문제에 관해 모스크바가 더디게 움직인다"고 했다. 그는 독일의 나토 잔류에 반대한다는 소련의 입장도 밝혔다. 면담 마지막에 셰바르드나제는 고르바초프 대통령의 관심이라며 "독일이 소련에게 경제 차관을 제공할 수 있는지"를 타진했다.

콜은 약속할 수는 없지만 가능한 한 협력하겠다고 했다. 셰바르드나제가 떠나자 콜은 텔칙 외교안보 보좌관을 불러 도이체 은행Deutsche Bank, 드레스덴 은행Dresdner Bank[1] 및 은행연합회 의장단과 접촉하도록 지시했다. 그러면서 텔칙에게 가능한 한 빨리 모스크바를 방문하라고 지시했다. 또한 이 일을 철저하게 비밀로 하라고 했다. 콜은 지난 1월의 생활필수품 지원에 이어 이번에도 신속하게 지원하여 소련 내에 독일 통일에 대해 우호적인 분위기를 조성하고자 했다.

다음 날 회담에 앞서 겐셔 장관은 뒤마 장관 및 허드 장관과 아침 식사를 하며 회담과 관련하여 의견을 나누었다. 제1차 회담에 참석한 장관들은 겐셔 이외에 미국의 베이커, 영국의 허드, 소련의 셰바르드나제, 프랑스의 뒤마와 동독의 멕켈 장관 등 6명이다. 5개국 대표단은 독일 알파벳 순으로 회담 장소인 외무부 청사에 도착했다.

회의에서 겐셔 장관은 주최국의 대표로서 모두 발언을 통해 '자결권의 원칙'에 따른 통일을 강조했다. 그는 "독일 통일이 국제법과 자결권의 원칙에 따라 이루어져야 하며, 자결권은 독일인들이 어떤 형태의 국가를, 어느 시기에, 어떤 조건에서 통일을 할 것인가를 스스로 결정하는 것"이라고 했다. 그는 동·서독은 자결권과 동등권을 바탕으로 통일을 할 것이라며, 4개국의 '베를린과 전 독일에 대한 권한과 책임'은 2+4 회담을 통해 해제되어야 한다고 했다.

---

1. 드레스덴 은행은 독일의 3대 은행이었으나, 2009년 5월 코메르츠 은행(Commerzbank)에 합병되었다.

독일 통일 한국 통일

제1차 2+4 회담에 참석한 6개국 외무장관(1990. 5. 5, 본)

또한 겐셔는 독일 통일이 전 유럽의 안보 문제와 관련이 있기 때문에 2+4 회담 결과가 1990년 11월에 열릴 유럽안보협력회의 정상회담에 제출되어야 한다고 했다. 이는 통일이 1990년 내에 이루어져야 함을 강조한 것이다. 서방측은 통일된 독일의 나토 잔류를 지지했다.

그러나 셰바르드나제는 "독일인의 자결권을 존중하지만, 통일된 독일은 군사적으로 중립이 되어야 한다"며 나토 잔류에 반대했다. 또한 그는 "'대외적인 문제'의 해결 시기를 '내부적인 문제'의 해결 시기와 반드시 일치시킬 필요는 없다"고 했다. 이는 통일을 가능한 한 늦추고, 또 통일 이후에도 전승 4개국이 독일에 대해 일정 기간 권한을 행사하겠다는 의미였다. 당연히 서방측은 이를 받아들이지 않았다.

이러한 논란이 있었지만 제1차 회담에서 대략의 의견이 모아졌다. 통일을 염원하는 독일인들의 의지가 인정되고, 통일 과정이 지체되어서는 안 되며, 통일된 독일의 동부 국경선은 국제법적으로 확정되어야 한다고 했다. 또한 2+4 회담의 의제로 (1) 독일의 동부 국경선 문제, (2) 유럽의 안보 구조를 고려한 정치·군사적인 문제, (3) 베를린 문제, (4) 4개국의 '베를린과 전 독일에 대한 권한과 책임'의 해제 문제가 정해졌다. 그리고 2+4 회담 결과를 국제법적인 조약 형태로 체결하기로 했다.

이 회담에서 1990년 9월까지의 회담 일정도 정해졌다. 제2차 회담은 6월에 베를린에서 정치·군사적인 문제를, 제3차 회담은 7월에 파리에서 국경선 문제를 다루기로 했다. 국경선 문제가 다루어지는 파리 회담에 당사국인 폴란드 외무장관도 참석하도록 했다. 마지막 제4차 회담은 9월에 모스크바에서 열어 2+4 조약에 서명하기로 합의했다.

제1차 회담을 마치고 겐셔 장관과 멕켈 장관은 국경선 문제와 관련하여 기자회견을 했다. 동독과 폴란드 간의 현재의 국경선이 통일된 독일과의 국경선이 될 것임을 밝혔다. 통일 이후 독일 정부가 폴란드 정부와 국제법에 의한 국경조약을 체결할 것이며, 독일 의회가 이 조약을 비준할 것이라고 했다. 이로써 국경선 문제에 큰 진전이 이루어졌다.

¨ 대소련 차관 제공 외교

소련의 경제 사정은 1990년 초 겨울에 최악의 상태였다. 소련은 기존 채무에 대한 이자를 지불하고 필요한 생필품을 구입하기 위해 외화가 필요했다. 미국과 영국은 지원할 의사가 없었고 프랑스는 재정적으로 여력이 없었다. 독일만이 가능했다. 셰바르드나제는 지난 5월 4일 콜 총리 예방 시 독일의 차관 지원 가능성을 타진했었다. 콜은 고르바초프가 추진하는 정치·경제 개혁이 실패할 경우에 통일이 매우 어려워질 것으로 판단하고 지원하고자 했다. 콜은 차관 제공 문제를 협의하기 위해 텔칙 외교안보 보좌관을 5월 13일 모스크바에 파견했다. 2명의 고위 은행인사가 동행했다. 텔칙은 쾰른/본 공항 특별구역에서 군용기로 출발하면서 승무원들에게 이륙 직전에야 목적지를 통보했다. 이처럼 그의 모스크바 방문은 극도의 보안 속에 이루어졌다.

모스크바 도착 다음 날 텔칙은 니콜라이 리슈코프Nikolai I. Ryzhkov 총리, 셰바르드나제 장관 및 2명의 부총리를 함께 만났다. 리슈코프는 텔칙에게 소련의 어려운 경제 사정을 자세히 설명했다. 그리고 조건 없는 신용 대출로 15억~20억 루블, 장기 차관으로 100억~150억 루블을 요청했다.[2]

이에 대해 텔칙은 콜 총리가 소련을 최대한 지원하고자 한다며, 독일 정부는 이러한 지원을 독일 문제 해결을 위한 전체 협상의 일부분으로 이해하고 있다고 했다. 동석했던 셰바르드나제 장관이 이 말의 뜻을 알아채고 이에 동의했다.

텔칙 보좌관은 고르바초프 대통령도 만났다.[3] 고르바초프는 소련이 추진하는 개혁 정책을 설명하며 독일의 지원이 필요하다고 했다. 텔칙은 고르바초프를 지원하고자 하는 콜 총리의 의사를 재차 강조했다. 이어 텔칙은 고르바초프에게 "지난번 독일 방문 시 콜 총리를 고향 캅카스로 초청하여 초원을 보여 주겠다"고 했던 제의를 상기시켰다.[4] 이에 고르바초프는 호의적인 반응을 보였다. 고르바초프가 텔칙과 면담한 것은 소련의 경제 사정이 매우 심각하여 독일의 지원이 절실하기 때문이었다.

텔칙 외교안보 보좌관이 소련에서 돌아온 후 독일은 신속히 지원 입장을 확정했다. 텔칙은 5월 21일 레오니트 우시첸코Leonid Ussytschenko 소련 대리 대사를 만난 데 이어 다음 날 저녁 그에게 고르바초프에게 보내는 콜 총리의 서신을 전달했다. 이 서신은 텔칙이 1주일 전에 모스크바에서 협의한 내용에 대한 독일 측 입장을 담고 있었다.

이 서신에서 콜은 점점 깊어지는 두 나라의 신뢰 관계와 향후 통일된 독일과 소련 간의 무한한 협력 관계를 언급했다. 그리고 소련의 어려운 경제 사정을 고려하여 독일 정부가 50억 마르크의 차관을 제공하겠다고 제의했다. 이는 "독일 정부로서도 매우 어려운 결정이었다"라고 했다. 마지

---

2. 이 당시 환율로 1루블은 약 1마르크였다. 후에 2마르크가 약 1유로가 되었으니, 소련이 요청한 차관액은 약 57.5억~85.5억 유로 규모였다.
3. 미하일 고르바초프는 1990년 3월 14일에 대통령으로 선출됐다.
4. 고르바초프는 1989년 6월 12~15일 서독을 방문했었다.

막으로 그는 "이러한 정신에서 독일 통일에 따른 미해결 문제가 올해 안에 2+4 회담의 틀 내에서 마무리되기를 바란다"고 했다. 그는 고르바초프에게 조속한 회신을 요청했다.

¨ 미국의 확고한 지지를 얻은 콜·부시 정상회담

5월 17일 콜 총리는 외무, 국방장관과 함께 미국을 방문했다. 지난 2월 말 캠프데이비드 회담 이후 3개월 만에 미국을 다시 찾은 것이다. 콜은 부시 대통령에게 5월 18일에 동독과 통화·경제와 사회 동맹 조약을 체결하고, 7월 1일에는 독일 마르크화(DM)가 동독에도 통용되는 통일 과정을 설명했다. 또한 텔칙 외교안보 보좌관이 3일 전인 5월 14일 모스크바에서 고르바초프 대통령 등 소련 지도층과 면담한 내용도 설명했다.

부시 대통령은 통일된 독일의 나토 잔류를 다시 강조하며, 동독 주둔 소련군 철수 시기와 미군의 유럽 주둔을 연계해서는 안 된다고 했다. 부시가 재차 강조할 정도로 독일의 나토 잔류는 미국에게 중요했다. 이에 콜은 독일의 나토 잔류를 거듭 약속했다. 미군이 유럽에 계속 주둔해야 한다는 점도 강조했다. 또한 콜은 부시에게 소련이 2+4 회담을 오래 끌려고 한다며, 오는 9월까지 회담을 끝내야 한다는 점이 미국의 입장임을 소련에게 분명하게 인식시켜 달라고 요청했다.

이어 콜 총리는 (1) 소련의 심각한 경제 위기, (2) 소연방의 결속력 약화, (3) 바르샤바조약기구와 코메콘COMECON, 경제상호원조회의의 해체 위기, (4) 독일 통일의 가시화 등으로 고르바초프가 국내 정치적으로 큰 어려움에 처해 있다고 설명했다. 심지어 고르바초프가 소련 지도부 내에서 조국의 위대한 업적을 날려 버렸다는 비난도 받고 있다고 했다. 이런 이유로 콜은 부시에게 "고르바초프가 개혁을 지속적으로 추진하는 것이 서방측의 이해와 직결된다며, 5월 말 고르바초프의 미국 방문 시 그가 약한 지도자로 보이지 않도록 그에 대한 배려"를 당부했다. 이에 대해 부시는 잘 알겠다고 했다. 이 정도로 고르바초프에 대한 콜의 관심이 대단했다. 독일 통일에 호의적인 고르바초프가 소련 내에서 강한 지도자로 남아 있어야 했기 때문이다.

고르바초프 대통령은 5월 31일~6월 4일 일정으로 미국을 방문했다.[5] 고르바초프는 백악관에서 있은 부시 대통령과의 회담에서 뜻밖에 모든 나라는 헬싱키 최종 의정서에 따라 스스로 동맹체를 선택할 권리가 있다고 했다. 이는 통일된 독일이 어느 군사 동맹체에 소속될 것인가를 스스로 결정할 수 있다는 뜻이었다. 고르바초프의 발언을 다시 한 번 확인하는 것이 좋겠다는 보좌관의 메모를 받은 부시가 발언 내용을 재차 확인하자 고르바초프는 동의했다.[6]

다음 날 공동 기자회견에서 부시가 "모든 나라는 스스로 동맹체를 선택할 권리를 갖는다"라고 했으나 고르바초프는 듣고만 있었다. 고르바초프는 독일 통일에 따른 '내부적인 문제'와 '대외적인 문제'가 동시에 해결될 수 있을 것이라고 했다. 그러나 그는 독일 통일 문제는 워싱턴에서 해

---

5. 고르바초프 대통령은 미국 방문 마지막 날인 1990년 6월 4일 노태우 대통령과 샌프란시스코 페어몬트 호텔에서 정상회담을 했다. 이 정상회담 4개월 후인 1990년 9월 30일 소련은 한국과 수교했다. 돈 오버도퍼·로버트 칼린(이종길·양은미 옮김), 「두개의 한국」, 316~335쪽.
6. 라이스 전 미 국무장관은 독일 《슈피겔》지와 인터뷰에서 "당시 고르바초프로부터 믿기 힘든 말을 듣고 부시 대통령에게 메모를 건네 다시 확인하는 것이 좋겠다"고 했다고 밝혔다. DER SPIEGEL, 39/2010(2010.09.27).

결될 수 없다고 했다. 6월 3일 부시는 콜 총리에게 전화를 걸어 고르바초프와의 회담결과를 설명해 주었다.

3주 후인 6월 8일 콜 총리는 하버드대 명예박사 학위 수여식 참석차 미국을 방문하여 백악관에서 부시와 재차 회담했다. 이 자리에서는 7월에 런던에서 있을 나토 특별 정상회담에서 다룰 바르샤바조약기구 회원국과의 불가침 협정을 체결하는 문제와 소련에 대한 경제 지원 문제를 협의했다. 콜은 독일이 소련에게 50억 마르크의 차관을 제공할 예정이라며, 서방측의 200억 달러 규모의 추가 지원을 제의했다. 그러나 부시는 소련을 지원하지 않으려는 미 의회의 입장이 강경하여 지원이 어렵다고 했다.

독일로 돌아온 콜 총리는 6월 11일 기민당 의장단 회의에서 부시 미 대통령이 독일의 관심 사항을 대변하고 있는 것이 중요하다고 했다. 또한 그는 미 의회에서도 독일에 친화적인 분위기가 형성되어 있다고 했다. 이어 그는 국민 대다수가 오데르-나이세 강 선을 폴란드와의 국경선으로 지지하고 있으나, 일부 국민에게는 고통일 수 있다고 했다. 그러면서 콜은 "오데르-나이세 강 선을 국경선으로 인정하지 않으려는 자는 통일의 기회가 없다는 것을 알아야 한다"고 했다. 이는 오데르-나이세 강 선을 반대하는 자들에 대한 경고였다.

콜 총리는 지난 2월 이래 세 차례 미국을 방문하여 부시와 통일 문제에 관해 협의했다. 콜 총리는 어려운 때에 부시 대통령이 독일 편에 있어 주어 독일로서는 큰 행운이었다고 회고했다.

¨ 겐셔 외무장관의 대소련 외교활동

5월 들어 독일 외무부와 총리실은 더 바빠졌다. 2+4 회담 이외에도 십여 차례의 정상회담과 수십 회의 외무장관 회담이 기다리고 있기 때문이었다. 또한 2+4 회담을 마무리하여 9월 중순에 조약을 체결하기 위해서는 시일도 많지 않았다. 그동안 독일은 대소련 외교에 많은 노력을 기울였다. 지난 1월에 소련에 생필품을 지원한 데 이어 2월에는 콜 총리가 모스크바를 방문하여 고르바초프와 정상회담을 가졌다. 또한 독일은 차관을 제공하고 겐셔 장관이 셰바르드나제와 세 차례의 외무장관 회담을 하면서 대소련 외교를 강화했다.

제네바 외무장관 회담

독일은 2+4 회담만으로는 '대외적인 문제'를 가을까지 해결하기가 어렵다고 판단했다. 겐셔 장관은 셰바르드나제 장관의 요청으로 5월 23일 제네바 소련 대표부에서 만나 독일 통일에 따른 소련의 관심 사항에 관해 협의했다. 셰바르드나제는 "독일이 통일된 이후에도 일정한 과도 기간이 필요하다"고 했다. 겐셔는 "독일이 통일된 이후에는 어떠한 미해결 문제도 남아서는 안 된다"고 대응했다. 겐셔가 소련이 요구하는 내용을 구체적으로 솔직하게 말해 줄 것을 요청했다. 이에 셰바르드나제는 소련의 관심 사항에 관해 언급했다.

(1) 독일이 통일된 이후에도 일정한 과도 기간 동안 4개국이 갖고 있는 '베를린과 전 독일에 대한 권한과 책임'의 지속, (2) 통일된 독일의 군 병력을 3년 이내에 20만~25만 명으로 감축, (3) 동독 점령 기간 중

(1945.5~1949.10)에 소련이 실시한 토지개혁과 재산 몰수 조치에 대한 효력의 지속적인 인정, (4) 나치 시대 강제 노역자들에 대한 보상 실시와 나치주의의 재발 방지 보장, (5) 동독 내에 있는 전몰자 묘지와 전쟁 관련 기념물의 지속적인 보존, (6) 서독과 동독이 제3국과 체결한 모든 조약과 협정이 통일 이후에도 계속 유효할 것, (7) 통일된 독일의 나토 잔류에 반대하며, 나토와 바르샤바조약기구의 동시 해체 및 새로운 유럽안보기구의 창설, (8) 독일 주둔 서방 연합군 규모의 축소, (9) 4개국의 베를린과 전 독일에 대한 권한과 책임의 해제였다. 이 중에서 독일의 나토 잔류 문제가 "모든 문제 중의 핵심 문제"였다.

이어 셰바르드나제는 "통일된 독일의 나토 잔류는 소련 국내 사정상 자신과 고르바초프에게 정치적으로나 심리적으로 매우 힘든 문제"라고 했다. 그는 독일이 나토에 잔류하게 되면 소련은 무정부 상태가 되거나 독재국가가 출현할 것이라는 위협적인 이야기가 모스크바에서 나돌고 있다고 했다.

이에 대해 겐셔는 통일된 독일이 다른 나라와 동등한 국가라면 동맹체에 속하는 문제는 독일 스스로 결정할 수 있어야 한다며 셰바르드나제를 설득했다. 국경선 문제와 관련해서 겐셔는 통일된 독일 정부가 폴란드와 국경 조약을 체결하여 오데르−나이세 강 선을 국제법적으로 승인하고, 이를 독일 의회가 비준할 것이라고 했다. 그는 독일군의 감축은 독일만이 아닌 전 유럽 국가의 군축 테두리 안에서 이루어져야 한다며, 35만~40만 명 선을 제시했다. 또한 동독 지역에 있는 전쟁 관련 기념비와 유물 등을 철거하지 않고 통일 이후에도 잘 보존하겠다고 약속했다.

겐셔는 지금까지는 독일과 소련 두 나라 관계에 항상 독일 분단이 자리

잡고 있었으나 미래에는 다를 것이라고 했다. 독일이 통일되면 소련은 더 많은 이익을 얻을 것이며, 통일된 독일과 소련 간의 관계도 더 긴밀해질 것이라고 강조했다.

한편, 6월 8일 영국 턴베리Turnberry에서 나토 외무장관 회담이 열렸다. 장관들은 유럽의 새로운 평화 질서를 위해 소련과 동유럽 국가들에게 우호와 협력 관계를 맺자고 제의했다. 또한 독일 통일이 유럽의 안정과 평화 유지에 크게 기여할 것임을 확신한다고 했다. 이는 나토가 바르샤바조약기구와 새로운 협력 관계를 원하는 메시지였다.

브레스트 외무장관 회담

지난 5월 23일 제네바에서 회동한 겐셔와 셰바르드나제는 6월 11일 소련 브레스트Brest에서 다시 만났다. 브레스트는 독일과 러시아 간의 휴전 협정(1918.3)에 이어 히틀러-스탈린 협정(1939.8)이 체결됐던 곳이다. 이곳은 또한 셰바르드나제의 형이 전쟁 초기인 1941년 6월에 독일군과 싸우다 전사한 곳이도 했다.

회담에서 셰바르드나제는 겐셔에게 "통일된 독일의 동맹체 소속 문제가 소련에게 가장 중요한 문제"라고 했다. 이어 그는 나토와 바르샤바조약기구가 서로를 더 이상 적이 아니라고 선언한다면 독일이 나토 회원국으로 잔류하는 것이 가능할 것이라고 했다. 이에 겐셔는 6월 8일의 턴베리 나토 외무장관 회담 결과를 언급하며, 나토가 유럽의 안보에 큰 기여를 하고 있어 독일은 나토에 남아 있고자 한다며 그를 설득했다. 셰바르드나제는 소련 국민들에게 설득할 시간을 달라고 했다. 독일의 군 병력 감축과 관련한 셰바르드나제의 문의에 대해 겐셔는 자신의 생각이라며 재차 35만~40만 명 선을 유지하고자 한다고 했다.

뮌스터 외무장관 회담

브레스트 회담 1주일 후인 6월 18일 겐셔와 셰바르드나제는 독일 중부 도시 뮌스터Münster에서 만났다. 두 사람은 3일 전인 6월 15일 코펜하겐에서 열린 유럽안보협력회에서도 만났었다. 1990년 들어서만 벌써 여덟 번째 만남이었다. 겐셔는 30년 전쟁을 종식한 베스트팔렌 조약[7]이 체결된 도시를 회담 장소로 정했다. 겐셔는 이례적으로 그를 공항에서 직접 영접하여 같은 차로 시청에 도착했다. 뮌스터 시는 의도적으로 셰바르드나제를 위한 대대적인 환영 행사를 열었다.

이어진 회담에서 독일의 나토 잔류와 독일군 감축 문제가 주로 다루어졌다. 셰바르드나제는 나토가 바르샤바조약기구에 대해 좀 더 전향적인 조치를 취한다면, 독일의 나토 잔류를 더 이상 반대하지 않을 것임을 시사했다. 그는 독일이 통일을 서두르고 있는지 문의했다. 겐셔는 통화와 경제 통합이 7월 1일 이루어질 예정이나, 통일 일자는 아직 정해지지 않은 상태라고 대답했다. 셰바르드나제가 신뢰 관계 조성을 위해 독일군의 감축을 재차 요구하자 겐셔는 독일의 기존 입장을 설명했다.

다음 날인 6월 19일 겐셔는 브레스트 회담 때와 마찬가지로 뮌스터 회담 결과를 콜 총리에게 보고했다. 두 사람은 2+4 회담을 모든 방법을 다해 9월로 예정된 모스크바 회담에서 끝내기로 다짐했다. 겐셔는 콜에게 2+4 회담이 워싱턴이나 런던에서 열리지 않는 데 대해 미국이나 영국이

---

7. 30년 전쟁(1618~1648년)을 마무리하기 위해 1648년에 체결된 조약이다.

불편해하여 회담에 지장을 초래할 가능성에 대해 염려했다. 콜과 협의 후 겐셔는 베이커와 허드에게 문의했으나 이들은 이를 중요하게 생각하지 않는다고 했다. 콜과 겐셔는 소련에서 암살 또는 쿠데타 등 갑작스러운 일이 일어나 통일이 지체되거나 중단될 가능성을 우려했다. 이런 일이 절대로 일어나지 않도록 유의했다.

실제로 이로부터 40여 일 후인 1990년 8월 2일 이라크가 쿠웨이트를 침공하는 사건이 일어났다. 미국의 관심은 독일 통일과 유럽 문제에서 중동으로 옮겨 갔다. 다행히도 이때는 2+4 회담이 거의 끝나 가고 있어 독일 통일 문제가 마무리되고 있었다. 또한 1990년 말에는 셰바르드나제가 외무장관직에서 물러나는 일이 일어났다. 1년 뒤인 1991년 8월에는 고르바초프가 잠시 실각했다가 12월 말에는 완전히 실각했다. 이러한 일로 독일인들은 통일 과정이 조금만 늦어졌어도 통일을 장담하기 어려웠을 것이라고 한다.

¨ 제2차 2+4 회담(동베를린)

제2차 2+4 회담은 6월 22일 동베를린에서 열렸다. 회담을 시작하기 전에 6개국 외무장관들은 빌리 브란트 전 총리와 함께 연합국 찰리 검문소 철거 행사에 참석했다. 분단 시 외국인들은 이 찰리 검문소를 통해 동베를린을 오갔다.

회담이 시작되자 셰바르드나제 장관은 (1) 통일된 독일이 나토와 바르샤바조약기구의 공동 회원국이 되어야 하며, (2) 통일된 독일의 군 병력을

분단 시 찰리 검문소의 모습(1987, 베를린)

제2차 2+4 회담에 앞서 6개국 외무장관은
찰리 검문소 철거 작업을 참관했다(1990. 6. 22, 베를린).

20만~25만 명 선으로 감축할 것과 (3) 통일 후에도 5년 동안 4개국의 '베를린과 전 독일에 대한 권한과 책임'이 연장되어야 한다고 주장했다. 그의 이러한 발언은 지금까지 협의한 내용과 완전히 달라 다른 참석자들을 놀라게 했다. 무모하기도 한 그의 제의는 다분히 곧 있을 소련 공산당 전당대회를 염두에 둔 강경 발언이었다.

셰바르드나제의 제의에 대해 베이커 장관이 강력히 이의를 제기했다. 다른 참석자들도 동조했다. 이에 셰바르드나제는 (3)항 제의를 철회했다. 주최자인 동독의 멕켈 장관은 독일이 통일되면 어떠한 미해결 문제도 남아서는 안 된다고 했다. 6개국 장관들은 2+4 회담 결과 보고서를 오는 11월에 열리는 유럽안보협력회의 정상회담에 제출할 수 있도록 그 전까지 '대외적인 문제'를 해결하기로 합의했다. 이러한 합의에도 불구하고 소련은 내심 2+4 회담을 가능한 한 더 오래 끌려고 했다. 소련의 이러한 의도에 대해 독일은 더욱더 긴장하며 회담을 예정대로 9월에 끝내고자 했다.

제2차 회담이 열리던 바로 그 시간에 콜 총리는 라인 강 변에서 미테랑 프랑스 대통령을 만나고 있었다. 미테랑의 방문은 지난 4월 말 파리 정상회담 시 콜 총리의 초청으로 이루어졌다. 독·불 정상의 만남은 1990년 들어 네 번째였다. 두 정상은 유람선으로 라인 강을 따라 내려가다 아스만스하우젠Assmannshausen의 크로네 호텔에서 만찬을 했다. 그들은 3일 후 더블린에서 열릴 EC 정상회담을 비롯하여 EC의 경제와 통화 동맹 문제 및 소련에 대한 경제 지원 문제에 관해 협의했다. 만찬 후 두 정상은 유람선으로 라인 강을 따라 장크트 고아스하우젠St. Goarshausen[8]으로 이동하여

---

8. 이곳에서 가까운 곳에 로렐라이(Loreley) 언덕이 있다.

독일 통일 한국 통일

카웁Kaub에서 선물을 교환하며 남은 시간을 보냈다. 콜은 이러한 만남을 통해 미테랑과의 우의를 다졌다. 때로는 이러한 만남이 총리실에서 경직된 분위기에서 하는 회담보다도 훨씬 더 효과가 있다.

1990년 6월 25~26일 더블린에서 EC 정상회담이 열렸다. 그 10일 후인 7월 5~6일에는 런던에서 나토 특별 정상회담이 열렸다. 나토 정상들은 "나토와 바르샤바조약기구는 더 이상 적이 아니며, 나토는 어떠한 상황에서도 먼저 무력을 사용하지 않겠다"고 선언했다. 그리고 통일된 독일이 나토에 잔류해야 한다고 강조했다. 나토 정상들의 선언은 독일의 나토 잔류를 확실히 하면서, 2+4 회담을 지연시키려는 소련의 의도를 차단하기 위한 것이었다. 이 선언은 독일의 입장을 반영한 것으로 겐셔는 베이커와 함께 선언문 작성 작업을 했다.

7월 9~11일에 미국 휴스턴에서 G7 정상회담이 열렸다. 콜 총리는 전날 로마에서 열린 독일과 아르헨티나의 FIFA 월드컵 축구 결승전을 참관하고 9일 아침에 휴스턴에 도착했다.[9] 콜은 오전에 부시 대통령이 묵고 있는 호텔에서 부시와 회담했다. 부시 대통령과의 회담은 지난 2월 이래 네 번째였다.

G7 정상회담에서 정상들은 다가오는 독일 통일을 지지했다. 그들은 통일이 자결권에 대한 인간의 양도할 수 없는 권리의 명백한 표현이며, 유럽의 안정에도 현저히 기여할 것이라고 했다. 그러나 콜이 제의한 소련에 대한 150억 마르크의 차관 지원 문제는 소련의 개혁이 먼저 이루어져야 한다며 다른 회원국들이 지원에 반대하여 이루어지지 않았다.

---

9. 1990년 7월 8일 열린 FIFA 월드컵 결승전에서 독일이 1:0으로 우승했다.

¨ 콜과 고르바초프의 캅카스 정상회담[10]

1990년 7월 1일 '통화·경제와 사회 동맹 조약'(국가 조약)이 발효됐다. 경제 통일이 이루어진 것이다. 통일 과정이 되돌려지기 어렵게 되어 점차 통일이 가까워졌다. 완전한 통일에 앞서 통화 통합을 먼저 하는 경우에 어려움이 있지만 통일을 공고화하는 장점이 있었다. 지난 2월 10일 고르바초프는 콜에게 독일 통일에 관한 문제는 독일인들이 스스로 결정할 일이라고 한 바 있다. 이제 통일된 독일의 나토 잔류 문제 등 외교·안보와 군사 문제를 해결하고, 통일에 대해 소련의 확고한 동의를 받는 일이 남았다.

지난 6월 11일 텔칙 외교안보 보좌관은 블라디스라프 테레초프Wladislaw Terechaw 신임 소련 대사로부터 콜 총리 앞으로 된 고르바초프의 서한을 받았다. 이는 지난 5월에 콜 총리가 보낸 50억 마르크의 차관 제공 서한에 대한 답신이었다. 이 서한에서 고르바초프는 지난 2월 10일 모스크바에서 있었던 합의는 계속 유효하며, 오는 11월 유럽안보협력회의 정상회담 전에 대외적인 문제가 해결될 수 있음을 확신한다고 했다. 그는 두 나라의 미래 관계를 협의하기 위해 7월 중순에 콜 총리를 초청했다. 협의를 거쳐 콜의 소련 방문은 7월 14~16일로 정해졌다. 7월 11일 소련은 콜이 고르바초프의 고향인 캅카스의 스타브로폴Stawropol을 방문하게 될 것이라고 알려 왔다.

---

10. 헬무트 콜 총리와 미하일 고르바초프 대통령 간의 모스크바와 캅카스 정상회담에 관해 회담에 직접 참여했던 콜 총리, 겐셔 외무장관, 바이겔 재무장관, 텔칙 외교안보 보좌관이 회고록 등으로 기록을 남겼다.

한편, 고르바초프는 7월 11일 제28차 소련 공산당 대회에서 서기장으로 재선되었다. 고르바초프의 개혁 정책을 비판해 온 보수파의 거두이며 농업 담당 정치국원인 예고르 리가초프Yegor Ligachov는 당 부서기장 선거에서 의외로 압도적인 표차로 패했다. 독일은 고르바초프의 승리가 독·소 정상회담에 긍정적으로 작용할 것으로 생각했다.

독일 통일 문제와 관련하여 소련은 시간이 흐를수록 상황이 크게 달라지고 있는 것을 느꼈다. 지난해 말 독일 통일 반대 전선에 함께 섰던 영국과 프랑스는 오래전에 지지로 돌아섰다. 이제 소련은 혼자 미국, 영국, 프랑스와 독일을 상대해야 하는 처지가 되었다.

모스크바 정상회담

콜 총리는 7월 14일 모스크바로 떠났다. 겐셔 외무장관, 바이겔 재무장관, 클라인 공보장관과 텔칙 외교안보 보좌관 등이 수행했다. 이번 회담의 주요 의제는 (1) 통일된 독일의 나토 잔류 문제, (2) 통일된 독일의 군 병력 감축 문제, (3) 독일의 대소련 경협 지원 문제, (4) 동독 주둔 소련군의 철수 시기와 철수 시까지 동독 지역에서 독일군의 지위 문제였다. 독일은 이 의제에 대해 철저히 준비했다. 다만 통일된 독일의 군병력 상한선에 관해 콜 총리와 겐셔 장관의 생각이 달랐다. 모스크바로 날아가는 특별기 내에서 있은 회의에서도 겐셔는 35만 명을, 콜은 40만 명을 주장했다. 결국 두 사람은 37만 명 선으로 합의했다.

콜 총리는 밤늦은 시간에 모스크바 공항에 도착했다. 셰바르드나제 외무장관이 영접 나와 있었다. 그의 안내로 콜 총리와 일행은 레닌 언덕 위에 위치한 숙소로 갔다. 숙소 도착 직전에 일행은 언덕에서 모스크바 시내의 야경을 내려다보았다.

다음 날 아침 콜 총리 일행은 알렉세이-톨스토이 거리에 있는 외무부 영빈관으로 갔다. 고르바초프 대통령과 셰바르드나제 장관이 미리 와 기다리고 있었다. 고르바초프 대통령은 콜 총리와의 단독 정상회담에서 두 나라 협력의 중요성을 강조했다. 콜도 이제 소련과 독일이 협력해야 할 시점이라며, 통일이 되면 1년 이내에 소련과 포괄적인 협력을 위한 조약을 체결할 계획이라고 밝혔다. 콜은 더블린 EC 특별 정상회담(4.28)과 EC 정상회담(6.25~26)을 비롯해 런던 나토 특별 정상회담(7.5~6)과 휴스턴 G7 정상회담(7.9~11) 등 일련의 정상회담이 독일 통일을 지지했음을 강조했다. 통화와 경제 통합이 이루어진 이후의 독일의 상황에 관해서도 설명했다.

고르바초프는 2+4 회담 의제에 관해 언급했다. 통일된 독일의 범위는 현재의 서독, 동독과 베를린이 되어야 한다고 했다. 독일이 ABC 무기를 포기해야 하며, 나토 병력을 동독 지역에 배치하는 데 반대했다. 또한 동독 주둔 소련군의 철수 문제와 한시적 주둔 문제와 관련한 조약 체결을 주장했다. 마지막으로 '베를린과 전 독일에 대한 4개국의 권한 책임'이 해제된다고 했다.

콜 총리가 통일 즉시 독일이 완전한 주권을 갖느냐고 문의하자 고르바초프는 "당연하다"고 했다. 이어 그는 나직하며 진지하게 말을 이었다. "독일이 어떤 군사 동맹 기구에 속할지는 통일된 독일이 스스로, 자유롭게 결정할 수 있다"고 했다. 또한 "통일된 독일은 과도 기간 없이 통일과 동시에 완전한 주권을 갖는다"고 했다. 나토 잔류에 관한 발언에 오해가 없도록 콜은 다시 말해 달라고 요청했다. 고르바초프는 자신의 발언 내용을 되풀이했다.

이어서 고르바초프는 콜에게 모스크바에서의 회담을 이것으로 마치고 캅카스의 산악 지방에서 계속 협의하자고 제안했다. 이에 콜은 "캅카스에서의 회담 결과 독일이 완전한 주권을 되찾고 나토에 잔류할 수 있게 된다면 가고, 그렇지 않으면 집으로 돌아가겠다"고 했다. 이에 대해 고르바초프는 긍정도 부정도 하지 않으면서 "우리는 비행기를 타야만 한다"고 했다. 콜은 일이 잘 풀릴 것으로 기대했다.[11]

한편, 콜과 고르바초프가 회담하는 같은 시각에 겐셔 장관은 별도로 셰바르드나제와 회담했다. 두 사람은 얼마 전에 끝난 소련 공산당 대회 결과와 향후 유럽의 변화에 관해 의견을 나누었다. 이어 2+4 회담에 관해 협의하는 도중에 셰바르드나제는 9월의 모스크바 회담 시까지 조약 문안이 완료될 수 있을지 걱정된다고 했다. 이에 겐셔는 속으로 셰바르드나제가 조약 문안을 걱정한다면 독일의 주요 관심 사항이 해결될 가능성이 커졌다고 판단했다. 겐셔는 독일의 입장을 설명했다.

이어 두 나라 장관들도 참가한 확대 정상회담에서 고르바초프는 독일의 50억 마르크 차관 제공을 높이 평가했다. 그는 50억 마르크의 차관 제공이 소련이 필요로 하는 시기에 이루어졌으며, 이 차관 제공으로 캅카스에서 회담을 계속할 수 있게 되었다고 했다.[12] 회담 후 40분간의 간단한 오찬으로 모스크바 회담은 끝났다. 콜과 고르바초프는 곧바로 기자회견을 했다. 콜은 기자회견 끝에 2+4 회담이 올해 안에 종료되고, 독일의 통일이 실현될 수 있을 것으로 낙관한다고 밝혔다.

---

11. Helmut Kohl, *Ich wollte deutschlands Einheit*, p.426.
12. Theo Waigel/Manfred Schell, *Tage, die Deutschland und die Welt veränderten*, p.35.

캅카스로의 이동

이날 오후 콜 총리와 일행은 고르바초프의 안내로 그의 고향인 캅카스의 아르키즈Archiz로 향했다. 일행은 모스크바에서 남쪽으로 약 1,600km 떨어진 스타브로폴 공항에 중간 기착했다. 콜은 고르바초프의 안내로 시내로 들어가 고르바초프가 이 지역 공산당 서기장으로 8년 동안 재직하며 사용했던 집무실을 돌아보았다. 그는 콜에게 1979년 이곳에서 셰바르드나제를 알게 된 이야기도 들려주었다.

스타브로폴에서 잠시 체류한 후 고르바초프와 콜 일행은 헬리콥터 편으로 이동하다 광활한 곡창 지대에 내렸다. 두 정상은 농부들이 환영의 표시로 소금과 함께 건넨 커다란 빵을 맛보았다. 이어 고르바초프는 콜과 함께 탈곡기에 올라탔다.[13] 그는 소련 농업의 문제점을 설명하며 농업 생산성을 높이기 위해 노력했으나 장비 부족과 무덥고 습한 날씨로 소용이 없었다고 했다. 이 넓은 농토에서 밀 등 농산물을 수확해도 운반할 트럭이나 연료도 없고, 또 저장할 창고도 없어 수확한 대로 밭에 그냥 놓아둔다고 했다. 날씨가 무덥고 습해 비가 오면 수확한 농산물의 30~40%가 그냥 썩어 간다고 했다. 소련 농업이 안고 있는 문제점이었다.

일행은 다시 헬기로 이동하여 목적지인 캅카스 지방 아르키즈의 계곡 빈터에 도착했다. 해발 약 2,000m의 산악 지대로 산과 계곡으로 둘러싸인 곳이었다. 바이겔 재무장관은 이곳의 경관이 독일 바이에른 주의 알고이Allgäu 지방[14]이나 오스트리아와 스위스를 연상할 정도로 좋았다고 했

---

13. 고르바초프는 1989년 6월 독일 방문 시 콜과 각자의 부친에 관해 이야기를 나누었다. 고르바초프는 스타브로폴에서 가까운 조그만 마을의 집단농장 탈곡기 기사였던 아버지가 제1차 세계대전에 참전했다가 부상을 당해 그 후유증으로 전쟁이 끝난 뒤 세상을 떠났다고 설명한 바 있다.
14. 알고이 지방은 독일 바덴-뷔르템베르크 주 남부와 바이에른 주 서쪽의 전원 지역으로, 유명한 노이

독일 통일 한국 통일

다.[15] 벌써 초저녁이었다. 숙소는 러시아식 통나무집이었다.

해가 저물었으나 콜 총리와 고르바초프 대통령은 수행원들과 함께 강길을 따라 산책에 나섰다. 도중에 통나무 의자에 앉아 잠시 대화를 나누었다. 돌아오는 길에 고르바초프의 아내 라이사Raissa는 겐셔에게 다가와 자기 남편이 국내 정치적으로 매우 어려운 입장에 있다고 설명했다. 그러면서 독일이 통일 과정에서 소련에게 약속한 것을 반드시 지켜 줄 것을 부탁했다. 산책에서 돌아온 후 두 나라 정상과 수행원들은 함께 저녁 식사를 했다.

식사 도중에 고르바초프는 알코올로 인한 소련의 경제적 손실과 국민들의 정신적 피해를 줄이기 위해 금주 캠페인을 했다며 자신에 관한 유머도 소개했다. 그가 유머를 할 정도로 만찬 분위기가 좋았다. 고르바초프는 체르노빌 원전 사고로 인한 피해와 아프가니스탄 침공으로 인해 소련이 입은 손실에 관해서도 설명했다. 그는 가장 힘든 과제는 국민들의 의식을 변화시키는 일이라고 했다.

식사를 마치고 22시경 콜과 고르바초프는 장관들과 함께 다음 날 협의할 중점 내용에 관해 약 1시간 정도 의견을 나누었다. 콜이 통일된 독일의 나토 잔류를 제한하는 어떤 제안도 받아들일 수 없다고 했다. 고르바초프는 헤어지면서 묵묵부답이었다.

이어 콜 총리는 겐셔, 바이겔, 클라인 장관과 함께 다음 날 있을 회담을 앞두고 독일 측 입장을 최종 정리했다. 통일 후 독일의 나토 잔류 문제, 통

슈반슈타인 성도 이 지역에 있다.

15. Theo Waigel/Manfred Schell, 앞의 책, p.39. 바이겔 장관은 독일 바이에른 주 출신으로 산악 지방 분위기에 익숙해 있었다.

일된 독일의 군 병력 상한 문제, 동독 주둔 소련군의 주둔 기한 문제, 소련군 철수 조건과 이와 관련한 경제 및 재정 지원 문제였다. 그리고 콜은 이들에게 이날 오전에 모스크바에서 있었던 고르바초프와의 단독 정상회담 내용을 상세하게 설명했다. 다음 날 회담에 대비하기 위해서였다. 사전 협의가 끝났다. 벌써 자정이 지났다. 몇 시간 후면 사실상 독일의 통일 여부가 달려 있는 회담이 열리게 된다.

캅카스 정상회담

7월 16일 오전 10시 콜 총리와 고르바초프 대통령은 정상회담을 시작했다. 회담장 테이블은 두 정상이 함께 아침 식사를 했던 테이블이었다. 두 나라 외무장관 등 장관들도 배석했다. 회담은 고르바초프의 가벼운 농담으로 시작됐다. 그는 테이블 위에 놓인 겐셔의 두꺼운 회담 자료를 보고 "이 모든 자료를 정말 오늘 준비했느냐?"고 물었다. 겐셔가 "이는 단지 일부분"이라고 하자 셰바르드나제 장관은 고르바초프를 보면서 "정말로 일을 열심히 하는 외무장관이 여기 있습니다"라며 농담을 했다.[16]

회담이 시작되자 콜 총리는 장래 독·소 관계를 근본적으로 새롭게 할 좀 더 큰 틀의 조약을 체결하자고 제안했다. 고르바초프도 동의했다. 통일된 독일의 범위는 서독과 동독 및 베를린으로 하기로 했다. 이로써 오데르–나이세 강 선이 독일과 폴란드의 국경선으로 정해졌다. 콜은 독일이 통일과 동시에 완전한 주권을 가져야 한다고 했다. 겐셔는 2+4 회담 결과가 문서 형태로 체결되어야 하며, 이 문서에 독일이 통일과 동시에

---

16. Helmut Kohl, *Ich wollte Deutschlands Einheit*, p.433.

캅카스 지방의 아르키즈 강 가를 산책하는 도중에 통나무 의자에 앉아 잠시 담소하는
겐셔, 고르바초프, 콜 총리(왼쪽부터 앉은 이). 뒷줄 왼쪽부터 텔칙 외교안보 보좌관,
바이겔 재무 장관(고르바초프 바로 뒤), 고르바초프의 아내 라이샤와
셰바르드나제 장관(1990. 7. 15, 캅카스의 아르키즈).

완전한 주권을 갖는다는 내용이 명시되어야 한다고 했다. 고르바초프는 그 전에 동독 주둔 소련군의 철수 문제가 해결되어야 한다고 했다. 콜은 이에 관해 별도의 조약을 체결할 것이라고 대답했다.

독일의 동맹체 잔류 문제와 관련하여, 겐셔는 체결될 2+4 조약에 독일이 동맹체를 선택할 권리가 있음을 명시해야 한다고 했다. 그는 동맹체는 당연히 나토라고 했다. 고르바초프는 동의했다. 다만 문서에는 나토가 언급되어서는 안 된다고 했다. 소련 국민에게 사정을 설명할 논리와 시간이 필요하기 때문이라고 했다.

나토 잔류에 동의하는 전제 조건으로 고르바초프는 소련군이 철수한 이후에도 동독 지역에 나토 병력과 조직이 배치되어서는 안 된다고 했다. 그는 특히 나토의 핵무기가 문제라고 했다. 이에 겐셔가 이러한 요구는 통일된 독일이 완전한 주권을 갖는다는 원칙에 위배된다며 이의를 제기했다. 결국 고르바초프는 소련군이 철수한 이후에는 나토군에 속하는 독일군을 동독 지역에 배치하는 것은 가능하다고 양보했다. 그러나 나토군에 소속된 외국군의 배치는 강하게 반대했다.

동독 주둔 소련군의 철수 시기와 관련하여 고르바초프가 5~7년을 요구했다. 콜이 어제 모스크바에서 3~4년으로 합의했다고 하자 고르바초프가 동의했다. 콜은 철수와 관련하여 별도로 조약을 체결할 것이며, 독일이 철수 군인들을 위한 주택 건설 비용 일부를 부담하겠다고 했다. 또한 통일된 독일군 병력 상한선을 37만 명으로 합의했다. 독일은 ABC 무기를 포기하겠다고 했다.

캅카스 회담에서는 예상외로 큰 논란이 없었다. 대부분이 독일이 원했던 방향으로 합의가 이루어졌다. 이러한 합의를 할 수 있었던 배경에 대해 고르바초프는 7월의 런던 나토 정상회담 결과가 전환점이었다고 했다. 오후 1시 45분, 3시간 45분에 걸친 회담이 끝났다.

회담을 마치고 고르바초프 대통령과 콜 총리는 즉시 자동차로 가까운 셀레스노보드스크Schelesnowodsk 시내로 이동하여 기자회견을 했다. 콜 총리가 8개 항의 합의문을 발표했다.

(1) 통일된 독일의 범위는 서독, 동독과 베를린으로 한다. (2) 통일과 함께 4개국의 '베를린과 전 독일에 대한 권한과 책임'이 해제되고, 통일된 독일은 통일 시점부터 완전한 주권을 가진다. (3) 통일된 독일은 군사 동맹체를 선택할 권리를 가진다. 콜은 회견장에서 나토 회원국이 되겠다고 추가적으로 발언했다. (4) 통일된 독일은 소련과 동독 주둔 소련군의 철수에 관한 조약을 체결하며, 철수는 통일 이후 3~4년 내에 완료한다. (5) 소련군이 동독에 주둔하는 동안 나토군을 동독 지역에 배치하지 않는다. 다만, 나토에 소속되지 않은 독일군은 통일 즉시 배치가 가능하다. (6) 동독 지역에 소련군이 주둔하는 동안에는 서방 3개국 군도 베를린에 주둔할 수 있다. (7) 독일 정부는 빈Wien 군축 회의에서 통일된 독일의 병력을 3~4년 내에 37만 명으로 줄이기로 선언한다. (8) 통일된 독일은 핵무기와 생화학 무기의 제조, 보유 및 사용을 포기하고, 핵 비확산 조약 당사국으로 잔류한다.

콜의 발표가 끝나자 고르바초프가 보충 설명을 했다.

기자회견 후 콜 총리는 바로 귀국길에 올랐다. 그는 전용기 안에서 수행원 및 기자들과 함께 축배를 들었다. 캅카스 정상회담에서 통일과 관련된 모든 외교·안보와 군사 문제가 타결된 것이다. 독일은 통일된 날로부터 완전한 주권을 갖게 됐다. 지난 2월에 고르바초프는 사실상 독일 통일을 지지했었다. 서방 3개국이 지지하고 있고, 지난 7월 1일부터 통화와 경제 통합으로 독일이 사실상 통일이 된 상황에서 소련은 더 이상 통일을 막을 명분이 없었다. 또한 소련은 심각한 경제난을 겪고 있어 독일의 지원이 필요했다. 캅카스 정상회담 결과에는 이 모든 것이 복합적으로 작용했다.

¨ 제3차 2+4 회담(파리)

콜 총리는 소련 방문을 마치고 7월 16일 밤늦은 시간에 쾰른/본 공항에 도착했다. 콜을 수행했던 겐셔 장관은 공항에서 곧바로 파리로 떠났다. 다음 날 열릴 제3차 2+4 회담에 참석하기 위해서였다. 심근경색을 앓고 있는 겐셔로서는 강행군이었다. 7월 17일 겐셔는 베이커 장관과 아침 식사를 하며 모스크바와 캅카스 정상회담 내용을 설명했다.

프랑스의 뒤마 외무장관 주재로 제3차 2+4 회담이 열렸다. 셰바르드나제는 캅카스 정상회담에서 주요 문제가 타결되었으나 아직도 미해결 문제가 남아 있다고 했다. 그는 오는 9월에 열릴 모스크바 회담 시까지 2+4 조약의 문안이 합의되지 않는다면, 9월 말 UN 총회 때 뉴욕이나 런던에서 추가로 협의하자고 제안했다. 소련은 마지막까지 많은 것을 얻기 위해 협상 카드를 최대한 이용하려고 했다. 그러나 그의 제안에 아무도 동조하지 않았다.

오후 회의 주제는 독일과 폴란드 간의 국경선 문제였다. 오데르-나이세 강 선을 국경선으로 인정하는 문제와 관련하여 독일에서는 점차 인정하는 방향으로 나아갔다. 지난 5월 31일 콜 총리는 데메지에르 동독 총리

에게 서한을 보내 향후 통일된 독일 정부가 폴란드와 국경선에 관해 국제
법적인 조약을 체결하여 현 국경선을 인정할 수 있을 것이라고 밝혔다.
이어 6월 13일 콜 총리는 국경선 문제와 관련한 연방 하원 토론에 앞서 기
민/기사당 지도자들과 협의했다. 그는 "오데르-나이세 강 선을 국경선으
로 인정하지 않으려는 자는 어떻게 통일을 달성할 수 있는지 대안을 제시
해야 한다"며 적극적으로 나섰다. 6월 21일 동·서독 의회는 통일된 독일
과 폴란드 간의 국경선은 오데르-나이세 강 선임을 선언했다. 이로써 국
경선 문제는 독일에서는 해결된 상태였다.

파리 회담에 스쿠비체브스키 폴란드 외무장관이 참석했다. 독일과 국
경선 문제가 걸려 있는 폴란드는 2+4 회담에 참가하기 위해 미국, 소련
및 프랑스를 통해 로비했다. 특히 프랑스가 폴란드를 적극적으로 지원했
다. 결국 폴란드 외무장관은 제3차 회담에 초청받아 참가할 수 있게 되
었다.

겐셔는 독일인들은 통일이 되어 유럽의 이웃들과 자유와 평화 속에 지
내기를 희망한다고 했다. 그는 이러한 정신에서 국경과 관련한 동·서독
정부의 성명 내용을 이미 폴란드 정부에 전달했다고 설명했다. 그는 폴란
드와의 국경 조약 체결은 독일이 통일되어 완전히 주권을 얻은 후에, 즉
2+4 조약이 체결된 다음에야 가능하다고 강조했다. 이 회담 참석자들은
통일된 독일의 영토는 현재의 서독, 동독과 베를린으로 하며, 독일은 통
일 후 어떠한 영토적 요구를 하지 않기로 하는 등 독일 국경에 관한 5대
원칙을 채택했다.

또 다른 복병, 철군 비용

마지막 2+4 회담을 앞두고 소련과의 미해결 문제를 타결하기 위해 겐셔 장관은 8월 16일 모스크바를 방문했다. 독일로서는 (1) 2+4 회담이 9월 12일까지 종료되고, (2) 이때까지 독일과 소련 두 나라의 관계가 모든 면에서 분명해야 했다.

셰바르드나제 장관은 동독 주둔 소련군의 철수 비용 문제, 통일된 독일의 군 병력 감축 문제와 소련 점령 기간 중에 있었던 토지개혁과 몰수 조치의 효력 문제를 집중 거론했다. 그는 토지개혁과 몰수 조치의 효력을 인정하는 내용을 2+4 조약에 포함시키자고 주장했다. 그러나 겐셔는 점령 기간 중에 몰수된 재산은 이미 동·서독 정부의 공동성명(1990.6.15)에서 원소유주에게 반환이 불가하다고 했고, 또 이 내용이 통일 조약에도 포함되는 만큼 2+4 조약에 들어가는 데 반대했다. 결국 셰바르드나제가 요구를 철회하여, 2+4조약 서명 시에 동·서독 외무장관이 이를 인정하는 서한을 소련 외무장관에게 보내는 것으로 합의했다.

8월 30일 겐셔 장관은 오스트리아 빈에서 열린 군축 회의에 참석하여 통일된 독일의 군 병력을 3~4년 안에 37만 명으로 줄이겠다고 선언했다. 이로써 국경선 문제가 해결된 데 이어 소련의 또 다른 요구 사항인 군 병력 감축 문제도 해결되었다.

이날 저녁 독일은 소련에게 대규모 농산물을 지원하기로 약속했다. 텔칙 외교안보 보좌관은 콜 총리의 지시로 이그나츠 키흘레Ignaz Kiechle 식량농림 장관의 각서를 테레초프 소련 대사에게 전달했다. 이 각서에는 약 10억 마르크 상당의 동독산 농산물을 소련에게 지원한다는 내용이 들어 있었다.

모든 문제가 타결된 것으로 생각했던 8월 말, 전혀 예기치 않았던 문제가 발생하여 독일은 긴장했다. 동독 주둔 소련군 철수 시기의 연기 문제때문이었다. 셰바르드나제 장관은 겐셔 장관에게 보낸 서한에서 소련군의 철수 시기가 철수 비용 문제로 통일 후 3~4년이 아닌 최소한 5~7년이걸릴 것이라는 소련 군부의 의견을 알려 왔다. 이에 8월 28일 텔칙 외교안보 보좌관은 소련 대사를 만났다. 소련이 새로운 요구를 하고 있는 것이분명해졌다. 9월 5일 다시 만난 소련 대사는 철수 비용으로 170억~175억마르크를 요구했다. 텔칙이 60억 마르크를 제시하였으나 협상은 결렬되었다.

2+4 조약 서명이 1주일도 남지 않아 시간이 없었다. 콜 총리가 직접 나섰다. 9월 7일 콜은 고르바초프에게 전화를 걸어 80억 마르크를 제의했다. 고르바초프는 주택 건설에만 110억 마르크가 소요되고, 철수 병력의수송 비용도 고려되어야 한다고 했다. 이어 그는 "마지막 2+4 회담을 앞둔 셰바르드나제 장관에게 어떤 지침을 주어야 할지 모르겠다며 상황이매우 심각하다"고 콜을 압박했다. 고르바초프의 당당한 요구에 콜은 낭떠러지로 떨어지는 느낌을 받고 강하게 반박하였으나 다시 협의하기로 했다.[17]

콜에게는 이 문제의 해결이 매우 중요했다. 통일을 위해 지난 몇 달 동안 힘들여 합의한 내용이 이 문제로 물거품이 되어서는 안 되기 때문이었다. 결국 소련의 요구를 들어주는 것 이외에 다른 방법이 없었다. 9월 10

---

17. 콜과 고르바초프 간의 철군 비용 협상에 관한 상세 내용은 Helmut Kohl, *Ich wollte Deutschlands Einheit*, pp.466~468; Helmut Kohl, *Erinnerungen 1990-1994*, pp.212~214 참조.

일 콜은 다시 전화를 걸어 110억~120억 마르크를 제시했다. 그러나 고르바초프는 150억~160억 마르크를 고수하며, 이 문제가 해결되지 않으면 지금까지 합의한 모든 내용을 처음부터 다시 논의하자며 양보하지 않았다. 이에 콜은 별도리 없이 120억 마르크에 30억 마르크의 무이자 차관을 제시했다. 이를 고르바초프가 수용함으로써 철수 비용 문제가 가까스로 타결되었다.

훗날 콜 총리는 고르바초프의 과도한 요구에 기분이 나빴다고 했다. 그러나 고르바초프가 1991년 12월 25일 퇴진하자, 그가 없었더라면 독일 통일은 그렇게 이루어지지 않았을 것이라며 그에게 고마워했다.[18]

¨ 타결된 '2+4 조약'

9월 11일 2+4 조약에 서명하기 위해 모스크바에 도착한 겐셔 장관에게 예상치 못한 문제가 발생했다. 동독 주둔 소련군이 철수한 후에 동독 지역에서 1만 3,000명 미만의 소규모 연합군이 훈련하는 문제였다. 영국은 이러한 훈련이 가능하다는 내용이 2+4 조약에 포함되어야 한다고 주장했다. 미국과 프랑스가 동조했다. 그러나 소련은 이 내용이 포함된다면 조약에 서명할 수 없다며 강경한 입장이었다.

겐셔 장관은 5년 후(소련군이 철수를 완료한 후) 독일 땅에서의 군사 훈련 문제는 주권국인 독일이 결정할 사안이라며 독일에게 맡겨 달라고 했다.

---

[18]. Helmut Kohl, *Erinnerungen 1990–1994*, p.403.

이 문제를 해결하기 위해 겐셔는 영국의 허드 장관과 독일 대사관저에서 만찬을 들며 그의 양해를 받았다. 자정 무렵 숙소에 돌아온 겐셔는 영국 실무진의 완강한 입장으로 조약 문안이 아직 합의되지 못했다는 보고를 받았다. 허드 장관의 지시에도 영국 실무진은 입장을 바꾸지 않은 것이다.

겐셔는 다급해졌다. 그는 이 순간에 이 문제를 해결할 사람은 베이커 장관뿐이라고 판단했다. 그는 새벽 1시에 택시를 타고 베이커의 숙소로 가서 자고 있는 베이커를 깨웠다. 그는 베이커에게 지난 몇 달 동안 애써 노력해 온 2+4 조약 서명이 마지막 순간에 수포로 돌아가서는 안 된다며 도움을 요청했다. 베이커는 이 문제에 관한 한 영국 입장을 지지할 수밖에 없었으나, 도와주겠다고 약속했다.

자다가 일어난 베이커 장관과 그의 보좌관들은 잠옷에 욕실 가운을 걸치고 회의를 했다. 겐셔는 이 심야 회의를 '욕실 가운 회의Bademantel-konferenz'로 불렀다.[19] 겐셔는 새벽까지 기다리고 있던 셰바르드나제에게 전화를 걸어 2+4 조약이 예정대로 서명된다고 알렸다.

다음 날 아침 프랑스 대사관저에서 독일, 미국, 영국, 프랑스 4개국 외무장관의 조찬 모임이 예정되어 있었다. 겐셔는 조금 일찍 도착하여 뒤마 장관과 단독회담을 하며 기존 안대로 서명해야 한다며 도움을 요청했다. 베이커와 뒤마가 겐셔를 지지하자 결국 허드가 영국 입장을 철회했다. 원안대로 해결되어 조약 서명이 가능해졌다.

9월 12일 12시 45분 고르바초프 대통령이 참석한 가운데 베이커, 허드,

---

19. 베이커 장관의 보좌관은 그가 수면제를 먹고 잠이 들어 깨울 수 없다고 했다. 겐셔가 그를 깨우지 않으면 직접 깨우겠다고 하여 그를 깨울 수 있었다. Hans-Dietrich Genscher, 앞의 책, pp.871~872.

셰바르드나제, 뒤마, 겐셔 장관과 데메지에르 동독 외무장관 대행이[20] '독일과 관련한 최종 규정에 관한 조약Treaty on the Final Settlement with Respect to Germany'(2+4 조약)에 서명했다. 이날 저녁 고르바초프는 6개국 장관을 위한 만찬을 주재했다.

전문과 총 10개 조로 된 '2+4 조약'에서 6개국은 독일 민족이 자유로운 결정으로 통일을 이룩하고, 독일은 통일과 동시에 완전한 주권을 갖는다고 했다.

첫째, 주권과 관련하여, "미국, 영국, 소련, 프랑스 4개국의 '베를린과 전 독일에 대한 권한과 책임'이 종료되고, 통일된 독일은 대내외적인 사안에 대해 완전한 주권을 갖는다"고 했다(제7조).

둘째, 통일된 독일의 동맹체 소속과 관련한 모든 권한과 의무는 이 조약에 저촉되지 않는다고 했다(제6조). 따라서 통일된 독일은 나토에 잔류할 수 있게 되었다.

셋째, 국경선과 관련하여, 통일된 독일은 동독, 서독과 전 베를린의 영역을 포함한다고 했다. 통일된 독일의 국경선은 현재의 동독과 서독의 외부 국경선이며, 이 조약이 발효되는 날 유효하다고 했다. 통일된 독일과 폴란드는 국제법적으로 구속력 있는 국경 조약을 체결하기로 했다. 통일된 독일은 다른 나라에 어떠한 영토적 요구를 하지 않으며 장래에도 제기하지 않기로 했다(제1조).

넷째, 동·서독은 핵무기와 생화학 무기를 제조하거나 보유하지 않기로 확인했다. 독일은 군 병력을 3~4년 안에 37만 명으로 감축하기로 했다(제

---

20. 1990년 8월 20일 동독 사민당이 연정에서 탈퇴하여 멕켈 외무장관이 사임했다. 이에 데메지에르 총리가 외무장관직을 겸하고 있었다.

2+4 조약에 서명하는 5개국 외무장관과
데메지에르 동독 외무장관 대행(1990.9.12, 모스크바).

3조).

　다섯째, 동독 주둔 소련군의 체류 조건과 기간은 통일된 독일이 소련과 협의하되, 1994년 말까지 철수하기로 했다(제4조). 소련군이 동독에서 완전히 철수하는 1994년 말까지 다른 나라의 군을 동독 지역에 주둔시키지 않으며, 어떠한 군사 활동도 하지 않기로 했다(제5조).

　조약 서명과 함께 겐셔와 데메지에르는 셰바르드나제에게 다음 네 가지 내용이 담긴 공동 서한을 보냈다. (1) 1945~1949년의 소련 점령 기간 중에 몰수된 재산은 원소유자에게 반환하지 않으며, (2) 독일 내 전쟁 기념물과 묘지는 독일 법에 의해 보호되고 관리되며, (3) 자유민주주의의 기본질서에 위배되고 헌법에 적대적인 정당이나 단체는 금지될 수 있으며, (4) 동독이 체결한 국제법적인 조약은 '통일 조약'에 따라 신뢰 및 보호를 받으며, 각 당사국과 협의한다. 이로써 소련의 마지막 요구 사항도 해결되었다. 통일에 따른 문제가 모두 해결되었다.

　이렇게 하여 독일은 지난 2월 13일 2+4 회담 기구를 구성하여 5월 5일 본에서 제1차 2+4 회담을 시작한 지 불과 4개월 만에 '2+4 조약'의 체결을 이끌어냈다. '2+4 조약'이 체결됨으로써 통일에 따른 '대외적인 문제'가 해결되었다.

　다음 날인 9월 13일 모스크바에서 겐셔 장관은 셰바르드나제 장관과 독·소 우호 협력 조약에 가서명했다. 이는 독일 통일로 다소 불안해하는 소련을 안심시키며, 향후 독일과 소련 간의 관계를 증진시킬 조약이었다. 이 조약은 통일 후인 1990년 11월 9일 고르바초프가 독일을 방문하여 콜과 함께 정식 서명했다. 또한 바이겔 재무장관은 1990년에만 독일이 소련에게 240억 마르크의 재정적인 의무를 부담하는 문서에 서명했다.[21] 독일로서는 소련에 대한 대단한 기여였다.

¨ 2+4 회담의 성공 요인

독일이 '대외적인 문제'를 4개월이란 짧은 기간에 해결하고 통일을 할 수 있었던 요인은 무엇인가?

첫째, 대외적인 문제를 해결할 회담 기구의 참가국을 최소화하고, 동·서독이 동등한 자격으로 참가하는 2+4 회담 기구를 구성한 점이다. 참가국이 많았더라면 의견이 다양하여 합의 과정에 오랜 시일이 걸렸을 것이다. 독일은 이 기구의 활동 시한을 1990년 9월로 설정하고, 이 문제 해결에 전력을 기울였다.

둘째, 독일이 일찍부터 통일된 독일의 나토 잔류를 확정하여 미국의 확고한 지지를 바탕으로 통일 외교를 추진한 점이다. 통일된 독일의 나토 잔류는 미국이 독일 통일을 지지하는 전제 조건이었다. 대미 외교를 위해 콜 총리는 1990년에만 미국을 4회 방문하여 조지 부시 대통령과 정상회담을 했고, 겐셔 장관은 베이커 장관과 12회 이상 회담했다.[22]

셋째, 미국의 확고한 지지와 독일의 적극적인 외교로 독일 통일에 반대했던 프랑스와 영국의 지지를 얻은 점이다. 미국에 이은 프랑스와 영국의 지지는 가장 힘든 상대였던 소련과의 협상에 든든한 버팀목이 되었다.

21. Helmut Kohl, *Erinnerungen 1990–1994*, p.263
22. 독일의 미국 및 소련과의 정상회담과 외무장관 회담 횟수는 필자가 콜과 겐셔의 회고록 등을 토대로 조사한 수치다.

넷째, 2+4 회담 의제 대부분이 관련되어 있어 사실상 통일의 열쇠를 쥐고 있던 소련에 외교력을 집중한 점이다. 콜 총리는 1990년에 소련을 2회 방문하여 고르바초프 대통령과 회담했고, 겐셔 장관은 무려 12회 이상 셰바르드나제 장관과 회담했다. 또한 콜 총리는 소련의 경제 위기, 연방의 결속력 약화와 독일 통일 등으로 정치적으로 어려움을 겪고 있는 고르바초프를 최대한 지원하여 소련 내에 급변 사태가 일어나지 않도록 노력했다. 독일은 소련에 2억 2,000만 마르크 상당의 생필품 이외에 50억 마르크의 차관과 10억 마르크 상당의 농산물을 지원했다. 또한 독일은 동독 주둔 소련군 철수 비용으로 155억 5,000만 마르크를 지원했다.

다섯째, 국정 운영과 대외 관계에 경험이 풍부한 콜 총리와 겐셔 장관이 큰 역할을 한 점이다. 1990년 당시 콜은 8년째 총리로, 겐셔는 16년째 외무장관으로 각각 재임하고 있어 미국과 소련 등 2+4 회담 당사국의 정상 또는 외무장관들과 오랜 관계를 유지하고 있었다. 콜과 겐셔는 2+4 회담 내내 독일의 입장을 지지해 달라고 부탁하는 어려운 입장에 있었다. 그러나 콜과 겐셔는 비교적 장기간의 재임으로 인한 풍부한 대외 관계 경험을 바탕으로 4개국 정상과 외무장관들을 설득하여 지지를 얻을 수 있었다. 독일이 전승 4개국과 주변국을 상대로 치밀하게 준비한 통일 외교 활동이 거둔 성과다.

제6장

통일을 이룩한 독일

"우리는 자유로운 자결권으로 독일의 통일을 이루었고 자유를 얻었습니다. 우리는 통일된 유럽에서 세계 평화를 위해 봉사할 것입니다. 우리는 신과 인류 앞에 우리의 임무에 대한 책임을 인식하고 있습니다."

_ 리하르트 폰 바이츠제커 연방 대통령

¨ 통일로 가는 마지막 여정

1990년 8월 31일 '내부적인 문제'를 다룬 '통일 조약'이 체결되었다. 9월 12일에는 모스크바에서 '대외적인 문제'를 다룬 '2+4 조약'이 체결되었다. 이로써 독일 통일을 위한 '내부적인 문제'와 '대외적인 문제'가 모두 해결되었다. 9월 20일 연방 하원과 동독 인민 의회는 '통일 조약'을 각각 비준했다. 연방 상원은 9월 21일 비준했다. 동독 인민 의회는 이미 1990년 7월 22일에 행정 구역Bezirk을 주Land로 변경하는 '주 도입 법'을 제정했다. 1952년에 동독 공산 정권은 동독이 수립되기 전부터 있던 주를 폐지하고 14개 행정 구역으로 개편했었다. 통일이 되면서 행정 구역을 다시 주로 되돌리는 것이다. '통일 조약'이 10월 3일 발효되면, 이 법에 따라 동독의 14개 행정 구역은 메클렌부르크-포어포메른Mecklenburg-Vorpommern, 브란덴부르크Brandenburg, 작센Sachsen, 작센-안할트Sachsen-Anhalt와 튀링겐Thüringen의 5개 주로 바뀌게 된다. 동베를린은 서베를린과 합쳐 베를린이 된다. 통일이 되면 독일의 주는 서독 지역의 11개 주를 포함하여 총 16개 주가 된다.

통일 일자도 정해졌다. 동독 인민 의회는 이미 8월 23일에 동독이 10월 3일에 독일 연방공화국에 가입하기로 결정한 바 있다. 인민 의회는 그 2주 전에 주의회 선거가 실시되는 10월 14일을 가입 일자로 결정했다가 앞당긴 것이다. 앞당긴 이유는 동독의 경제와 재정이 파산 상태인 상황에서 이미 결정된 통일을 조속히 완료하여 동독 지역을 안정시키기 위해서였다. 또한 10월 14일에는 동독 지역의 주의회 선거가 예정되어 있어 행정 공백을 최대한 줄이기 위한 목적도 있었다. 10월 3일로 정한 이유는 '2+4 조약'이 10월 1~2일 뉴욕에서 열릴 유럽안보협력회의(CSCE) 외무장관 회담에 상정되기 때문에 이 회담 다음 일로 정한 것이다.

이제 통일을 위한 모든 준비가 마무리되었다. 동독은 통일 절차를 밟았다. 우선 동독은 9월 24일 바르샤바조약기구를 탈퇴했다. 10월 2일 인민 의회는 마지막 회의를 열어 동독 정부를 해산하고 동독의 소멸을 선언했다. 인민 의회는 동독이 역사에서 사라지지만 통일된 독일에서 자유를 누리고 새로운 삶을 기대하며 동독과 작별했다.

10월 1~2일 뉴욕에서 CSCE 외무장관 회담이 열렸다. 통일된 독일의 완전한 주권을 인정한 '2+4 조약'이 시간적으로 10월 3일까지 비준될 수 없었다. 이러한 점을 고려하여 미국, 영국, 프랑스 및 소련 외무장관은 4개국이 갖고 있는 "베를린과 전 독일에 대한 권한과 책임의 효력은 독일 통일 시점부터 독일과 관련한 최종 규정에 관한 조약이 발효될 때까지 정지된다"라고 선언했다. 겐셔 외무장관과 동독의 교육·과학장관이 이를 받아들였다. 이로써 독일은 10월 3일 통일을 이룰 수 있게 되었다.

1990년 11월 21일 파리에서 열린 CSCE 정상회의는 독일 통일이 장래 민주적으로 통일될 유럽의 정의로운 평화 질서 구축에 크게 기여할 것이라고 평가했다.

'2+4 조약' 당사국들은 비준에 들어갔다. 독일이 맨 먼저 통일 직후인 1990년 10월 5일에 비준했다. 미국은 10월 16일에, 영국은 11월 16일에 각각 비준했다. 프랑스는 다음 해인 1991년 1월 17일에, 마지막으로 소련이 3월 4일에 비준했다. 소련이 3월 15일 비준서를 독일 정부에 기탁함으로써 이날 '2+4 조약'이 발효되었다. 이로써 독일은 대내외적으로 완전한 주권 국가가 되었다.

¨ 통일을 이룩한 독일

통일을 하루 앞둔 10월 1~2일 함부르크에서 기민당 전당대회가 열렸다. 이 전당대회에는 동독 지역의 기민당원들도 참석했다. 이 전당대회에서 헬무트 콜은 957명의 대의원 중 943명의 압도적인 지지로 기민당 대표로 다시 선출되었다. 12월 2일에 실시될 총선에서 총리 후보로 나서는 콜에게 더욱 힘이 실리게 되었다. 콜은 지난해 중반까지만 해도 당내 일부 세력의 반대로 대표 선출이 불투명했었는데, 통일을 이룩한 그의 업적이 반영된 결과였다.

전당대회 후 콜 총리는 통일 기념식에 참석하기 위해 독일 군용기 편으로 베를린으로 이동했다. 총리가 탑승한 독일 군용기가 서독에서 베를린으로 비행한 것은 1949년 이후 41년 만에 처음이었다. 아직 통일이 되지 않았기 때문에 사전에 연합국의 특별 승인을 얻었다. 바로 11개월 전인 1989년 11월 10일 콜 총리는 함부르크에서 베를린 장벽 붕괴 기념행사에 참석하기 위해 이동 시 자국 군용기를 이용하지 못하고 미 군용기를 이용해야 했다. 분단 시 독일의 군용기는 물론 민항기인 루프트한자Lufthansa 기도 서베를린에 취항하지 못했다. 그 대신에 영국, 미국과 프랑스 여객기가 함부르크, 프랑크푸르트와 뮌헨에서 서베를린으로 취항했다. 서베를린이 서방 3개국의 관리 아래에 있기 때문이었다.

콜 총리는 통일을 몇 시간 앞둔 10월 2일 초저녁에 공영 TV 방송인 ARD 및 ZDF TV와 라디오를 통해 독일 국민에게 보내는 담화를 발표했다.[1] 콜은 몇 시간 후면 꿈이 실현된다며, 독일 분단으로 인해 특히 고통을 받았던 이들을 회고했다. 일부 가족들은 강제로 헤어져야 했으며, 정치범들이 수용소에 감금됐고, 베를린 장벽을 넘다 숨진 이들도 있다고 했다. 이들을 잊지 말아야 하듯이 통일을 이룰 수 있도록 도움을 준 분들을 잊지 말아야 한다고 강조했다. 그는 부시 미 대통령과 영국, 프랑스 정상들에게 감사의 인사를 했다. 특히 동독 피난민들이 넘어올 수 있도록 협조해 준 헝가리 정부에 대해 고마워했다. 고르바초프 대통령에게도 감사해했다. 그는 이러한 날이 올 수 있도록 자유를 위해 동독 공산당(SED)의 독재에 대항하여 싸웠던 모든 독일인에게 감사의 인사를 했다.

또한 콜 총리는 통일로 인한 경제적인 문제들은 단시일은 아니지만 가까운 장래에 해결될 것으로 확신한다고 했다. 지난 40년이 넘는 동안의 동독 공산당의 독재는 독일인들의 마음에 깊은 상처를 남겨 놓았다고 했

1. Presse-und Informationsamt der Bundesregierung, *Die Vereinigung Deutschlands im Jahre 1990: Eine Dokumentation*, pp.141~142.

다. 법치 국가는 정의를 확립하고 내부의 평화를 제공할 의무가 있다고 했다. 따라서 동독 공산 정권이 저지른 중한 불법 행위는 죄를 받아야 하지만, 우리는 내부의 화해도 필요하다고 했다. 10월 3일은 기쁨의 날이고, 감사의 날이며, 희망의 날이라고 했다. 통일된 독일에 신의 가호가 있기를 바란다고 했다.

10월 2일 저녁 9시 동베를린의 샤우스필하우스Schauspielhaus 공연장에서 동독의 마지막 국가 행사가 열렸다. 지난 41년간 존속했던 동독과 이별을 고하는 행사였다. 데메지에르 총리는 물론 콜 총리도 참석했다. 라이프치히 게반트하우스 오케스트라[2]가 베토벤 교향곡 9번을 연주했다.[3] 지휘자 쿠르트 마주르는 지난 1989년 10월 라이프치히 시위가 한창일 때, 시위가 유혈 사태로 가지 않고 평화적으로 이루어지는 데 기여한 바 있다. 이어 데메지에르가 동독 총리로서 마지막 연설을 했다.

잠시 후면 독일민주공화국이 독일 연방공화국에 가입하여 우리 독일인들은 자유 속에 통일합니다. 이는 큰 기쁨의 순간이며, 수많은 환상의 마지막이며, 눈물 없는 작별Abschied ohne Träne입니다. …… 많은 이들에게 단지 꿈이었던 일이 현실이 됩니다. …… 10월 2일 우리 역사의 한 면이 막을 내립니다. 1933년 1월 30일 시작되어 전쟁의 처참한 참상을 남겨 놓았고, 그 결과로 1949년 10월 7일 독일민주공화국이 수립되었습니다. 이 나라는 민주적이지 않으면서 스스로를 민주주의 국가라고 불렀습니다. 이

---

2. 1743년 16명의 상인과 16명의 음악인이 모여 라이프치히에서 창단된 오케스트라이다. 1771년 11월 라이프치히 게반트하우스(직물조합 회관)의 일부를 공연장으로 개조하여 '게반트하우스 오케스트라'라는 이름으로 첫 공연을 했다. 통일 당시의 지휘자 마주르는 1989년 동독 주민의 평화 혁명에 크게 기여했다. 이 오케스트라는 독일 통일 이후 한국에서도 공연한 바 있다.
3. 베토벤(Ludwig van Beethoven, 1770~1827년)은 그가 1824년에 완성한 교향곡 9번 4악장에 실러(Friedrich von Schiller)의 시 '환희의 송가(Ode an die Freude)'를 가사로 사용했다.

나라는 자유화 운동을 무자비하게 진압했고, 자유를 찾아 떠나려는 192명의 목숨을 빼앗았습니다. …… 지난날의 모습이 아니라 미래에 함께 있고자 하는 바람이 우리를 하나가 되게 했습니다. 내일부터는 우리가 오랫동안 기다렸던 하나의 통일된 독일이 있습니다. 우리는 이 통일된 독일을 함께 가꾸어 갈 것이며, 이를 기쁘게 생각합니다.[4]

콜 총리는 데메지에르의 연설을 들으며 그의 목소리가 떨리고 있는 것을 느꼈다. 그가 '눈물 없는 작별'이라고 한 것은 동독에 대해 슬퍼하지 않는다는 것을 나타내는 것이라고 생각했다. 이렇게 동독과 작별하는 공식 행사가 끝났다. 이제 동독은 역사에서 사라졌다.

이어 10월 3일로 가는 자정에 통일 기념식이 베를린 제국의회 의사당 앞에서 열렸다. 기념식에는 폰 바이츠제커 연방 대통령, 콜 총리, 데메지에르, 겐셔 외무장관과 브란트 전 총리 등을 비롯하여 약 100만 명의 시민이 참석하여 함께 축하했다.

폰 바이츠제커 대통령은 "우리는 자유로운 자결권으로 독일의 통일을 이루었고 자유를 얻었습니다. 우리는 통일된 유럽에서 세계 평화를 위해 봉사할 것입니다. 우리는 신과 인류 앞에 우리의 임무에 대한 책임을 인식하고 있습니다"라고 했다. 이어 그는 "오늘 우리는 하나의 독일을 이룩했습니다"라며 독일이 통일되었음을 선포하고, 세계 평화를 위한 독일의 봉사를 강조했다.

콜 총리는 "독일 민족은 오늘 평화와 자유 속에 통일이 됐습니다. 독일 영토에서 일어나 유럽과 전 세계에 참담한 고통을 주었던 제2차 세계대

---

4. 데메지에르 총리의 연설문은 Presse-und Informationsamt der Bundesregierung, 앞의 책, pp.147~150 참조.

동베를린의 샤우스필하우스 공연장에서 열린 동독의
마지막 국가 행사에서 데메지에르 총리가 고별 연설을 하고 있다.
오른쪽 앉은 이는 지휘자 쿠르트 마주르(1990. 10. 2, 동베를린).

전이 끝난 지 45년 만에 독일인들에게 고통스러웠던 분단은 끝났습니다"
라며 독일이 분단을 끝내고 통일되었음을 알렸다.

통일 전까지는 매년 6월 17일이 '독일 통일의 날'이었다. 연방 하원은
동독 주민이 공산 정권에 대항하여 대규모 봉기를 했던 1953년 6월 17일
을 기념하기 위해 이날을 '독일 통일의 날'로 제정했었다. 이제 독일이 통
일이 됨으로써 통일된 10월 3일이 '독일 통일의 날'이 되었다.

10월 4일 제국의회 의사당에서 통일된 독일의 첫 연방 하원 회의가 열
렸다. 연방 하원 의원 519명과 인민 의회 의원 144명 등 총 663명이 참석
했다. 콜 총리는 미국, 영국, 프랑스 및 소련 등 4개국 정상의 협조로 통일
을 할 수 있었다며, 특히 고르바초프에게 감사의 인사를 했다. 콜은 독일
이 지난 20세기에 독일인들이 저지른 죄를 잊지 않고 과거를 인정함으로
써 자유와 통일을 얻을 수 있었다고 했다. 그는 독일이 저지른 죄악과 어
두운 역사로 고통을 받았던 여러 국가의 국민, 특히 유대인에게 사죄했다.
또한 동독 지역의 재건을 위한 500억 마르크 규모의 투자 계획도 밝혔다.

데메지에르 전 총리, 베르크만-폴 전 인민 의회 의장 등 구동독 정치인
5명이 무임소 장관으로 입각했다. 이로써 독일은 전쟁에 패한 지 45년 만
에, 그리고 동·서로 분단된 지 41년 만에 통일을 이루었다. 통일된 독일
은 인구 7,975만 명에 면적은 35만 7,000km²가 되었다.

¨ 폴란드와 국제사회에 대한 약속 이행

독일은 통일 과정에서 약속한 폴란드와의 국경선 문제를 마무리해야

했다. 독일 통일 과정에서 폴란드는 동독과의 국경선인 오데르-나이세 강 선을 독일과의 국경선으로 확정하기 위해 외교활동에 전력을 기울였다. '2+4 조약'에서 동독과의 현 국경선이 그대로 통일된 독일과의 국경선으로 확정됨으로써 폴란드는 그 목표를 달성했다. 이런 이유로 폴란드는 국경 조약 서명식을 성대하게 치르려고 했다. 폴란드는 겐셔 외무장관에게 이틀 일정으로 방문해 주도록 요청했다. 그리고 2+4 회담 당사국이었던 미국, 영국, 프랑스, 소련의 4개국 외무장관도 초청하려고 했다.

그러나 겐셔 장관은 이 국경 조약 체결이 수많은 독일인들에게 어떤 의미가 있는지를 잘 알고 있었다. 제2차 세계대전 말인 1945년 1월부터 동프로이센 등에 거주하던 약 400만 명의 독일인이 독일로 피난을 떠났다. 전쟁이 끝난 후 폴란드와 폴란드 관할 지역에 거주하던 약 560만 명의 독일인이 추방되었다. 이들이 독일로 피난 오는 도중에 약 200만~250만 명이 추위와 굶주림과 병으로 목숨을 잃었다. 이들이 떠나왔던 곳은 부모와 조상들이 살았던 고향이었고 지난날 독일의 영토였다.

겐셔 장관은 오데르-나이세 강 선 동부 독일 지역을 영원히 포기하게 되어 느끼는 독일 국민들의 마음을 헤아려야 했다. 그는 스쿠비체브스키 폴란드 외무장관에게 많은 대중과 함께하는 행사를 자제해 줄 것을 요청했다. 그리고 공식 오·만찬 행사를 되도록 간소하게 하며, 연설도 생략하고 하루 일정으로 방문하겠다고 했다. 이러한 그의 요청이 받아들여졌다.

겐셔는 통일이 된 지 40여 일 후인 1990년 11월 14일 아내의 배웅을 받으며 바르샤바로 떠났다. 겐셔 아내의 고향은 포츠담 협정으로 폴란드의 관할 지역이 된 슐레지엔Schlesien이다. 겐셔는 회고록에 과거 독일의 영토였으며 아내의 고향인 슐레지엔을 영원히 폴란드에 넘겨주는 조약에 서

제국의회 의사당 앞에서 열린 독일 통일 기념식에 참석한
브란트 전 총리(왼쪽 두 번째), 겐셔 외무장관, 콜 총리 부부,
폰 바이츠제커 연방 대통령(1990. 10. 3, 베를린).

독일 통일 기념식에서 독일 국기가 게양되고 있다(1990. 10. 3, 베를린).

명하러 떠나는 이날의 착잡한 마음을 기록했다.[5]

공항에서 스쿠비체브스키 외무장관이 겐셔를 영접했다. 이어 겐셔는 마조비에츠키 총리를 면담했다. 국경 조약 서명식은 간소하게 치러졌다. 조약 서명식 후 겐셔 장관은 야루젤스키 대통령을 면담한 데 이어 외무장관과 회담했다. 이어 그는 레흐 바웬사Lech Wałęsa를 만나고 밤늦게 본으로 돌아왔다. 그가 계획한 대로 하루 일정의 간소한 방문이었다.

폴란드와의 국경 조약은 새로 구성된 연방 하원의 비준으로 1992년 1월 16일 발효됐다. 이로써 1945년 8월의 '포츠담 협정'으로 폴란드의 관할 지역이 되었던 동부 독일 지역의 포어포메른Vorpommern과 슐레지엔 지방은 국제법적으로 영원히 폴란드의 영토가 됐다.

독일은 이 지역을 잃지 않고 통일을 이루었으면 했다. 그러나 이 지역을 폴란드에게 넘겨주지 않고 통일을 이룰 방법은 없었다. 오죽하면 콜 총리도 반대자들에게 오데르-나이세 강 선을 국경선으로 인정하지 않으면서 통일을 이룰 수 있는 방법을 제시하라고 했을 정도였다. 독일이 통일을 이룰 수 있었던 것은 통일 과정에서 오데르-나이세 강 선을 국경선으로 승인하겠다고 국제사회에 약속했기 때문이다. 독일은 통일 후에 이 약속을 이행함으로써 주변국으로부터 신뢰를 얻었다.

---

5. Hans-Dietrich Genscher, *Erinnerungen*, pp.890~891.

¨ 통일 이후 첫 총선

통일 조약을 협상하는 과정에서 통일 후에 있을 첫 총선과 관련하여 많은 논란이 있었다. 독일의 정당이 연방 하원에 진출하기 위해 유효 투표의 5% 이상을 얻어야 하는 선거법상의 '5% 조항' 때문이었다. 독일의 정당이 연방 하원에 진출하는 방법은 두 가지이다. 정당에 투표하는 제2투표6의 득표율이 유효 투표의 5% 이상이 되거나 지역구에서 3석 이상의 의석을 얻어야 한다. 이는 군소 정당의 난립을 방지하기 위해 도입된 제도이다.

그러나 동독 지역의 정당들은 창당된 지 얼마 되지 않아 유효 투표의 5% 이상을 얻기가 어려웠다. 그 이유는 첫째, 동독 지역의 인구는 서독 지역의 1/4 정도로 적고, 둘째, 동독 지역의 정당들은 설립된 지 3개월 정도로 역사가 짧아 서독 지역에서 지지를 얻을 가능성이 매우 낮기 때문이었다. 따라서 동독 지역 정당들이 5% 이상을 얻기 위해서는 동독 지역에서만 약 30% 이상의 지지를 얻어야 했는데 이는 거의 불가능했다. 자칫 연방 하원에 진출하는 동독 지역의 정당이 없을 가능성도 있었다. 이 '5% 조항'이 12월 2일에 실시될 통일 후 첫 총선에서 그대로 적용될 예정이라 동독 내 정당들은 불만이 컸다. 결국 이 조항에 대한 위헌 제소가 있었다.

이 문제는 연방헌법재판소의 판결로 해결됐다. 통일을 앞둔 1990년 9월 29일 연방헌법재판소는 선거법상의 '5% 조항'이 동독 지역의 정당들에게 불리하다고 판결했다. 해결 방안으로 '5% 조항'은 동독 지역의 정당

---

6. 유권자는 연방 하원 선거에서 두 번의 투표를 한다. 제1투표(die Erststimme)는 지역구 후보에, 제2투표(die Zweitstimme)는 지지하는 정당에 한다.

은 동독 지역에서, 서독 지역의 정당은 서독 지역에서 별도로 적용하도록 했다. 이 판결로 동독 지역의 정당들은 동독 지역 유효표의 5% 이상을 얻으면 연방 하원에 진출할 수 있게 되었다.

1990년 12월 2일 통일 이후 첫 총선이자 제12대 연방 하원 선거가 실시됐다. 연정聯政을 이루고 있는 기민/기사당과 자민당은 현 총리인 헬무트 콜을 총리 후보로 내세웠다. 야당인 사민당은 자를란트 주 총리이자 당 부대표인 오스카 라퐁텐을 총리 후보로 내세워 집권하고자 했다. 선거 결과 기민당이 36.7%, 기사당이 7.1%를 얻어 기민/기사당이 43.8%(319석)로 제1당이 됐다. 자민당은 역대 선거에서 가장 높은 11.0%(79석)의 지지를 얻었다. 이로써 여당이 54.8%를 얻어 승리했다. 사민당은 33.5%(239석)를 얻는 데 그쳐 정권 교체에 실패했다. 서독 지역의 녹색당은 3.8%를 얻어 연방 하원 진출이 좌절되었다.

동독 지역의 정당으로 공산당(SED)의 후신인 민사당(PDS)은 2.4%를, 녹색자유연합Bündnis 90/Grüne은 1.2%의 지지를 얻었다. 그러나 동독 지역에서는 11.1%와 6.1%를 각각 얻었다. '5% 조항'을 지역별로 적용하기로 한 규정에 따라 민사당은 17석을, 녹색자유연합은 8석을 각각 얻어 연방 하원에 진출했다.

첫 총선에서 기민/기사당과 자민당의 승리는 어느 정도 예상된 결과였다. 사민당과 총리 후보 라퐁텐은 통일 과정에서 올바른 통일 정책을 제시하지 못했다. 사민당은 독일이 나토에서 탈퇴하여 군사적으로 중립을 유지해야 한다고 주장했다. 또한 기본법 제146조에 의해 총선을 실시하여 제헌의회를 구성한 다음에 새로 헌법을 제정하는 방식의 통일을 주장했다. 점진적인 통일, 즉 시간적인 여유를 갖고 통일을 추진하려는 입장이었다. 이 방안을 추진했더라면 헌법 제정에 오랜 시일이 걸려 독일은 통일을 하지 못했을 수도 있었다. 이처럼 사민당은 올바른 통일 방안을 제시하지 못해 유권자들로부터 지지를 얻지 못했다.

사민당은 9개월 전에 실시되었던 동독의 첫 자유총선에서도 패배했었다. 동독에는 노동자 등 사민당 지지 계층이 많았음에도 사민당이 패한 데에는 현실과 거리가 먼 통일 정책을 제시한 이유가 크다고 할 수 있다.

1991년 1월 17일 헬무트 콜이 연방 총리로 선출되어 신정부가 출범했다. 콜로서는 네 번째 총리 선출이었다. 통일 직후라 콜 정부는 시급히 해결해야 할 과제들이 많았다. 주요 과제는 막대한 비용이 소요되는 통일 비용의 조달, 연방정부와 의회의 소재지 결정, 동독 주둔 소련군의 철수 문제, 동독 정권의 불법 행위에 대한 과거 청산 문제, 동·서독 주민의 내적인 통합, 동독 지역의 인프라 건설 등 경제 부흥, 동독 지역 주민의 실업 문제 해결 등이었다.

¨ 통일 전 서독의 대동독 정책

분단 기간 동안 서독 정부가 동독에 대해 추진했던 정책은 '독일 정책die Deutschlandpolitik'이다. 서독 정부는 '통일 정책'이라는 용어를 별도로 사용하지 않았다. 따라서 '독일 정책'에는 통일 정책도 포함되었다고 보아야 한다. 독일이 통일을 이룰 수 있었던 바탕에는 역대 정부가 추진한 대동독 정책이 있었다. 아데나워 총리, 브란트 총리와 콜 총리 등 역대 총리 3인의 정책을 통해 서독 정부의 대동독 정책을 알아본다.

콘라트 아데나워 총리: 1949~1963년 재임

1949년 9월 독일 연방공화국 정부가 출범하였으나 주권은 크게 제한되었다. '점령 규약'(1949년 9월 21일 발효)에 의해 미국, 영국 및 프랑스의 3개국 군이 계속 주둔하였고, 서독의 외교 관계 수립도 제한되었으며, 군대도 보유할 수 없었다. 초대 총리는 기민당 대표인 콘라트 아데나워였다.

1950년대는 분단 직후라 동·서독 관계는 물론 국제적으로 냉전 체제였다. 아데나워 총리는 연합국의 점령 통치에서 막 벗어난 상황에서 가까운 장래에 통일이 어렵다고 보았다. 이러한 상황에서 그는 '통일보다는 자유를 우선하는 정책Freiheit vor Einheit'을 추진했다. 또한 서독으로서는 안보를 굳건히 하고 국제사회에서 신생국 서독의 위치를 확고히 하는 일이 더 중요하고 시급했다.

외교 정책에서 아데나워 총리는 서독의 주권 회복과 안보를 확고히 하는 '친서방 정책'을 추진했다. 그 이유는 소련이 독일 통일에 조금도 동의할 리가 없었고, '친서방 정책'만이 서독의 안보를 확고히 보장하고 서독이 빠른 시일 내에 주권 국가로 가는 길이기 때문이었다.[7]

1952년 3월 소련의 스탈린은 독일을 중립화하여 통일하자고 제의했다. 아데나워 총리는 통일을 앞세운 이 제의는 독일의 주권을 제한하고 공산화로 가는 전 단계라며 단호히 반대했다. 미국, 영국, 프랑스도 아데나워와 같은 입장이었다. 결국 스탈린의 제의는 무산되었다.

아데나워가 추진한 '친서방 정책'으로 서독은 서방측의 신뢰를 얻을 수 있었다. 1954년 10월에 체결된 '파리 조약'이 1955년 5월에 발효되어 서

---

7. 손선홍, 『분단과 통일의 독일 현대사』, 73쪽.

독일 통일 한국 통일

독은 군대를 보유할 수 있게 되었고, 나토에도 가입하는 등 주권이 강화되었다.

동독과의 관계에서 아데나워는 '힘의 우위의 정책'으로 서독만이 전 독일을 대표한다는 '단독 대표권'을 내세우며 동독을 철저히 고립시키는 정책을 추진했다. 이에 따라 서독은 동독을 승인하지 않음은 물론 동독과 외교 관계를 맺고 있는 나라와는 외교 관계를 수립하지 않았다. 이를 '할슈타인Hallstein 독트린'이라고 한다.[8] 다만 소련은 독일 분단에 책임이 있는 당사국이라 1955년 9월에 예외적으로 외교 관계를 맺었다. '할슈타인 독트린'은 한동안 동독을 고립시키는 데 큰 효과가 있었다. 따라서 아데나워 총리 재임 시 서독이 동독과 대화를 하거나 어떠한 관계를 맺는 것은 어려웠다.

한편, 동독은 서독이 나토에 가입하자 1955년 5월 바르샤바조약기구에 가입했다. 동독은 건국 이후 서독과 동일한 형태의 국기를 사용하여 오다가 1959년에는 국기를 변경하며 사회주의 국가로의 동독의 정체성을 강화했다. 동독은 주민들이 서베를린으로 계속 탈출하자 1961년 8월에 베를린 장벽을 세우며 서독과 단절하고자 했다.

아데나워는 동독을 인정하지 않으면서 철저히 고립시키는 정책을 추진했다. 그러나 '친서방 정책'을 추진하며 신생국 서독은 주권을 신속히 회복하고 서방 국가들과의 동등권을 확보했으며, 국제사회에서 신뢰를 쌓아 가기 시작했다. 아데나워의 이러한 정책은 통일의 토대가 되었다.

---

8. 에곤 바르(Egon Bahr)는 '할슈타인 독트린'을 서독의 정치적인 힘과 경제력이 바탕이 된 자신감의 표현이라고 했다.

빌리 브란트 총리: 1969~1974년 재임

1960~1970년대에 사민당은 동독 및 동유럽 국가들과의 관계 개선에 기민당보다 유연한 입장이었다. 미국과 소련은 1968년 7월 1일 핵확산금지조약(NPT)을 체결하고, 1969년 1월 출범한 미국의 닉슨 행정부는 긴장 완화 정책을 추진하는 등 국제정치에 변화가 일어났다. 1960년대 말에 미국 등 서방 국가들이 동유럽 국가들과 관계를 개선하고자 했다. 1960년대 중반부터 동독과 외교 관계를 수립하려는 나라가 늘어나자 '할슈타인 독트린'은 더 이상 유지하기가 어려웠다. 브란트가 외무장관이던 1968년 초 서독은 동독과 외교 관계가 있는 유고슬라비아와 외교 관계를 수립하며 외교 정책을 수정했다.

브란트는 서베를린 시장으로 재임하던 1961년 8월 베를린 장벽이 세워지는 것을 지켜보면서 동·서독이 대치하는 것을 경험했다. 이러한 경험에서 브란트는 동독을 고립시키거나 동독과 대결하기보다는 대화와 교류를 통해 동독과의 관계를 개선하고자 했다. 그가 동독에 대해 추진한 주요 정책은 '작은 걸음의 정책die Politik der kleinen Schritte'과 '접근을 통한 변화der Wandel durch Annäherung'다.

'작은 걸음의 정책'은 독일 문제를 단시일 내에 해결하기 어렵기 때문에 한 걸음 한 걸음 작은 것부터 하나씩 해결해야 한다는 정책이다. '접근을 통한 변화'는 브란트의 핵심 참모인 에곤 바르Egon Bahr가 제시한 정책이다. 에곤 바르는 1963년 7월 투칭에서 "통일은 외교 정책의 문제이며, 통일은 오로지 소련과 함께 이룰 수 있다"고 했다. 이어 그는 "저쪽 정권을 직접 붕괴시키는 정책은 가망이 없다. 분단으로 인한 고통의 완화는 오로지 저쪽 정권과 함께 해결할 수 있다"라고 했다(이 당시는 동독 국호를 부르는 것이 여의치 않아 저쪽 정권이라고 했다). 또한 그는 "공산 국가는 스스로 변하지 않기 때문에 꾸준히 접촉하여 변화시켜야 한다"고 했다.[9]

1969년 9월 총선에서 사민당은 제2당이 되었다. 기민/기사당이 과반수를 얻지 못한 상황에서 브란트는 자민당과 연립 정부를 수립하여 총리가 됐다. 브란트는 사민당 출신의 첫 총리로, 정권 교체가 이루어졌다.

브란트는 1969년 10월 총리 취임 연설에서 "독일에 두 개의 국가가 존재하더라도 서로에게는 외국이 아니며, 상호 관계는 다만 특별한 성격의 관계일 수 있다"고 선언했다.[10] 그는 동독의 존재를 인정하며 동독과 관계를 개선하겠다고 선언한 것이다. 그러나 동독을 승인하지 않는다는 입장은 유지했다. 그는 1970년 3월(에르푸르트)과 5월(카셀)에 동독의 슈토프 총리와 두 차례 정상회담을 했으나, 입장 차이가 커 성과가 없었다. 서독은 분단으로 인한 고통 완화를 목표로 하였으나, 동독은 서독에게 법적인 de jure 승인을 요구하며 관계 개선에 호응하지 않았다.

동독이 서독과의 관계 개선에 소극적이자 브란트는 동독과의 대화를 일시 중단했다. 그는 '신동방정책die neue Ostpolitik'[11]을 추진하며 우선 소련, 폴란드, 체코슬로바키아와 관계 개선을 추진했다. 브란트의 측근 에

---

9. 에곤 바르(1922~2015년)는 '접근을 통한 변화'를 이미 1963년 투칭(Tutzing)에서 열린 신교 아카데미 세미나에서 제시했다. Egon Bahr, *Zu meiner Zeit*, pp.152~161. 바르를 1995년 3월 8일 본에서 처음 만난 이후 그가 2010년 11월과 12월 6일 베를린에서 강연하는 기회에 만나 잠시 대화를 나누었다.

10. 손선홍, 앞의 책, 164쪽.

11. 독일의 '동방정책'은 전통적으로 독일이 소련과 동유럽 국가에 대해 취해 온 정책을 말한다. 브란트는 독일의 분단과 제2차 세계대전 이후에 형성된 유럽의 현상을 인정하며 소련 및 동유럽 국가와 관계 개선을 추진했다. 이를 통해 동독과의 관계도 개선하고자 했다. 브란트가 추진한 정책은 기존의 동방정책과 구별하여 '신동방정책'이라고 한다. 당시 야당이었던 기민/기사당은 신동방정책이 독일 통일을 포기한 정책이라며 거세게 반대했다.

곤 바르는 정책의 입안에서부터 모스크바에서 소련의 안드레이 그로미코 Andrey Gromyko 외무장관과 직접 협상하는 등 '신동방정책' 추진에 적극 관여했다. 서독은 이들 국가와 관계를 개선한 뒤에 우회적으로 동독과 관계 개선을 추진했다. 소련은 서독과의 관계 개선에 소극적인 발터 울브리히트 동독 서기장을 몰아내면서까지 관계 개선을 종용했다.

마침내 1972년 12월 서독은 동독과 기본 조약을 체결했다. 이 조약으로 서독은 동독을 승인하지 않고서도 동독과 공존하며 관계를 개선해 나갈 수 있게 되었다. 1973년 9월 동·서독은 유엔에 동시 가입했고, 1974년 5월에는 상주 대표부를 교환했다.

브란트는 동·서독 관계를 개선시키고 유럽의 긴장 완화에 기여한 공로로 1971년 12월 노벨 평화상을 받았다. 그가 마련한 동·서독 교류는 통일의 군건한 토대가 되었다.

헬무트 콜 총리: 1982~1998년 재임

브란트의 뒤를 이어 헬무트 슈미트(사민당 소속)가 총리가 되었다. 슈미트의 총리 재임 8년이 지난 1982년 10월 1일 헬무트 콜(기민당 소속)은 선거가 아닌 슈미트 총리에 대한 불신임을 제의하여 총리가 되었다. 1969년 이후 13년 만에 기민/기사당이 다시 정권을 잡았다. 콜은 이러한 약점을 보완하기 위해 연방 하원을 조기에 해산하고, 1983년 3월에 총선을 실시하여 총리로 다시 선출되었다.

콜 정부의 대외 정책 기조는 아데나워가 추진했던 '친서방 정책'이다. 기민당은 1970년대 사민당 정부가 추진했던 동독 및 동유럽 국가와의 관계 개선 정책에 강하게 반대했었다. 그러나 콜은 집권 후 사민당 정부가 추진했던 정책을 보완하여, 동독 및 동유럽과의 관계 개선을 추진했다. 동독과의 관계에서 콜은 (1) 분단 고통의 완화, (2) 동·서독 간의 동질성 유지, (3) 서베를린의 자유 확보에 중점을 두었다. 콜은 특히 독일 문제 해결에 '자유로운 자결권'을 내세우며 당사자인 독일인들이 스스로 결정해야 한다고 주장했다.

한편, 동독은 동독과 관계를 개선하고 교류를 하는 데 반대했던 기민당 소속의 헬무트 콜의 집권에 내심 두려워했다. 이에 동독은 콜 총리 집권 초기(1982~1983년)에 서독에 대해 3대 정책을 추진했다. (1) 서독과는 일절 협력하지 않으며, (2) 제3국과의 관계를 확대하고 동독의 국가 정통성을 강화하며, (3) 동독 공산당의 권력을 강화하고 서독과 완전 차별화하는 정책이다. 이로 인해 콜 총리 집권 초기에 동·서독 관계는 긴장과 대결 양상을 띠었다.

콜 정부는 동독과 관계를 개선하고자 했으나, 동독의 이러한 대서독 정책으로 쉽지 않았다. 더구나 소련이 동독에 배치한 핵무기를 철거하지 않자 콜 정부는 전임 슈미트 총리가 추진했던 정책에 따라 1983년 11월에 핵무기를 배치했다.[12] 이로 인해 동독과의 관계는 더욱더 악화되었다.

이러한 상황에서 동독과의 관계를 개선하게 되는 기회가 왔다. 동독은 경제 사정이 좋지 않아 국제 외환시장에서 차관을 얻고자 하였으나 신용이 없어 차관을 얻을 수 없었다. 이때 콜 정부는 동독이 1983년과 1984

---

12. 1970년대 후반 소련이 동독과 체코슬로바키아에 중거리 핵로켓(SS-20)을 배치하자 나토는 1979년 12월 12일 '이중 결의'를 채택했다. '이중 결의'란 우선 나토가 소련과 군비 축소에 관해 대화를 하여 철거를 요청하되, 그럼에도 소련이 핵무기를 철거하지 않으면 서독과 서유럽 국가에 핵무기를 배치한다는 계획이다. 결국 소련이 철거하지 않자 서독은 미국의 핵무기를 배치했다. 손선홍, 앞의 책, 218쪽.

년 두 차례에 걸쳐 20억 5,000만 마르크의 차관을 얻을 수 있도록 보증을 섰다. 이에 대해 동독은 동독 주민의 서독 방문과 서독 주민의 동독 방문 조건을 완화하며 호의적인 반응을 보였다. 이어 동독은 1,378km나 되는 서독과의 경계선에 설치한 약 5만 5,000개의 자동 발사기를 해체했다(1984.11). 다음 해에는 약 130만~140만 개의 지뢰도 제거했다(1985.11). 1987년 9월에는 호네커 서기장이 서독을 방문할 정도로 동·서독 관계는 크게 개선되었다.

콜은 1989년 가을 동독 주민의 시위가 한창일 때 개혁을 하도록 동독 정부를 압박했다. 이와 함께 동독 주민의 '자유로운 자결권'을 주장했다. 즉 독일 문제는 동독 공산 정권이 아니라 동독 주민이 자유롭게 결정할 수 있어야 한다는 것이다. 결국 콜 총리는 1989년 가을의 동독 주민의 평화 혁명이란 기회를 잡아 강한 통일 의지와 외교력으로 통일을 이룩했다.

¨ 독일 통일의 특징

평화 통일을 이룬 독일 통일의 특징으로 어떤 점을 들 수 있을까? 독일 통일의 특징으로 다음 다섯 가지를 들 수 있다.

첫째, 독일 통일은 누구도 예상하지 못한 통일이라는 점이다. 독일이 20세기 내에 통일이 되리라고는 누구도 예상하지 못했다. 독일인들조차 예상하지 못한 갑작스러운 통일이었다. 1987년 9월 호네커 서기장은 서독을 방문하여 동독의 안정성과 동독이 사회주의 국가로 성공했음을 서독은 물론 전 세계에 알리고자 했다. 이 당시 호네커의 방문을 지켜본 대부분의 서독 주민은 독일의 분단이 이렇게 굳어져 가는 것으로 생각했다. 통일을 생각하지 못했음은 물론이다.

그러면 서독은 왜 통일을 예상하지 못했을까? 독일 외교 정책협회의 폰 노르덴스쾰트Fritjof von Nordenskjöld 부회장은 이렇게 말했다.[13]

우리 독일인들은 소련이 가장 중요한 위성 국가인 동독이 떨어져 나가도 록 내버려 둘 것으로 생각하지 못했습니다. 소련이 동독을 끝까지 붙들고 있을 것이라는 생각이 강했기 때문에 통일을 예상하지 못했죠. 또한 조지 부시 미 대통령의 적극적인 지지가 있었고, 고르바초프 소련 대통령이 동 의했기 때문에 통일이 가능했습니다. 소련이 강하게 반대했더라면 통일 은 어려웠을 것입니다.

또한 통일을 위해서는 대외적인 문제에 관해 전승 4개국의 승인을 얻어 야 했는데, 이들 국가의 승인이 쉽지 않을 것으로 생각했던 점도 있다.

둘째, 신속히 이루어진 통일이라는 점이다. 1989년 10월 7일에 동독 정 권 수립 40주년 기념행사가 열렸다. 이로부터 불과 1개월 뒤에 베를린 장 벽이 붕괴되었고, 1년 뒤에 통일이 되었다.

콜 총리는 1989년 11월 28일 독일 통일 10개 방안을 발표할 때만 해도 통일을 하기까지 최소한 3~5년은 걸릴 것으로 예상했다. 그러나 1990년 들어서도 동독 주민들이 계속 서독으로 넘어오고 있고, 동독의 재정이 파 탄 나고 지방 조직이 붕괴되고 있는 상황에서 동독을 조속히 안정시키는 것이 시급했다. 동독이 붕괴되면 쓰러진 동독을 다시 일으켜 세우기 어렵

---

13. 독일 외교 정책협회 폰 노르덴스쾰트 부회장(주프랑스, 주이탈리아 대사 역임)과는 2010년 4월 9 일 베를린에 있는 그의 집무실에서 대화를 나누었다.

고, 동독 주민들이 밀려들어 올 경우 서독으로서도 감당하기 어렵기 때문이었다.

또한 독일 통일의 열쇠를 쥐고 있던 소련의 동의가 필요했다. 따라서 콜은 고르바초프 재임 중에 통일하기 위해 신속한 통일로 급선회하여 통일을 이루었다. 이 과정에서 콜 총리와 겐셔 장관은 소련 내부의 급변 사태로 인해 고르바초프가 실각하는 일이 일어나지 않도록 주의했다. 이를 위해 독일은 1990년 초에 소련에게 2억 2,000만 마르크 상당의 생필품을 지원했다. 이어 50억 마르크의 차관을 제공하며 고르바초프를 지원했다.

셋째, 독일인들이 주도한 통일이라는 점이다. 분단 시 서독은 동독과 장기간에 걸쳐 상호 방문, 우편·통신 및 상품 교류 등 여러 분야에서 꾸준히 교류했다. 이러한 교류가 통일을 이루는 바탕이 되었다.

1989년 9월 초에 1,200여 명의 라이프치히 시민이 공산당 독재 권력에 대항하여 개혁을 요구하는 시위를 시작했다. 이 시위가 동독 내 여러 도시로 퍼지면서 점점 더 많은 이들이 참여했다. 독재 권력에 맞서 싸운 동독 주민들이 베를린 장벽을 붕괴시켰고, 공산당 독재를 무너뜨렸다. 마침내 자유선거를 이끌어내는 평화 혁명을 일으켰다. 결국 동독 주민들이 서독과의 통일을 원했던 것이다. 서독은 통일에 대한 강한 의지와 베를린 장벽 붕괴로 인한 통일의 기회를 잘 관리하며 치밀한 외교활동으로 통일로 이끌었다.

넷째, 전승 4개국의 승인이 필요했던 통일이라는 점이다. 독일이 통일이 되기 위해서는 당사국인 동·서독의 합의(통일 조약) 이외에 '베를린과 전 독일에 대한 권한과 책임'이 있는 미국, 영국, 프랑스와 소련 4개국의 승인이 필요했다. 이는 독일이 전쟁을 일으킨 데 대한 결과다. 독일은 이들 4개국과 '2+4 회담'을 통해 통일된 독일의 나토 잔류 등 대외적인 문제를 해결하고 통일을 이룩했다.

다섯째, 안정 속에 이룬 평화 통일이라는 점이다. 분단 시 동독에는 34만 명의 소련군이 주둔해 있었고 17만 5,000명의 동독군이 있었다. 통일 과정에서 동·서독 간에 군사적 충돌이 없었다. 또한 동독 주민들도 시위 과정에서 군이나 경찰과 충돌하지 않았다. 통일이 안정 속에 평화적으로 이루어졌다.

통일 조약 협상의 서독 측 수석대표였던 쇼이블레 내무장광은 통일 과정에서 피를 흘렸더라면 통일은 이루어지지 않았을 것이라며, 피를 흘리지 않았기 때문에 통일이 가능했다고 회고했다.[14]

---

14. Wolfgang Schäuble, *Der Vertrag: Wie ich über die deutsche Einheit verhandelte*, p.15.

제7장

하나가 되는 통합 과정

"1990년대 초의 급격한 구조 변화는 경제와 사회 관계를 근본적으로 바꾸어 놓았다. …… 수많은 동독 지역 주민은 변화에 대한 어려움과 장애를 겪을 것으로 생각했다. 그러나 기약 없이 일자리를 잃을 것으로는 생각하지 않았다. 그들은 새로운 사회에 성공적으로 적응할 가능성이 없다고 생각하고 있다. 이로 인해 그들은 공동의 국가에서 통일의 낙오자라는 느낌을 갖고 있다."

_『독일 정부의 2014년 독일 통일 연례 보고서』 중에서

∵ 통일 이후의 주요 통합 과제

제2차 세계대전이 끝나고 독일인들은 4년간의 점령 통치를 포함하여 45년간 동·서로 나뉘어 완전히 다른 체제에서 살아왔다. 서독의 정치 제도는 인간의 존엄성이 존중되고 개인의 기본권이 보장되는 자유민주주의 체제였다. 경제 제도는 자유로운 경쟁이 보장되고 사회적 약자를 최대한 배려하는 사회적 시장경제 체제였다.

이에 반해 동독은 마르크스-레닌주의를 신봉하는 공산당 일당 독재와 계획경제 체제의 사회였다. 자연히 동독에서는 인간의 존엄성이 존중되지 않았고 개인의 자유도 정치적 목적을 위해 철저히 무시되었다. 동독의 데메지에르 총리는 동독의 마지막 국가 행사에서 "동독은 민주적이지 않으면서 스스로를 민주주의 국가라 했다"고 비꼬았다. 계획경제 체제에서 동독의 생산성은 서독의 약 1/3 수준이었다. 통일 직후인 1991년 1인당 동독 지역 주민의 소득은 서독 지역 주민의 43.3%로 반도 안 되었다. 이

렇게 지난 45년간 정치와 경제 체제가 완전히 달랐던 동·서독이 통일이 되면서 하나로 합쳐졌다.

통일이 되어 정치, 외교·안보, 행정, 동독 공산 정권의 불법 행위 청산, 경제, 사회, 노동, 문화 등 모든 분야에서 정리해야 할 일이 많았다. 외교·안보 분야에는 동독이 다른 나라와 체결한 조약의 처리 문제, 동독 주둔 소련군의 철수 문제, 동·서독 군의 통합 문제와 군 병력 감축 문제 등이 있었다. 헌법과 행정 분야에는 기본법 개정을 비롯하여 연방정부와 의회의 소재지 결정과 동독 공공기관 근무자에 대한 처리 문제 등이 있었다.

동독 공산 독재 정권의 과거 청산 분야에는 공산 정권에 피해를 입은 주민들에 대한 복권과 보상이 이루어져야 했다. 베를린 장벽이나 국경을 넘어 탈출하는 이들에 대한 사살에 관여했거나, 인간의 기본권을 억압한 동독 집권층에 대한 처벌도 이루어져야 했다.

경제, 사회와 노동 문제로는 동독 내 몰수 재산의 소유권 문제, 동독 국유 기업의 민영화 문제, 이 과정에서 발생한 대규모 실업자 처리 문제, 통일 비용 조달 문제 등이 있었다.

이외에 동·서독 지역 주민들 간에 서로를 이해하며 함께 살아가는 내적인 통합을 이루는 문제도 있었다. 서독 지역 주민들보다도 동독 지역 주민들이 갖는 심리적인 문제가 더 중요했다. 동독 지역 주민들은 동독 체제와는 완전히 다른 새로운 체제에 적응해야 했기 때문에 서독 지역의 주민들보다도 훨씬 더 어려운 시간을 보내야 했다.

통합 과정에서 발생하는 문제들 중에서 연방정부와 의회의 소재지 결정이나 기본법 개정 등은 비교적 짧은 기간에 해결할 수 있었다. 서독 지역 주민들과 동독 지역 주민들 간의 소득 격차 해소, 동독 지역의 높은 실업률을 낮추는 일은 오랜 시일이 걸리는 일이었다. 특히 동독 지역 주민들이 느끼는 심리적인 문제는 최소한 한 세대(30년) 이상 장기간에 걸쳐 꾸준히 해결해야 할 과제다. 통일 이후 주요 통합 과정을 각 분야별로 알아본다.

¨ 외교·안보 문제

1991년 3월 15일 소련이 마지막으로 '2+4 조약' 비준서를 독일 정부에 기탁했다. 이로써 독일은 대내외적으로 완전한 주권 국가가 되었다. 독일이 완전한 주권 국가가 됨으로써 1945년 이래 서독과 동독에 주둔하고 있던 미국, 영국, 프랑스 및 소련의 4개국 군대는 철수해야 했다.

제2차 세계대전 중 소련군은 독일에서만 약 65만 3,000명이 목숨을 잃었다. 통일 당시 동독에 주둔한 소련군 병력은 약 34만 명(22개 사단 42개 여단 규모)이었다. 소련은 동독 주둔군을 독일 통일 후 5~7년에 걸쳐 철수시키려고 했다. 그러나 '2+4 조약'에 따라 1994년 말까지 철수시켜야 했다. 통일 이후 러시아는 추가 비용을 요구하며 철군을 연기하겠다고도 했다. 그러나 보리스 옐친Boris Yeltsin 대통령은 콜 총리와 협의 후 더 이상 비용을 요구하지 않고 예정대로 철수하겠다고 했다. 소련군은 독일 통일 이후 단계적으로 철수를 시작하여 1994년 8월 31일에 완료했다. 8월 31일 베를린에서 열린 환송 행사에 옐친 대통령이 참석했다. 소련군 철수 비용으로 독일은 155억 5,000만 마르크(약 77억 8,000만 유로 상당)를 지원했다.

처음에 독일은 철군 비용으로 60억 마르크를 지원할 계획이었다. 그러나 '2+4 조약' 서명 1주일을 앞두고 고르바초프 대통령은 철군 비용 문제가 합의되지 않는다면 이미 합의한 내용을 처음부터 다시 협의하자며 콜 총리를 압박했다. 콜은 그의 요구를 들어주어야 했다. 이 비용은 철수 군인들의 주택 건설에 85억 마르크, 소련군의 한시적 주둔과 철수 비용으로 30억 마르크, 철군 병력의 수송에 10억 마르크, 그리고 철수 군인들의 직업전환 교육 등에 사용되었다. 이처럼 독일은 소련군 철수에 많은 비용을 지원했다. 그러나 이 지원으로 대규모 소련군이 아무런 분쟁이나 마찰 없이 철수하여 독일로서는 당초의 목적을 달성했다.

소련군이 철수하자 서독과 서베를린에 주둔한 미국, 영국, 프랑스의 서방 3개국 군도 철수해야 했다. 분단 기간 동안 3개국 군은 서독은 물론 서베를린 보호에 큰 역할을 했다. 1948년 6월 20일 서방 연합군은 서독 지역에 통화 개혁을 실시한 데 이어 6월 23일 서베를린으로 확대했다. 이에 소련은 서베를린에서 서독 지역으로 오가는 모든 육로를 봉쇄하며 맞섰다(베를린 봉쇄). 서베를린은 동독의 한가운데에서 고립되었다. 그러나 서방 연합군은 항공기로 생활필수품과 석탄 등 연료를 수송하며 서베를린을 지켰다. 결국 소련은 약 11개월 후인 1949년 5월 12일 봉쇄를 해제했다.

이로부터 12년 후인 1961년 8월에는 동독이 베를린 장벽을 세우자 미군 탱크는 소련군 탱크와 불과 수십 미터 거리에서 대치하며 서베를린을 보호했다. 이처럼 분단 시 서독과 서베를린 안보에 기여했던 서방 3개국 군이 철수하게 된 것이다.

1994년 9월 8일 베를린에서 열린 서방 3개국 철군 행사에 미테랑 프랑스 대통령, 존 메이저John Major 영국 총리, 워런 크리스토퍼Warren Christopher 미국 국무장관이 참석했다. 3개국 군대의 철수는 완전 철수가 아니었다. 3개국 군은 병력을 축소하여 나토군의 일원으로 계속 주둔하게 되어 이번 철수는 전승국 지위의 소멸에 의의가 있었다.

한편, 독일은 '2+4 조약'에 따라 군 병력을 3~4년 내에 37만 명으로 감축해야 했다. 통일 당시 서독군은 49만 5,000명에 동독군은 17만 5,000명으로 총 67만 명이었다. 독일은 이 의무를 이행하였으며, 1995년에는 34만 명으로 더 줄였다. 이어 지속적으로 줄여 2015년 12월 기준 독일 연방군 병력은 17만 8,200명이다.

동독이 외국과 맺었던 외교 관계와 영사 관계는 1990년 10월 3일 통일과 동시에 소멸됐다. 이에 따라 동독은 외국에 설치한 재외 공관을 폐쇄했다. 그리고 다른 나라들도 동독에 설치했던 대사관과 총영사관 등 공관을 폐쇄했다. 동독에 주재한 외교관들에게는 통일 이후 3개월간 한시적으로 외교 특권을 부여했다. 이들이 본국으로 귀임하거나 제3국으로 부임하는 데 불편이 없도록 하기 위해서였다.

동독이 체결한 조약은 통일된 독일이 조약 체결 당사국들과 협의하여 계속 유효, 조정 또는 효력 상실 여부를 정리 내지 확정하도록 했다. 이 작업은 신뢰 보호, 관련 당사국의 이해관계, 서독의 조약상의 의무의 관점, 자유, 민주, 법치 국가의 기본 질서 존중과 EC의 권한 존중 등 다섯 가지 기준에 의해 이루어졌다(통일 조약 제12조).

동독은 1949년 10월 정권 수립 이후 41년 동안 137개국과 총 2,582건의 조약을 체결한 것으로 파악되었다. 소련(348건), 폴란드(184건), 체코슬로바키아(129건) 및 북한(53건) 등 사회주의 국가와 체결한 조약이 대부분이었다. 미국(21건), 영국(17건) 및 프랑스(14건)와 체결한 조약도 있었다. 10월 3일 통일을 기해 전체 조약의 약 80%가 효력이 상실되었다. 신뢰 보호 차원에서 일부 조약은 독일 정부가 인수했다. 북한과 체결한 조약은 41건이 무효로 처리되었다. 독일 정부는 효력이 상실된 조약들을 관보에 게시하여 법적인 성격을 분명히 했다.

·· 기본법 개정

'통일 조약'과 '2+4 조약'으로 헌법인 기본법이 개정되어야 했다. 전문前 文의 독일인의 통일과 자유 달성의 의무를 명시한 기본법의 한시적 성격을 삭제했다. 또한 기본법이 새로 적용되는 동독 지역의 5개 주를 추가했다. 통일이 되었기 때문에 통일 방안을 규정했던 제23조는 삭제했다. 제 146조는 "이 기본법은 독일 국민의 자유로운 결정으로 채택된 헌법이 발효하는 날 효력을 잃는다"라고 개정했다. 이 조항은 통일이 되면서 삭제될 예정이었으나, 한스-요헨 포겔 사민당 대표가 콜 총리에게 장래 새로운 헌법의 제정 가능성을 열어 둘 것을 제의하여 개정되었다.

연방 상원에서 행사하는 주Land, 州의 투표권 배분을 규정한 제51조 2항도 개정되었다. 독일의 주들은 연방 상원에서 인구수에 따라 배정된 투표권 수만큼 권한을 행사한다. 통일 조약 협상 시 인구 700만 명 이상의 4개 주(노르트라인-베스트팔렌, 바이에른, 바덴-뷔르템베르크, 니더작센)는 투표권 수 확대를 요구했다. 인구 비례에 따라 3~5표였던 투표권 수를 3~6표로 늘리자는 내용이었다.

통일 전 이 4개 주는 작은 주들이 연합하여 이들 주의 이익을 침해하는 법률을 제정할 경우에 이를 부결할 수 있는 권한(투표권 수)이 있었다. 통

독일 통일 한국 통일

일이 되어 주가 늘어나게 되면 이 4개 주의 총 표결 수는 법률 제정이나 개정을 저지할 수 있는 1/3이 안 되어 표결 수 확대를 요구한 것이다. 이 요구에 대해 자를란트 주 등 서독의 일부 작은 주들이 반대했고, 통일 조약 협상 시 크라우제 동독 대표도 우려했다. 그러나 이 문제는 1990년 8월 29일 콜 총리와 주 총리들 간의 협의에서 타결되었다. 인구 700만 명 이상의 주는 기존 5표에서 6표를 갖게 되었다.[1]

구동독의 채무 해결을 위해 국가 채무의 한정이 동독의 채무에도 적용될 수 있도록 관련 조항(제135조a 2항)을 신설했다. 또한 제143조(잠정법률)를 신설하여 구동독의 법률이 여러 사정으로 기본법 정신에 완전히 부합할 수 없는 경우에 기본법 규정과 차이가 나는 것을 일정 기간(최대 1992년 12월 31일까지) 허용했다. 또한 '통일 조약'(제41조 4항과 5항)의 소유권과 관련한 내용이 기본법 제143조 3항에 추가되었다.

¨ 의회와 연방정부의 소재지가 된 베를린

통일 조약 협상 시 데메지에르 동독 총리는 베를린이 통일된 독일의 수도가 되고, 연방정부와 의회도 베를린에 소재해야 한다고 주장했다. 서독에 편입되는 동독 주민들에게 심정적으로나 경제적인 이유로 베를린이 수도가 되는 것이 매우 중요하기 때문이었다. 그러나 서독에서는 본이 수

---

1. 연방 상원은 주(Land)의 이익을 대변하는 기관이다. 의장은 16개 주 총리가 돌아가면서 맡고 있다. 의장의 임기는 1년이다. 현재 연방 상원의 총 투표수는 69표다. 인구가 많은 4개 주의 투표권 수는 24표로 총 투표수의 1/3이 조금 넘어 큰 주에 불리한 법률 제정을 저지할 수 있게 되었다.

도로 계속 남아야 한다고 주장하는 이들이 많았다. 따라서 쇼이블레 서독 측 수석대표는 이러한 내용이 통일 조약에 포함되면 이 조약안은 서독 의회에서 비준되기 어렵다며 크라우제 수석대표를 설득했다. 타협안으로 수도는 베를린으로 정하되, 연방정부와 의회의 소재지는 통일 이후에 결정하기로 합의했다. 통일 조약(제2조 1항)에 "독일의 수도는 베를린이다. 의회와 연방정부의 소재지 문제는 독일 통일 이후에 결정될 것이다"라고 규정했다.

통일이 되어 연방정부와 의회의 소재지가 결정되어야 했다. 베를린으로 이전하는 안과 본에 그대로 두는 안이 대립되었다. 소재지 결정은 1991년 6월 20일 연방 하원에서 내려졌다. 연방정부와 의회의 소재지를 결정하는 중요한 안건인 만큼 충분한 토론을 위해 발언을 희망하는 모든 의원에게 기회가 주어졌다. 무려 107명의 의원이 발언을 신청하여 표결에 앞서 토론이 장장 11시간 동안 계속되었다.

베를린으로의 이전을 찬성하는 의원들은 베를린이 수도가 된 이상 두 기관도 옮겨 와야 베를린이 수도로서 기능을 제대로 할 수 있을 것이라고 주장했다. 본을 지지하는 의원들은 베를린이 수도가 된 이상 정부와 의회는 본에 남아야 한다고 열변을 토했다. 그들은 두 기관의 이전에 소요되는 막대한 비용을 동독 지역의 경제 재건에 사용하자고 주장했다.

표결 결과 337:320의 근소한 차이로 베를린이 연방정부와 의회의 소재지로 결정되었다. 본을 지지한 의원들도 많았다. 콜 총리, 브란트 전 총리와 쇼이블레 내무장관 등이 베를린을 지지했다. 이와 함께 연방 하원은 본이 적절한 기능을 할 수 있도록 베를린/본 법을 제정했다. 이로 인해 교육 연구부, 국방부, 경제 협력 개발부, 환경·자연보호·건축·방사능 보호

독일 통일 한국 통일

부, 보건부 및 식량·농업부 등 6개 부처의 제1청사는 본에, 제2청사는 베를린에 소재하고 있다. 이 6개 부처의 장관들은 의회가 있는 베를린에서 집무하고 있다.

연방 상원은 처음에 본에 잔류하기로 했었다. 그러나 연방정부와 연방 하원이 베를린으로 이전하기로 하자 연방 상원도 1996년 9월 27일 베를린으로 이전하기로 결정했다. 연방정부와 연방 상·하원은 1999년 9월 1일 베를린에서 공식 업무를 시작했다. 오늘날 수도 베를린은 독일은 물론 유럽 정치의 중심지로 중요성이 커지고 있다.

연방정부 6개 부처의 제1청사가 본에 소재한 관계로 업무 협의로 본과 베를린을 오가는 불편은 물론 비용 또한 적지 않게 소요되고 있다. 이로 인해 본에 소재한 국방부 등 일부 부처를 베를린으로 옮겨야 한다는 의견이 꾸준히 제기되고 있다. 그러나 베를린으로 이전하려면 법률 개정이 필요한 데다 반대도 심해 가까운 장래에 이전하기는 쉽지 않은 실정이다.

독일의 연방정부와 의회의 소재지 결정은 한국에게도 시사하는 점이 있다. 첫째, 연방정부와 의회의 소재지를 따로 분리하지 않고 한곳에 두도록 결정한 점이다. 둘째, 제1청사가 본에 있는 부처의 장관들도 집무는 의회가 있는 베를린에서 하도록 한 점이다. 이렇게 함으로써 비록 연방정부가 본과 베를린 두 곳에 소재하고 있지만 불편을 최소화했다.

한국은 외교부, 통일부와 국방부 등 일부 부처를 제외한 대부분의 정부 부처가 세종특별자치시에 소재한다. 국회는 행정부와 떨어져 서울에 소재한다. 이로 인해 국회 관련 업무와 여타 업무 등으로 장관들과 공무원들이 서울에 체류하는 시간이 적지 않다. 장관들이 수시로 부처 공무원들과 머리를 맞대고 업무 협의를 해야 하는데 그럴 시간이 크게 줄어든 것

베를린으로 이전한 연방 하원 의사당(위)과 연방 총리실 청사(아래).

이다. 긴급한 사안이 발생할 경우 대처할 능력도 떨어진다. 또한 서울에 소재하는 부처의 공무원들도 예산 협의 등 업무 관계로 세종시를 자주 오가고 있다. 국토가 균형 발전되도록 해야 한다. 그러나 국회와 행정부가 떨어져 있는 까닭에 국가 경쟁력이 떨어지고 사회적 비용이 많이 소요되고 있다. 통일 이후에는 행정부와 국회의 소재지를 분리하지 않고 반드시 한곳에 있도록 해야 할 것이다.

¨ 동독 행정기관 근무자 처리와 군사 분야 통합

'통일 조약' 협상 과정에서 어려웠던 문제 중의 하나는 과다 고용된 동독 행정기관 근무자의 처리 문제였다. 등록되지 않고 근무하는 이들도 있어 근무자에 대한 공식적인 통계는 없지만, 경찰과 직업 군인을 포함하여 약 225만~230만 명으로 추산되었다. 서독은 동독보다 인구가 4배나 많았지만 행정기관 근무자는 직업 군인을 포함하여 490만 명 정도였다. 인구 비율을 고려하면 동독은 서독보다 2배나 더 많은 인원을 고용했었다. 그 정도로 동독의 행정 조직은 비효율적이었다. 따라서 과다 고용된 행정기관 근무자들은 물론 공산 독재 정권을 위해 적극 활동했던 자들은 정리되어야 했다.

특히 (1) 슈타지 등 국가보위기구에 근무했던 자, (2) 공산 체제 수호를 위해 적극 활동했던 자, (3) 국제 협약에 보장된 인권과 인권에 관한 일반 선언에 위배된 활동을 했던 자들은 거의 해고되었다. 일부 해고자들은 해고 조치가 기본법에 위배된다고 제소했다. 그러나 연방헌법재판소는

1992년 3월 12일 해고 조치가 기본법의 정신에 위배되지 않는다고 판결하여 이들의 요구를 들어주지 않았다.

'통일 조약'에 따라 동독 행정기관 근무자가 재임용을 희망할 경우에 재임용 전에 동독 비밀경찰인 국가보안부(슈타지)에 관여한 적이 없음을 서약해야 했다. 또한 슈타지 문서를 관리하는 가우크 관청Gauck Behörde[2]의 심사를 반드시 거쳐야 했다. 이러한 심사는 2006년 말까지만 이루어졌고, 그 이후에는 특수한 경우와 고위 관리에 대해서만 허용되었다.

'통일 조약'에 따라 구동독의 행정기관이 유지되거나 다른 기관에 편입된 경우에는 그 기관에 속한 근무자도 계속 근무하거나 다른 기관으로 편입되었다. 통일 시점까지 서독 행정기관에 인수되지 않은 자의 고용 관계는 일단 종료되었다. 고용 관계가 종료된 자에게는 최근 6개월 평균 임금의 70%를 일정 기간 동안(50세 이하 6개월, 50세 이상 9개월) 지급했다.

재임용 예정자는 자유민주주의의 이념과 새로운 행정 업무를 교육시킨 후에 재임용했다. 통일이 되면서 동독 지역의 행정 인력이 크게 부족했다. 부족한 행정 인력을 보충하기 위해 서독 지역의 공무원을 파견하여 1992년 말까지 한시적으로 근무하도록 했다. 일부 공무원은 파견 기간이 종료된 후에도 서독으로 돌아가지 않고 고위 보직을 차지하고 있어 동독 지역 주민들의 불만을 사기도 했다.

통일 당시 2,896명의 동독 판사와 검사 중 1,889명이 재임용을 신청했다. 이들 중 1,094명만이 통과되었다. 바로 임용되지 않고 3~5년의 시보

---

2. 슈타지 문서는 연방정부가 관리하고 있다. 1991년 이 기관의 위원장으로 동독 로스톡 출신 개신교 목사인 요아힘 가우크(Joachim Gauck)가 취임하여 가우크 관청이란 이름이 붙여졌다. 그는 2000년까지 10년 동안 활동했다. 가우크는 2012년부터 연방 대통령으로 재임하고 있다.

기간을 거쳐 임명되었다. 공산 독재 체제 유지에 기여했던 자들은 대부분 신청을 하지 않았다. 신청했더라도 재임용되지 않았으며 변호사 활동도 금지시켰다. 이들이 판사와 검사로 임용되거나 변호사로 활동하는 것은 국민의 신뢰를 저버리는 일이기 때문이었다.

군사 분야의 통합도 이루어졌다. 1989년 기준 동독 인민군은 약 17만 5,000명이었다. 통일 과정에서 일부 군인들은 자발적으로 전역했다. 1990년 10월 3일 통일 시점에 장교와 장기 복무자 5만 명과 의무 복무자 4만 명 등 총 9만 명이 남아 있었다. 이들은 일단 독일 연방군으로 받아들였다. 장교와 장기 복무자 가운데 55세 이상인 3만 3,000명은 모두 해고했다. 잔여 인원인 6,000명의 장교와 1만 1,200명의 부사관을 2년 동안 한시적으로 근무하도록 했다. 최종적으로 3,000명의 장교와 7,600명의 하사관만이 독일 연방군으로 편입되었다.[3]

동독 인민군을 독일 연방군에 통합하는 작업은 비교적 쉽게 이루어졌다. 첫째, 통일이 동독 주민들의 적극적인 지지로 이루어지고 있고, 통일 문제를 협의할 2+4 회담 기구도 구성되어 국제사회도 지지하고 있었다. 따라서 군부가 반발하기 어려웠다. 둘째, 동독에서 인민군의 영향력이 그리 크지 않았다. 인민군 병력 17만 5,000명은 동독 인구의 약 1.1%였으며, 동독 방위에는 34만 명의 동독 주둔 소련군이 더 큰 역할을 했다. 셋째, 독일 정부가 동독군의 연금 제도를 인수하여 군인들은 은퇴해도 연금으로 어느 정도 생활이 가능했다. 독일은 동독 인민군의 저항 없이 통일을 평화적으로 이룰 수 있었다.

---

3. Presse-und Informationsamt der Bundesregierung, *25 Jahre Freiheit und Einheit*, pp.40~41.

¨ 동독 공산 정권의 불법 행위 청산 작업

동독 공산 정권이 저지른 불법 행위에 대해 청산 작업이 이루어졌다. 청산 작업은 크게 두 종류로 이루어졌다. 첫째, 공산 정권이 저지른 정치적 가혹 행위나 불법 행정 행위 등으로 불이익을 받은 정치적 피해자들을 법적으로 구제했다. 둘째, 인간의 존엄성을 유린하고 인간의 기본권에 대해 불법 행위를 한 자들을 처벌했다. 동독 공산 정권 기간 동안 약 25만 명의 정치범이 있었고, 10만 5,000명이 정치적인 이유로 직업적으로 불이익을 당한 것으로 추정되었다.[4]

공산 독재 정권에 의한 피해자들을 법적으로 구제하고 보상을 실시하는 것은 가해자들을 처벌하는 것보다 더 중요했다. 피해자들을 유형별로 살펴보면, 헌법상 정치적 기본권과 인권에 반하여 처벌되었거나, 형사상 유죄 판결을 받은 자(형법적 복권의 대상), 법률의 중대한 위반 이유로 유죄 판결을 받은 자(파기의 대상), 동독 관청의 행정 행위로 불이익을 받은 자(행정법적 복권의 대상), 그리고 동독 기업의 잘못된 결정으로 직업에서 불이익을 받은 자(직업적 복권의 대상) 등이다. 피해자들에게는 형법적, 직업적, 행정법적으로 구분하여 복권과 보상이 이루어졌다.

이미 통일 전인 1990년 6월 29일 동독 인민 의회는 형사 소송법상 파기 규정을 개정하여 확정된 형사 판결을 취소시킬 수 있는 재판 파기破棄 제도를 도입했다. 1990년 10월 2일 이전의 법률 위반에 의한 동독 법원의 판결은 무효가 되었다. 그러나 1945~1949년의 점령 기간 동안 소련 점령

---

4. 동독 공산당 독재청산재단, 「통일 독일에서의 과거 공산주의자 청산문제」, 41쪽.

독일 통일 한국 통일

지역에서 이루어진 독일 형사 법원의 재판은 제외되었다.

'통일 조약'(제17조)은 공산 정권에서 희생된 자들이 복권될 수 있는 법적 기초를 마련하고 적절한 보상을 하도록 규정했다. 인민 의회는 1990년 9월 6일 복권 대상자들을 위해 복권법을 제정했다. 복권법은 형법적 복권뿐만 아니라 직업적, 행정법적 복권에 관한 규정도 포함했다.

'통일 조약'(제17, 18조)에 따른 재판 파기 제도와 복권법은 통일 조약 협상 시 시간 제약으로 서독 법체계와의 조화 문제 등 미비점으로 인해 피해자 구제에 어려움이 있었다. 미비점은 1992년 9월 25일 '동독 공산당 불법 행위 청산을 위한 제1차 법률'이 제정되어 보완되었다. 제2차 복권 개선법이 2000년 1월 1일 발효되어 2005년까지 약 17만 명이 보상을 받았다.

2007년 6월 연방 하원은 동독 공산 정권에 의해 정치적 박해를 받은 희생자들을 항구적으로 지원하기 위한 법을 제정했다. 대상자는 동독에서 최소 6개월 이상 정치적으로 수감되었던 자로서 현재 저소득으로 어려움을 겪고 있는 정치범들이다. 이들에게는 매달 250유로(약 32만 원)의 추가 연금을 지급하고 있다.[5] 2013년 말 기준 약 4만 6,000명이 이 연금을 수령했다.

피해자들을 올바로 구제하기 위해서는 동독 비밀경찰 문서인 슈타지 문서에 대한 열람이 불가피했다. 슈타지에는 약 9만 7,000명의 정규 직원과 약 17만 4,200명의 비공식 요원이 근무했다. 슈타지는 약 400만 명의 자국민 이외에 200만 명의 서독 주민과 외국인 등 총 600만 명을 감시하

---

5. 수감으로 건강상 문제가 있는 경우에 매달 약 120유로의 상해자 연금과 추가 무료 의료 부양 혜택이 주어진다.

며 자료를 만들었다. 자료로는 인명 색인 목록 카드, 문서, 사진과 녹음테이프 등이 있었다.

1989년 12월 슈타지의 한 요원에 의해 슈타지가 이 문서들을 폐기하기 시작한 것으로 드러났다. 이에 동독 민주화 운동가들은 즉시 행동에 들어갔다. 그들은 에어푸르트 슈타지 지부를 시작으로 다른 슈타지 지부 청사에 진입하여 문서 폐기를 막았다. 1990년 1월 15일에는 수천 명의 주민이 베를린에 있는 슈타지 본부에 진입했다. 이들의 행동으로 미처 폐기하지 못한 방대한 슈타지 문서가 남게 되었다. 이 문서를 연결하면 약 111km나 된다. 이름과 주요 내용이 기재된 색인 목록 카드 약 3,570만 장, 수백만 장의 사진 이외에 녹음테이프만도 약 20만 개나 된다. 슈타지 문서에 의해 주요 인사와 반체제 인사에 대한 감시는 물론 이웃에게 이웃을, 교사에게 학생과 학부모를, 일부 목사에게는 신도들을 감시하게 한 것으로 드러났다. 한마디로 동독은 거대한 감시 공화국이었다.

통일 이후 이 슈타지 문서를 공개해야 하는가에 관해 찬반 논란이 있었다. 올바른 과거 청산 없이는 미래도 무의미하다며 진실을 규명하기 위해 문서를 공개하기로 했다. 1991년 12월 29일 '구동독 국가보안부 자료에 관한 법'(슈타지 문서 관리법)이 제정되어 1992년 1월 1일부터 자료 열람이 가능했다. 1992년 이후 2013년까지 약 687만 6,003건의 슈타지 문서에 대한 열람 요청이 있었다. 이중에 주민들이 열람을 요청한 건수는 298만 2,571건이나 되었다.[6] 독일 정부는 외무부가 관리하는 동독 외무부 자료를 제외하고는 1945~1990년의 모든 동독 정부 문서를 일반에 공개

---

6. Presse-und Informationsamt der Bundesregierung, *25 Jahre Freiheit und Einheit*, p.49.

했다.[7]

공산당 불법 행위의 법적 청산에서 준거법 다음으로 시효時效 문제가 중요했다. 지난 41년 동안 공산 정권에서 일어난 불법 행위 가운데 정치적인 이유로 형사 처벌을 받지 않은 범죄의 시효가 경과되었는지의 여부가 문제가 되었다. 일반적인 견해는 형사 처벌을 받지 않은 불법 행위는 공산 정권 동안에는 시효가 정지된 것으로 보고 있다. 그러나 과거 일부 불법 행위에 대한 재판이 시효 만료라는 이유로 동독 검찰이나 법원에 의해 중단된 사례가 있었다. 연방 하원은 1993년 1월 21일 '공산당 정권하의 불법 행위에 대한 시효 정지에 관한 법'을 제정했다.

이 법은 형사 처벌을 받지 않은 불법 행위에 대해서는 동독 정권 동안에는 시효가 정지된 것으로 규정했다. 또한 과거를 청산하여 법치 국가적 기틀을 마련하기 위해 제정된 '형법 시효 연장에 관한 법'이 1993년 9월 27일 발효되었다. 과거 동독 정권에서 기소되지 않았던 불법 행위는 이 법에 의해 소멸 시효가 연장되었다.

과거 청산을 위해서는 피해자들에 대한 법적인 구제 이외에 인간의 존엄성을 유린하고 정치적 폭력이나 불법 행위를 한 자들에 대한 처벌이 필요했다. 이를 위해 과거 집권층에 대한 대대적인 조사를 실시하여 처벌했다.

1990년 1월 29일 동독 검찰은 호네커 전 서기장을 구속했다. 베를린 장벽 탈출자들에게 사살 명령을 내린 혐의였다. 변호인의 구속 취소 신청이 받아들여져 이튿날 석방되자 호네커는 동독 주둔 소련군 병원으로 거처

---

7. 동독 공산당 독재청산재단, 앞의 책, 21쪽.

를 옮겼다. 통일 이후 베를린 장벽에서의 살인 혐의로 구속 영장이 발부
되자, 그는 1991년 3월 소련으로 탈출하여 그곳 칠레 대사관으로 피신했
다. 독일의 강력한 요구로 그는 1992년 7월 29일 강제 송환되어 베를린의
모아비트Moabit 형무소에 수감되었다. 11월 12일 재판이 시작되었으나 건
강 악화(간암)로 재판이 중지되었다. 호네커는 1993년 1월 13일 석방되자
즉시 칠레로 망명하여 지내다 1994년 5월 29일 그곳에서 숨졌다.

호네커와 함께 슈토프 전 총리, 케슬러Kessler 전 국방장관, 밀케 전 국가
보안부 장관 등 5명의 전 국방위원은 동독을 탈출하는 주민들에 대한 살
해 사건과 관련하여 1991년 구속됐다. 케슬러는 1993년 9월 살인 교사죄
로 유죄를 선고받자 연방 대법원에 상고하였으나 기각되었다. 이에 케슬
러는 동독 법에 따르면 탈출자에 대한 살해는 합법적이었는데, 이를 처벌
하는 것은 기본법의 형벌 불소급의 원칙에 위반된다며 연방헌법재판소에
제소했다.

그러나 연방헌법재판소는 국제인권법을 적용하여 1996년 11월 이들이
국제적으로 인정된 인간의 기본권을 침해하였기 때문에 그 책임을 면할
수 없다면서 제소를 기각했다. 결국 슈토프와 밀케는 국경 살해 사건과
관련하여 변론 능력이 없어 재판이 중지되었으나, 밀케는 경찰관 살해 혐
의로 6년 형을 선고받았다.

또한 크렌츠 전 서기장, 샤보브스키와 클라이버 등 공산당 정치국원 6
명은 베를린 장벽 또는 국경을 넘거나 동독을 탈출하려던 자들에게 발포
명령을 내린 혐의로 1995년 1월 9일 기소되었다. 1997년 8월 크렌츠는 6
년 6월의 형을, 샤보브스키와 클라이버는 각각 3년형을 선고받았다. 또한
탈출하는 주민을 사격한 국경 수비대원과 명령을 내린 장교에 대해서도

중형이 선고되었다. 법원은 비록 동독 법에 따라 사격했다 하더라도 고의로 인명을 살상하고 인도주의적 원칙을 위반했기 때문에 처벌해야 한다고 판결했다.

과거 동·서독은 상대방의 정보를 얻기 위해 첩보 활동을 했다. 이 때문에 동독 간첩의 처벌 문제가 제기되었다. 연방헌법재판소는 1995년 5월 15일 오로지 동독에 체류하며 첩보 활동을 한 동독 간첩은 처벌할 수 없다고 판결했다. 또한 서독에서 첩보 활동을 한 경우에도 그 행위의 법적 결과를 판단하여 기소 중지될 수 있는 감형의 근거로 참작한다고 판결했다. 연방헌법재판소는 "동독에서 활동한 서독 간첩들은 아무런 법적 제재를 받지 않는데, 동독 간첩들만 처벌하는 것은 법 앞의 평등 원칙에 위배된다"고 그 이유를 밝혔다.

이와 같이 독일은 통일 후 동독 공산 정권에 의한 인권 탄압이나 불법 행위를 처벌함으로써 불행했던 과거를 청산하고자 했다. 과거의 불법 행위에 대한 원칙 없는 관용은 피해를 입은 당사자들은 물론 국민들에게도 불신을 초래하여 통일의 의미를 퇴색시키기 때문이다. 이렇게 하는 것이 진정으로 과거를 청산하는 일이고, 자유민주주의의 참뜻이기 때문이다.

독일은 1998년에 동독 공산당(SED)의 독재를 청산하는 의미 있는 사업을 시작했다. 1998년 6월 5일 제정된 '동독 공산당 독재청산재단 설립법'에 의해 '동독 공산당 독재청산재단Bundesstiftung zur Aufarbeitung der SED-Diktatur'이 설립되어 활동을 시작했다. 이 재단은 (1) SED 정권의 불법 행위 증거 확보와 피해자 파악, (2) 독일 내 전체주의에 반대하는 여론 확산, (3) 민주주주의의 강화와 독일 통일의 내실을 다지는 것을 목표로 하고 있다. 이 재단은 1억 2,000만 달러의 기금을 운용하고 있다. 이 기금은 연방 하원의 결정으로 SED의 재산을 인계받은 것이다. 이외에도 독일 정부로부터 매년 760만 달러를 지원받고 있다. 이 재단은 설립 이래 2,300회가 넘는 전시회 개최, 출판물 발행, 회의 및 다큐멘터리 영화 제작을 통해 독재 청산에 대한 독일 국민의 인식 제고를 위해 노력하고 있다.[8]

¨ 미해결 재산의 소유권 문제

통일 과정에서부터 통일 이후까지 오랫동안 논란이 되었던 문제는 동독 지역 내 몰수된 재산의 소유권 문제다. 소련 점령 당국과 동독 공산 정권의 몰수 조치로 강제로 토지 등 재산을 잃은 이가 많기 때문이었다.

지난날 동독 지역에서 토지 또는 재산을 잃은 원소유주들은 통일 과정에서 몰수된 재산의 반환을 주장했다. 언론에 대대적으로 광고도 게재했다. 서독 정부는 반환 소송 등의 부작용을 우려하여 반환을 배제할 경우, 재산을 몰수당한 자들의 거센 반발을 초래하여 재산권 문제로 통일이 어려워지는 것을 막기 위해 반환을 허용하려고 했다.

그러나 소련 정부는 1990년 4월 28일 독일 정부에 보낸 외교 공한을 통해 반대 입장을 전달했다. 즉 소련은 지난날 점령 당국이 행한 조치에 대해 무효로 해서는 안 된다며 몰수한 토지나 재산을 원소유주에게 되돌려 주는 데 반대했다. 총선에 의해 집권한 동독 데메지에르 정부도 소련 점령 당국이 몰수한 토지나 재산을 원소유주에게 반환하는 데 반대했다. 이

---

8. 동독 공산당 독재청산재단, 앞의 책, 46~53쪽.

처럼 재산권 처리 문제가 첨예하게 대립되자 동·서독 정부는 1990년 6월 15일 몰수 재산의 처리 원칙을 공동선언 형식으로 밝혔다.

첫째, 1949년 10월 7일 동독 수립 이후 아무런 보상 없이 몰수된 재산은 원칙적으로 원소유주에게 반환한다.
둘째, 소련 점령 기간 중 점령 당국이 몰수한 재산은 반환하지 않는다.

동·서독 정부는 이 공동선언 내용을 '통일 조약'(제41조)에도 명시했다. 또한 동독 인민 의회는 9월 29일 '미해결 재산 문제의 처리를 위한 법'(이하 재산법)을 제정했다.

소련 점령 기간 중 재산을 강제로 빼앗겼던 원소유주들은 '통일 조약'의 재산권 규정(공동성명 내용)이 기본법의 평등권과 소유권에 위배된다며 연방헌법재판소에 제소했다. 1991년 4월 23일 연방헌법재판소는 "재산몰수 조치가 점령국의 주권적 조치였기 때문에 기본법에 위배되지 않는다"고 판결했다. 즉 소련 점령 기간 중에 몰수된 재산은 원소유주에게 반환하지 않아도 된다는 것이다. 이들은 다시 유럽인권재판소에 제소했다. 유럽인권재판소는 2005년 3월 23일 원소유주에게 반환하지 않아도 된다고 판결하여 이 문제는 해결됐다.

재산법은 1949년 10월 7일 이후 동독 정권이 몰수한 재산은 원소유주에게 반환하도록 했다. 1949~1989년에 재산을 몰수당했던 이들은 대규모 재산 반환 소송을 제기했다. 대부분의 소송이 청구자가 소유권을 증명할 수 있는 경우였다. 그러나 수십 년이 흘러 일부 몰수 재산에 대한 소유권을 규명하기가 어려운 경우도 있었다. 또 소유권을 규명하는 데에도 많은 시일이 걸렸다. 이로 인해 동독 지역에 대한 투자와 개발에 지장이 있었다.

이러한 문제점을 보완하기 위해 1992년 7월에 재산법이 개정되었다. 원소유주에게 반환 원칙을 유지하되, 고용을 유지하거나 새로 창출할 때에는 신탁청Treuhandanstalt이나 지방자치단체가 임대하거나 매각할 수 있도록 했다. 이 경우에 원소유주에게 보상을 하도록 했다.

재산 손실에 대한 반환 및 배상 신청은 1992년 12월 31일까지, 동산動産의 경우에는 1993년 6월 30일까지 하도록 했다. 2010년 12월 31일까지 반환 신청 건 중 99.3%가 처리되었다. 배상은 약 55만 2,000건의 신청 건 중에서 50만 3,000건이 처리되어 91.1%가 해결되었다.[9]

¨ 동독 국유 기업의 민영화

1990년 7월 1일 통화·경제와 사회 동맹 조약이 발효되어 동독 기업들은 준비할 겨를도 없이 서독이나 외국 기업들과 경쟁하게 되었다. 동독 기업들의 제품은 기술 수준이 낮아 품질이 떨어졌다. 여기에 통화 교환비율이 1:1로 되어 동독 근로자의 임금이 일시에 오르면서 제품 가격도 크게 올랐다. 동독 기업의 제품은 질도 좋지 않은 데다 값이 오르자 동독 주민들로부터도 외면당했다. 여기에 주요 수출 시장인 소련과 동유럽 시장이 붕괴되어 동독 기업은 더욱더 어려워졌다.

또한 동독 국유 기업의 생산 시설은 노후화되었고, 경쟁력도 없었다. 생

---

9. Thomas Kunz, "튀링겐 주의 사례를 통해 본 통독 이후의 법률 정책 및 동독 사법기관 구축의 도전 과제와 문제점 그리고 한국 통일에 주는 교훈," 「독일 통일을 함께 경험한 그들의 이야기」, 65쪽.

산성은 서독 지역 근로자의 1/3에 불과하여 동독 기업은 더 이상 가동하기 어려운 상태였다. 통일이 되면서 이러한 생산성이 떨어지고 경쟁력이 없는 국유 기업을 정리해야 했다. 결국, '창업', '재사유화再私有化', 그리고 신탁청에 의한 '민영화'의 세 가지 방법에 의해 처리되었다. '재사유화'는 동독 정권에 의해 소유권을 박탈당한 원소유주에게 되돌려 주는 것이고, '민영화'는 민간에게 매각하는 것이다. 재사유화 대상은 1972년에 국유화된 약 1만 1,800개의 기업이었다.

동독 국유 기업의 민영화 작업은 신탁청이 추진했다. 통일 전인 1990년 2월 12일 '원탁회의'는 국유 기업의 재산을 보호하기 위해 신탁청 설립을 제의했다. 이 제의가 있자 동독 정부는 3월 1일 신탁청을 설립하기로 했다. 설립 목적은 동독 기업이 서독 기업과의 협력을 통해 낙후된 동독 경제를 회복시키는 데 있었다. 이 당시만 해도 동독 정부나 대다수 주민들은 동독이 계속 유지될 것으로 믿고 있었다.[10]

데메지에르 정부는 1990년 6월 17일 신탁관리법을 제정하여 7월 1일 신탁청을 설립했다. 신탁청은 통일 이후 동독 지역에 15개의 지사를 두고, 외국에도 사무소를 설치했다. 그러나 신탁청의 임무가 국유 재산을 신탁하여 관리하는 것이 아니라 '민영화'하는 방향으로 바뀌었다. 즉 국유 기업을 민영화하여 기존 일자리를 유지하며 새로운 일자리도 창출하고자 했다. 그 이유는 동독 기업들이 어떤 방법으로도 정상화될 수 없다는 것이 드러났기 때문이다. 신탁청에 의한 민영화 작업은 통일 과정에서 가장 어려웠고, 가장 고통스러운 과정이었다.

---

10. Karl Brenke, "동독 국유 재산의 민영화," 『독일 통일 세미나』(주독일 대한민국 대사관, 2010), 200쪽.

1989년 기준 동독 기업의 국유화 비율은 95.7%로 거의 모든 기업이 국유화되었다.[11] 신탁청은 "동독 기업의 최적의 정상화는 신속한 사유화"라며 '신속한 사유화, 단호한 정비, 신중한 폐지'라는 원칙에 따라 민영화를 서둘렀다. 맥주 제조 회사와 같은 소비재를 생산하는 기업은 매각이 비교적 쉬웠고, 기술 집약도가 높은 산업은 매각이 어려웠다.[12] 신탁청에 의해 1만 5,102개의 기업과 약 2만 5,030개의 상점, 식당 및 호텔이 매각되었고, 매각이 불가능한 3,600개의 기업은 폐쇄되었다. 신탁청은 1994년 12월 31일까지 활동하며 150만 개의 새로운 일자리를 창출했다. 후속 업무는 '통일 관련 특별 과제 연방청'에서 담당했다.

신탁청은 4년간 활동하며 많은 적자를 냈다. 신탁청은 기업 매각을 통해 약 6,000억 마르크(약 3,000억 유로)의 수익을 올려 통일 비용도 충당하겠다고 했다. 그러나 4년 후 활동을 종료하며 2,500억 마르크의 적자를 냈다. 또한 4만 개가 넘는 국유 기업이 단기간에 매각되거나 파산하면서 실업자가 크게 늘었다. 통일 전인 1989년에 974만 명이었던 동독 취업자는 1994년에 670만 명으로 줄었다. 서독 지역으로 이주자를 제외해도 조기 퇴직자와 실업자가 크게 늘어났다.

이처럼 실업자가 급속히 늘어난 주된 이유는 대부분의 기업이 파산했기 때문이다. 동독 기업이 파산한 이유는 근로자가 과다 고용되었고, 생산성이 낮은 데다 통화 통합으로 임금이 급격히 상승하여 경쟁력을 상실했기 때문이다.

또 다른 이유로 『대재앙 통일』의 저자인 우베 뮐러Uwe Müller《디 벨트

---

11. Karl Brenke, "동독 국유재산의 민영화," 『독일 통일 세미나』, 201쪽.

12. Karl-Heinz Paque, "독일 통일 이후 동독 지역 재건 및 한반도 통일을 위한 제언," 2011.

DIE WELT》지 기자는 "통화 통합이 너무 급하게 이루어진 점"을 들었다.[13] 그에 의하면 1988년에 근로자 5,000명 이상인 동독 기업이 145개가 있었다. 이 기업들은 효율성 면에서 형편이 없었지만, 이 당시 대부분의 동유럽 기업들의 수준이 비슷했다. 다른 동유럽 국가의 기업은 환율 인하와 체질 개선으로 살아남았으나, 145개였던 동독 기업은 2004년에 5개 기업만이 남았다고 했다.

뮐러는 트라비 회사를 예로 들어 설명했다. 동독에서 잘나가던 트라비 (원래 Trabant인데 Trabi라고 함)라는 자동차 회사는 통화 통합으로 하루아침에 세계 시장을 상대로 경쟁하게 되었다. 결국 이 회사는 경쟁을 이기지 못하고 사라졌다. 그러나 체코의 스코다SKODA 자동차는 체코 정부가 환율을 내려 가격 경쟁력을 확보한 다음 유럽 자동차 기술 수준에 다가가는 전략으로 비교적 성공적인 기업이 되었다. 오늘날 DAX(Deutscher Aktienindex: 독일 종합주가지수) 30대 기업 중 동독 지역에 소재하는 기업은 전혀 없고, 100대 기업 중 4개만 있는 실정이라고 했다.

신탁청은 동독의 계획경제 체제를 시장경제 체제로 바꾸는 데 일정 역할을 했다. 또한 기업을 민영화하는 과정에서 수많은 실업자를 발생시켰다는 비난도 받았다. 그러나 기업들이 경쟁력이 없었고, 갑작스러운 통화 통합으로 인해 조속한 민영화 이외에 다른 방법이 없었던 점도 있다.

---

13. Uwe Müller, "독일 통일의 현주소," 『독일 통일 세미나』, 19쪽.

¨ 동·서독 주민들 간의 내적인 통합 문제

분단되었던 두 지역이 완전히 통합이 되기 위해서는 두 지역 주민들 간의 내적인 통합이 이루어져야 한다. 통일 이후 내적인 통합이 어느 정도 이루어졌는가라는 평가를 내리려면 서독 지역 주민들보다는 동독 지역 주민들의 생각과 느낌이 더 중요했다. 서독 지역 주민들에게 통일이라는 변화는 있었지만 개인 생활에서 급격한 변화는 없었다. 이들과는 달리 동독 지역 주민들은 직장과 개인 생활의 모든 것을 급격히 새로 바꿔야 했기 때문이다. 그들은 갑자기 완전히 새로운 사회와 새로운 관계에 적응하도록 강요받았다.

동독 지역 주민들은 과거 동독에서는 공산주의의 규율로 인해 어느 정도의 평등이 가능했다. 평등의 단적인 예는 주민들 모두가 일자리를 갖고 있었다는 점이다. 동독의 경제 상태가 좋아서가 아니었다. 정부가 인위적으로 실업자를 없애기 위해 공공기관이나 기업마다 필요 이상의 근로자를 고용했기 때문이다. 일자리를 갖는다는 것은 어느 사회에서나 중요하지만 동독 주민들에게도 일자리는 사회적 삶의 핵심적 요소였다.

통일이 되어 동독 지역 주민들은 자유민주주의의 다양성과 시장경제의 차별성을 경험했다. 실업이 가장 큰 변화이고 고통이었다. 지난날 직장마다 과다 고용된 근로자를 정리하고 기업이 파산하면서 실업자가 크게 늘어났다. 실업률이 서독 지역보다 2배나 높았다. 통일에 대해 크게 기뻐했고 장래에 대한 꿈에 부풀었던 동독 지역 주민들은 실직으로 인해 현실적인 삶에서 배제되는 큰 상실감을 겪었다.[14] 그리고 통일이 되었으나 미래에 대한 불안이 증가했다. 통일 이후 동독 지역 주민들은 공산 독재에서 벗어나 자유로운 생활은 당연한 것으로 여겼고, 여기에 더하여 어느 정도의 안정적인 미래도 기대했다. 그러나 일자리를 잃음으로 인해 이러한 미래가 어렵게 된 것이다.

통일 15주년이 된 2005년 10월 3일 게오르크 밀브라트Georg Milbradt 작센 주 총리는 독일 통일의 완성은 전적으로 높은 실업률을 줄이는 데 달려 있다고 강조했다. 그는 실업 문제는 인구 감소, 공공 재정의 부채 증가, 주택의 공동화 현상 및 사회적인 불안 등 동독 지역이 안고 있는 모든 문제의 근원이라고 했다. 다행히 동독 지역의 실업률은 서서히 낮아지고 있는 추세이다.

독일 정부가 베를린 장벽 붕괴 25주년을 맞아 2014년에 펴낸 『독일 정부의 2014년 독일 통일 연례 보고서』는 이런 문제점을 잘 말해 주고 있다.[15]

> 1990년대 초의 급격한 구조 변화는 경제와 사회 관계를 근본적으로 바꾸어 놓았다. …… 수많은 동독 지역 주민은 변화에 대한 어려움과 장애를 겪을 것으로 생각했다. 그러나 기약 없이 일자리를 잃을 것이라고는 생각하지 않았다. 그들은 새로운 사회에 성공적으로 적응할 가능성이 없다고 생각하고 있다. 이로 인해 그들은 공동의 국가에서 통일의 낙오자라는 느낌을 갖고 있다. 적지 않은 동독 지역 주민들에게서 정치 기관과 사회적 시장경제 제도에 대한 믿음이 급격히 줄어들었다.

---

14. Werner J. Patzelt, "Reunification of a Divided Nation, Possible Lessons from the German Case," 콘라트 아데나워 재단 주최 「독일 통일 25년」 학술 세미나 자료, 2014.

15. Bundesministerium für Wirtschaft und Energie, *Jahresbericht der Bundesregierung zum Stand der Deutschen Einheit 2014*, p.12.

동독 출신으로 동·서독 지역 주민 간의 심리적인 통합을 20년 이상 연구해 온 슈퇴베-리히터Yve Stöbe-Richter 박사는 "동독 지역 주민들이 통일에 대해서 긍정적이지만 일부는 통일에 따른 변화를 부정적으로 보는 시각이 있다"고 했다. 주요 원인은 높은 실업률이다.[16] 이로 인해 그들은 진정으로 통일이 되었다는 느낌을 갖지 못했다고 한다.

통일 이후 동독 지역 주민들의 과거 동독에 대해 갖는 향수의 원인에 대한 논의가 있었다. 동독 공산당 기관지《노이에스 도이칠란트Neues Deutschland》의 기자였던 페터 키르사이Peter Kirschey는 이에 대해 "과거의 이데올로기 문제도 동독 체제에 대한 지지도 아니며, 현재의 힘든 생활 여건에 대한 반응"이라고 했다.[17]

¨ 좁혀지는 동·서독 지역의 격차

통일 이후 독일 정부는 '동독 지역 부흥 계획Aufschwung Ost'을 세워 낙후된 도로와 주택을 새로 건설하거나 정비했다. 그리고 공공시설과 대학, 연구기관의 개선과 확충에도 힘썼다. 이러한 대규모 건설 공사로 동독 지역은 크게 달라졌다. 여러 면에서 두 지역 간의 격차는 크게 줄어들었다. 그럼에도 불구하고 동독 지역은 아직도 어려움을 겪고 있다. 두 지역 간의 격차가 어느 정도인지『독일 정부의 2014년 독일 통일 연례 보고서』를 통해 소득, 실업률과 인구의 세 가지 면에서 알아본다.[18]

---

16. Yve stöbe-Richter, "독일 통일의 현주소: 사회·심리 분야," 「독일 통일 세미나」, 31~32쪽.
17. Peter Kirschey, "언론 분야 통합," 「독일 통일 세미나」, 113쪽.

첫째, 소득 수준의 격차다. 2013년 동독 지역 주민의 1인당 평균 소득은 2만 5,129유로로 서독 지역 주민 3만 5,391유로의 71.0% 수준이다. 통일 직후인 1991년의 43.3%와 비교하면 27.7%포인트, 2006년의 69.7%보다는 1.3%포인트, 2009년의 70%보다는 1%포인트가 각각 늘어났다. 그러나 실제 지출이 가능한 가처분 소득을 비교하면 동독 지역의 소득은 서독 지역의 82% 수준으로 높아진다. 이는 동독 지역에 사회보장비가 지원되고 주민들의 소득이 적어 세금이 적기 때문이다.

그러나 동독 지역 주민의 소득은 2006년 이후 지난 7년간 1.3%포인트, 2009년에 비해 겨우 1%포인트 증가에 그쳤다. 이는 서독 지역 주민의 수준에 도달하려면 아직도 많은 시일이 필요하다는 것을 보여 주고 있다. 동독 지역 주민의 소득 증가 속도가 매우 완만하여 서독 지역과의 격차를 해소하려면 약 50년이 더 걸릴 것으로 보고 있다.[19]

둘째, 실업률의 격차다. 동독 지역의 실업률은 서독 지역보다 월등히 높다. 2013년 독일의 실업률은 6.9%로 2012년의 6.8%보다 0.1%포인트 증가했다. 동독 지역의 실업률 10.3%(2012년은 10.7%)는 통일 이후 최저 수준이지만 서독 지역의 6.0%(2012년은 5.9%)보다는 4.3% 높다. 2012년과 비교하여 서독 지역의 실업률은 0.1%포인트 증가한 반면에 동독 지역은 0.4%포인트 감소했다. 두 지역 간의 실업률 격차가 한때는 10% 가까이 된 적도 있는데 점차 줄어들고 있는 것이다. 두 지역 간의 격차가 해소되

---

18. 손선홍, "우리가 통일해야 하는 이유," 《동아일보》(2014.1.1)를 토대로 최신 통계로 보완했다. Bundesministerium für Wirtschaft und Energie, *Jahresbericht der Bundesregierung zum Stand der Deutschen Einheit 2014*.

19. Bernd Aumann/Rolf Scheufele, "Is East Germany Catching up? A Time Series Perspective," 2009.

기에는 아직도 많은 시일이 필요하다.[20]

셋째, 동독 지역의 지속적인 인구 감소다. 2012년에 서독 지역으로 이주한 동독 주민은 2,000여 명이다. 이는 지난 2000~2005년간 연평균 이주자 수 6만 6,000명에 비하면 사정이 나아진 것이다. 하지만 여전히 동독 지역의 인구는 감소하고 있다. 주된 이유는 취업을 위해 여성 등 젊은 층이 서독 지역으로 이동하는 데다 출생률이 감소하고 있기 때문이다. 이로 인해 동독 지역은 우수 인력이 부족하고 인구가 감소하고 있으며, 노령화가 빠르게 진행되고 있다.

독일 인구는 1990년 통일 이후 2012년까지 22년 동안 약 192만 명(2.8%)이 증가했다. 그러나 동독 지역은 같은 기간에 오히려 약 179만 명(13.5%)이 감소했다. 독일 정부는 동독 지역의 인구가 2030년까지 14% 더 감소할 것으로 보고 있다. 이는 지난 22년 동안의 감소 폭 13.5%보다 더 많이 줄어드는 것이다. 이와 함께 독일 정부는 2020년까지 동독 지역의 중소 도시 인구는 통일 당시보다 50% 이상 감소할 것으로 전망하고 있다.

이렇게 서독 지역과 동독 지역 간의 격차가 큰 이유는 동독 지역이 지난 45년 동안 공산주의와 계획경제 체제에 있었기 때문이다. 또한 이 격차는 짧은 기간 내에 해소되기도 어렵다는 것을 알 수 있다. 비록 두 지역 간에 격차가 있지만, 동독 지역 주민의 소득은 꾸준히 늘어나고 있고 실업률도 줄어들고 있다.

무엇보다도 통일이 동독 지역에 가져다준 가장 큰 축복은 '인간의 존엄성'이 존중받고 '자유'가 뿌리내린 점이다. 동독 지역 주민들이 공산 독재

---

20. Bernd Aumann/Rolf Scheufele, 앞의 글.

체제에서 벗어나 인간다운 생활을 하게 되었다. 그리고 반세기 가까이 서로 다른 체제에서 지내던 한 민족이 자유민주주의와 사회적 시장경제 체제의 나라에서 함께 살게 되었다. 또한 통일된 독일은 세계 제4위, 유럽연합(EU) 제1의 경제국의 지위를 유지하고 있다. 더 나아가 국제사회에서 독일의 국제적 위상도 점차 높아지고 있다.

통일 한국의 길

통일은 우리에게 큰 축복이다. 통일은 우리만이 아닌 우리 후손들도 대대로 누릴 축복이다. 그러나 그 축복은 저절로 오지 않는다. 통일에 대한 의지와 열정을 갖고 준비를 하고 대비를 해야 누릴 수 있는 축복이다.

제8장

평화 통일을 위한 준비

"오랜 역사에서 온갖 어려움에도 불구하고 문화적, 민족적 독립성을 유지해 온 대한민국은 통일의 과업을 달성할 수 있을 것으로 확신한다."

_ 요아힘 가우크 독일 연방대통령

¨ 독일 통일은 우리에게 무엇을 말해 주고 있는가?

한반도의 분단이 70년을 넘어 점점 깊어 가고 있다. 아직 이렇다 할 통일의 조짐이 없고 평화도 완전히 정착되지 않았다. 북한은 그동안 천안함 폭침(2010년 3월), 연평도 포격(2010년 11월)과 DMZ 목함 지뢰 도발(2015년 8월) 등 끊임없이 도발을 해 왔다. 2016년 1월에는 4차 핵실험까지 했다. 오늘날의 남·북한 관계는 분단 시 동·서독 관계와는 여러 면에서 다르다. 독일은 동족상잔의 비극을 겪지 않았다. 서독은 동독과 대화를 했고 교류도 했다. 군사 분야에서 소련의 강한 통제 아래에 있던 동독은 핵무기를 개발하지 않았고, 서독에 대한 무력 도발도 하지 않았다. 또한 오늘날의 동아시아의 정세는 독일 통일 당시 유럽의 상황과도 다르다.

오늘날 한반도의 상황은 이처럼 분단 시 독일의 경우와는 여러 면에서 다르다. 그럼에도 앞서 평화 통일을 이룩한 독일의 경험은 우리에게 많은 점을 시사하고 있다. 독일 통일은 피를 흘리지 않는 평화 통일이다. 독일 통일은 주변국들의 거센 반대를 극복하고 이들의 지지를 얻어 이룩한 통일이다. 독일 통일은 동독 주민들의 적극적인 지지로 이룬 통일이다.

우리가 이루고자 하는 통일은 자유민주주의에 의한 평화 통일이다. 또한 북한 주민의 적극적인 지지에 의한 통일이다. 우리의 통일은 그 발단이 독일의 경우와는 다를 것이나 우리의 통일 과정에서도 독일 통일 과정에서 일어났던 일들이 일어날 것이다. 즉 주변국의 지지를 얻기 위한 외교 활동, 북한 이주민 문제, 통일 비용 문제, 북한 내 재산의 소유권 문제, 북한 주민의 심리적인 문제, 북한 주민에 대한 사회보장 문제, 화폐 통합 문제 등이 있다. 또한 독일 통일 과정에서 잘된 점을 배우고, 독일이 했던 실수를 반면교사로 삼아 우리가 되풀이하지 않는 것도 중요하다.

그러면 독일 통일은 아직도 분단 상태에 있는 우리에게 무엇을 말해 주고 있는가?

첫째, 통일을 이루고자 하는 우리의 의지가 확고해야 한다는 점이다. 베를린 장벽이 무너진 후 서독이 조심스럽게 통일을 추진하자 소련, 영국과 프랑스는 독일 통일을 강하게 반대했다. 그러나 이들 나라는 독일 국민의 통일 의지를 꺾지 못했다. 우리가 주변국들이 통일을 반대할 것이기 때문에 통일이 어려울 것이라고 생각한다면 통일을 이룰 수 없다. 통일을 이루겠다는 우리의 의지가 확고해야 주변국들이 우리의 통일을 막을 수 없다. 우리는 확고한 의지와 자신감을 갖고 통일 준비를 해 나가야 한다.

둘째, 우리도 평화 통일을 할 수 있다는 점이다. 분단국의 평화 통일은 어려울 것으로 생각했다. 우리의 통일보다도 더 어려울 것으로 생각했던 독일의 통일이 평화적으로 이루어짐으로써 우리도 평화적으로 통일을 할 수 있다는 확신을 갖게 되었다.

셋째, 통일 외교가 중요하다는 점이다. 독일 통일 과정에서 피난민 송환 교섭과 '2+4 조약' 성사를 위한 외교 활동 등 외교가 중요한 역할을 했다. 우리의 통일에도 외교가 중요한 역할을 할 것이다(상세한 내용은 뒤에 설명).

넷째, 통일에는 많은 비용이 소요되어 이를 준비해야 한다는 점이다. 우리는 '우리의 소원은 통일'이라는 노래를 부르며 통일을 염원해 왔다. 통일을 염원하면서도 통일 비용은 생각하지 못했다. 독일 통일을 계기로 비로소 우리는 통일 비용에 대해 생각하게 되었다. 통일에 소요된 막대한 통일 비용으로 인해 일부에서는 통일이 시급하지 않다는 생각을 갖기도 했다. 그러나 독일 통일은 다른 한편으로는 통일에 많은 비용이 소요되기 때문에 이에 잘 대비해야 한다는 긍정적인 면을 일깨워 주었다.

다섯째, 통일로 인한 이익(편익)이 크다는 점이다. 독일은 막대한 통일 비용을 지출하였고, 또 통합 과정에서도 어려움을 겪었다. 그러나 통일이 됨으로써 독일은 분단으로 인해 겪어야 했던 고통에서 벗어났다. 분단 유지 비용도 필요 없게 됐다. 또한 통일 직후 독일의 인구는 7,975만 명으로 늘어났고 경제력도 커졌다. 특히 독일인들은 통일로 인해 분단 시 국제사회에서 겪어야 했던 분단국의 어려움을 떨쳐내고 독일의 위상이 크게 높아진 점을 강조하고 있다. 이처럼 통일로 인한 편익이 더 크다는 점을 여러 독일인이 강조하고 있다.

독일에서 만난 겐셔 전 외무장관을 비롯하여 여러 독일인은 한국의 통일에도 많은 비용이 소요되겠지만 통일된 한국의 경제력과 국력이 커지는 등 긍정적이 면이 훨씬 더 클 것이라고 하였다.[1] 한국은 이미 2012년에 '20-50 클럽'(1인당 국민 소득 2만 달러에 인구 5,000만 명 이상 국가)에 진입했다. 통일이 되면 '30-80 클럽'(1인당 국민 소득 3만 달러에 인구 8,000만 명 이상 국가)에 진입하게 될 것이다. 골드만삭스의 권구훈 애널리스트는 "통일 한국, 북한 리스크를 재평가하다"(2009)라는 제목의 보고서에서, 2050년 통일 한국의 GDP는 미국을 제외한 G7 회원국들과 유사하거나 높을 것으로 전망했다.

여섯째, 북한과 대화를 하고 교류를 해야 한다는 점이다. 분단 시 동독은 특히 군사적인 면에서 소련과 바르샤바조약기구의 엄격한 통제를 받았다. 동독은 핵개발을 할 수 없었고, 서독에 대해서 무력 도발도 하지 않았다. 서독으로서는 이러한 동독과 대화와 교류를 하고 또 경제 지원을 하는 데 나름대로 어려움이 있었지만 그래도 비교적 쉬웠다. 동독과의 이러한 대화와 교류가 통일의 토대가 되었다.

아쉽게도 한반도 주변에는 소련이 과거 동독에 대해 행사했던 정도의 강한 영향력을 북한에 행사할 국가가 없다. 북한은 UN과 국제사회의 거듭되는 제재 조치에도 불구하고 핵실험을 거듭하며 한반도와 동아시아의 평화를 위협하고 있다. 우리는 북한의 핵문제에 대해 단호하게 대응해야 한다. 또 다른 한편으로는 북한과 대화를 하고 교류를 해야 한다.

일곱째, 분단국의 통일에는 국가 지도자의 의지와 판단이 중요하다는 점이다. 1989년 11월 베를린 장벽이 붕괴되자 콜 총리는 대내외에 독일 통일 10개 방안을 발표하며 통일의 기선을 잡고 추진해 나갔다. 미처 예상하지 못한 콜의 통일 방안 발표에 전승 4개국 정상들은 놀랐다. 콜은 베

---

1. 한스-디트리히 겐셔 전 독일 외무장관(1974~1992년 재임)을 2007년 9월 10일 본 근교 그의 자택에서 처음 만났다. 이후 여러 차례 겐셔 전 장관을 만나 독일 통일 등에 관한 귀중한 이야기를 들었으며 우리의 통일 문제에 관해서도 대화를 나누었다.

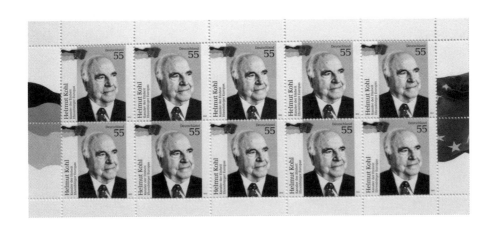

독일 통일과 유럽 통합에 기여한 헬무트 콜 총리의 업적을 기리기 위한
기념우표(2012년 10월 11일 발행). 독일 정부가 생존해 있는 전직 총리의
기념우표를 발행하기는 콜 전 총리가 처음이다.

를린 장벽 붕괴란 기회를 잘 잡아 조심스럽게 통일을 추진했다.

콜 총리는 통일 방안을 발표할 때만 해도 3~5년에 걸쳐 통일을 추진하려고 했다. 그러나 그는 동독의 경제 사정이 더욱더 악화되자 신속한 통일로 선회했다. 콜이 야당인 사민당의 주장처럼 동·서독이 총선을 실시하여 제헌의회를 구성하고 새로운 헌법을 제정하는 점진적인 방법을 택했더라면 통일을 이루기 어려웠을 것이다. 새로운 헌법에 담을 내용을 합의하는 데에도 상당한 시일이 걸렸을 것이다. 특히 1991년 12월에 소련이 붕괴되고 고르바초프가 퇴진하여 '대외적인 문제'를 해결하기 위한 '2+4 조약' 체결도 어려웠기 때문이다. 국가 지도자가 상황을 정확히 판단하고 올바른 결정을 내리는 일은 이처럼 중요하다.

콜 총리가 통일을 이룩한 데 대해 많은 독일인이 높이 평가하고 있다. 헬무트 슈미트 전 총리가 대표적이다. 슈미트는 콜이 주도한 불신임 결의로 1982년 10월 총리직에서 물러나 콜에 대한 감정이 좋지 않았다. 그러나 그는 콜이 기회를 적기에 잡고 통일을 이룩한 데 대해 높이 평가했다. 테오 좀머Theo Sommer《디 차이트DIE ZEIT》지 대기자도 "콜 총리가 베를린 장벽의 붕괴로 인한 통일의 기회를 잘 잡아 대단한 추진력으로 통일을 이끌어 냈다"며 콜을 높이 평가했다.[2]

---

2. 테오 좀머는 헬무트 슈미트가 국방장관 재임 시 국방부 정책실장을 역임했다. 그 후 그는 《디 차이트》지 발행인을 역임한 후 대기자로 있다. 그는 한·독 포럼 독일 측 회장을 역임한 지한(知韓) 인사다. 필자는 좀머 대기자를 2011년 5월 25일 함부르크에서 만난 이후 1년에 4~5차례 만나 독일 국내 정세와 통일 문제 등에 관해 대화를 나누었다.

¨ 국가 과제로 통일 준비

우리는 통일을 이루고자 한다. 분단국으로서 당연한 일이다. 그러면 우리는 왜 통일을 이루고자 하는가?

첫째, 통일을 통해 분단으로 인한 인간적인 고통을 해소하고 과도한 국력 소모를 없애야 한다. 무엇보다도 북녘의 우리 동포들이 공산 독재 정치의 공포와 억압에서 벗어나 기본권이 보장되는 자유로운 환경에서 생활하도록 해야 한다. 남·북한 이산가족들이 겪는 고통도 완화할 수 있다. 또한 통일을 통해 남·북한의 군사적 대치, UN 등 국제사회에서의 대치, 과도한 분단 유지 비용과 우리 사회의 남남 갈등으로 인한 국력 소모도 해소할 수 있다.

둘째, 통일을 통해 우리 민족의 동질성을 회복해야 한다.[3] 우리 민족은 신라가 삼국을 통일 한 이후 1,300여 년 동안을 한 나라에서 같은 문화와 같은 전통을 유지해 왔다. 그러나 지난 70년이 넘는 분단으로 인해 남·북한 주민들은 서로가 완전히 다른 체제와 문화에서 생활하고 있다. 자연히 말과 문화는 물론이고 생각하는 면에서도 이질성이 점점 커져 가고 있는 실정이다. 동질성 회복이 필요한 이유다. 동질성 회복을 위한 노력은 통일 후가 아닌 통일 전부터 해야 한다. 우선 문화와 스포츠 등 비정치적인 분야의 교류를 시작으로 남·북한 주민이 만나는 기회를 점차 늘려 나가도록 해야 한다.

---

3. 박근혜 대통령은 2014년 3월 28일 독일 드레스덴에서 발표한 평화 통일을 위한 드레스덴 선언에서 세 번째로 남북 주민 간의 동질성 회복을 들었다. 박 대통령은 첫째로 북한 주민들의 인도적 문제 해결을, 둘째로 남·북한 공동 번영을 위한 민생 인프라 구축을 제의했다.

셋째, 통일을 통해 한반도와 동아시아의 평화와 안정은 물론 경제적 번영을 이루어야 한다. 북한은 그동안 네 차례에 걸친 핵실험과 남한에 대한 빈번한 무력 도발로 한반도는 물론 동아시아의 평화와 안정을 위협해 오고 있다. 통일이 되면 북한의 핵무기 공포에서 벗어나 한반도와 동아시아 지역에 평화와 안정이 정착될 것이다. 이러한 평화와 안정 속에 한국, 중국, 러시아와 일본 등 동아시아 지역 내의 인적 및 물적 교류가 크게 늘어날 것이다. 또한 우리 상품이 러시아나 중국을 경유하여 유럽으로의 물류 수송이 가능해질 것이다. 이로 인해 이 지역의 경제 발전도 촉진될 것이다.

또한 우리가 이루고자 하는 통일에 대해서도 분명한 목표가 있어야 한다. 우리는 어떤 통일을 이루어야 하는가?[4] 첫째, 자유민주주와 시장경제 체제에 의한 통일이어야 한다. 남·북한 주민 모두가 인간의 기본권이 보장되는 자유민주주의와 시장경제 체제에서 자유로운 삶과 경제적인 윤택함도 누리는 통일이 되어야 한다. 둘째, 평화적인 통일이어야 한다. 피를 흘리게 되면 통일의 가능성은 멀어진다. 비록 통일이 된다고 하더라도 그 상처를 치유하기 어렵다. 통일을 평화적으로 이루기 위해서는 통일 과정에서 있을지 모르는 북한 군부의 반발을 억제하여 한반도가 군사적으로 안정을 유지하도록 하는 일이 매우 중요하다.

그러면 이러한 통일을 이루기 위해서 우리는 어떠한 준비를 해야 할까?

---

4. 우리 헌법에 통일에 관한 규정이 세 곳에 있다. (1) 전문에 "… 평화적 통일의 사명에 입각하여 …," (2) 제4조 "대한민국은 통일을 지향하며 자유민주적 기본질서에 입각한 평화적 통일 정책을 수립하고 이를 추진한다" 그리고 (3) 제66조 ③항은 "대통령은 조국의 평화적 통일을 위한 성실한 의무를 진다"라고 규정하고 있다.

우리의 통일이 언제, 어떠한 형태로 이루어질 것인가를 예측하기는 어려운 일이다. 특히 통일이 어떠한 방식으로 이루어질지에 대해 미리 예측하고 준비를 한다는 것은 더욱더 어려운 일이다. 그러나 일단 통일이란 거대한 봇물이 터지면 정치, 외교·안보, 군사, 행정, 경제, 사회, 교육, 노동, 보건, 문화 등 국정 전반의 모든 분야에서 너무나 많은 일이 한꺼번에 일어난다. 우리가 미처 예상하지 못한 일도 일어날 것이다. 이러한 일들은 신속한 결정을 요구한다. 따라서 통일 과정에서 일어날 것으로 예상되는 사안들에 대해서는 최대한의 준비를 해야 한다.

통일을 이루기 위해서는 많은 노력과 막대한 비용 이외에도 국가적인 역량이 요구된다. 당연하지만 통일 준비는 국가 과제로 준비해야 한다. 독일 통일의 법적인 토대가 되었던 '통일 조약'의 내용은 국가 업무 전반을 아우르고 있다. 『독일 정부의 2013년 독일 통일 연례 보고서Jahresbericht der Bundesregierung zum Stand der Deutschen Einheit 2013』의 목차를 보면, 경제, 교통, 통신, 에너지, 관광, 농업, 노동, 재정, 교육, 보건, 동독 공산당 불법 행위 청산 및 문화 등 통합이 필요한 분야가 얼마나 많은지를 알 수 있다. 통일을 이루기 위해서는 이러한 다양한 분야를 잘 관리하며 통일로 이끌 수 있는 국가의 역량이 있어야 한다.

통일을 위해 우리가 준비해야 할 일들은 너무나 많다. 통일 준비는 모든 분야의 준비가 중요하다. 그럼에도 좀 더 중요하다고 생각되는 10개 분야로는 (1) 통일에 대한 의지와 국가의 역량, (2) 갑작스러운 통일 가능성에 대한 대비, (3) 북한에 관해 잘 알기, (4) 국제사회의 지지와 협조를 얻기 위한 외교활동, (5) 북한과의 대화와 교류 확대, (6) 북한 주민의 심리적인 문제, (7) 통일 비용 문제, (8) 북한 내 몰수된 재산의 소유권 문제, (9) 북한 주민의 이주 문제, (10) 남·북한 통화 통합 문제 등이 있다. 군사 분야의 준비도 중요하나 여기서는 다루지 않았다.

이 10개 분야에 관해 각 분야별로 우리가 준비할 내용과 함께 독일의 사례를 들었다. 독일의 통일이 이상적이거나 완벽하게 이루어졌기 때문이 아니다. 실수도 있었다. 그럼에도 독일 통일이 평화적으로 이루어졌고, 우리의 통일 과정에서도 독일 통일 과정에서 일어난 것과 비슷한 일들이 일어날 것이기 때문이다. 또한 독일 통일에서 잘된 점은 참고하고, 독일이 했던 실수를 우리가 되풀이하지 않는 것도 중요하기 때문이다.

¨ 통일에 대한 의지와 열정, 그리고 국가의 역량

통일을 준비하고 통일을 추진하는 데 중요한 요소는 무엇일까? 어떠한 일도 의지와 열정 없이 이루어지지는 않는다. 무엇보다도 통일에 대한 확고한 의지와 열정을 갖는 일이 중요하다. 통일이라는 국가적 목표를 설정하고, 어려움이 있더라도 이 목적을 달성하기 위해 꾸준히 노력하는 의지와 열정이 있어야 한다. 그 의지와 열정은 통일 한국의 먼 미래를 내다보는 안목과 냉철함을 토대로 해야 한다.

통일에는 막대한 비용이 들고 또 어려움도 따른다. 통일 비용에 대한 준비도 해야 하지만 통일에 대한 의지를 갖는 것이 더 중요하다. 한국은 물론 북한도 몇 차례 방문했던 위르겐 클림케Jürgen Klimke 독일 연방 하원 의원은 통일 비용보다도 통일을 하고자 하는 의지와 열정을 갖는 것이 더 중요하다고 여러 차례 강조했다.[5]

통일에 대한 의지와 함께 통일의 기회가 왔을 때 이 기회를 잘 관리하며 통일로 이끌 수 있는 국가 지도자의 리더십과 국가적인 역량도 중요하다. 통일의 기회는 예고 없이 올 수 있다. 통일의 기회를 다른 나라가 잡아 줄 수 있는 것도 아니다. 우리 스스로 판단하고 잡아야 한다. 기회가 왔을 때 이 기회를 잡아 잘 관리하면서 통일로 이끌 수 있는 국가적 역량을 길러야 한다.

독일은 베를린 장벽이 붕괴된 후 11개월의 짧은 기간에 평화 통일을 이룩했다. 독일이 짧은 기간에 통일을 이룰 수 있었던 데에는 여러 요인이 있다. 특히 콜 총리가 큰 역할을 했다. 그는 베를린 장벽의 붕괴라는 통일의 신호를 잘 읽고, 이를 통일로 이끌었다. 여기에 기회와 위기를 관리하며 해결해 나가는 독일의 국가적인 역량이 있었기에 가능했다.

'통일 조약' 협상 시 서독 측 수석대표였던 볼프강 쇼이블레 내무장관은 통일에는 기회를 놓치지 않는 것이 중요하다고 강조했다. 그는 "1990년에 통일을 망설였거나 주저했던 사람들은 영원히 통일의 기회를 놓쳤을 것이다"라고 했다. 그는 1989~1990년 소련의 국내 사정을 고려하면 독일이 평화적으로 통일을 이룰 수 있는 기간은 극히 짧았다고 했다. 통일 가능성이 적다고 조금이라도 망설였더라면, 소련의 국내 사정으로 '2+4 조약' 체결은 생각할 수 없었을 것이라고 했다.[6] 통일을 점진적으로 서서히 추진해야 한다고 주장했던 사람들은 막상 고르바초프 대통령이 1991년 12월 말에 실각하자 침묵했다고 했다.[7]

5. 클림케 의원(4선, 외무위원회 소속)을 한·독 평화 포럼(2010.12.1, 베를린)에서 처음 만난 이후 여러 차례 만나 대화를 나누었다. 그는 2011년 8월 18일 필자와의 면담에서 이 점을 강조했다.
6. Wolfgang Schäuble, 앞의 책, p.286.
7. 리하르트 슈뢰더(최기식·정환희 옮김), 『독일통일에 관하여 잘못 알고 있는 것들』, 25쪽.

겐셔 전 외무장관도 통일을 이룰 수 있다는 믿음과 의지를 강조했다. 그는 1989년만 해도 독일의 통일 가능성은 낮았으나 독일은 통일을 할 수 있다는 믿음을 갖고 노력한 결과 통일을 이룰 수 있었다고 했다. 그는 어려움이 있겠으나 한국도 통일을 할 수 있다는 믿음과 의지를 갖고 노력하는 것이 중요하다고 했다.[8]

이와 함께 국가 지도자의 통일에 대한 의지가 매우 중요하다. 함부르크 대학의 미하엘 풍케Michael Funke 교수는 통일을 이루기 위해서는 국가 지도자가 통일에 대한 확고한 의지를 갖고, 국민을 설득하여 국가의 역량을 한데 모으고 국제사회의 지지와 협조를 이끌어 낼 수 있어야 한다고 했다.[9] 좀머 ≪디 차이트≫지 대기자도 통일의 기회가 갑작스럽게 와도 기회를 놓치지 않고 잡는 지도자의 능력이 중요하다고 했다. 그러면서 그는 1871년 독일 통일을 이룩한 오토 폰 비스마르크Otto von Bismarck가 "역사 속을 지나가는 신神의 옷자락을 놓치지 않고 잡아채는 것이 정치가의 임무다"라고 한 말을 남겼다.[10] 통일의 기회는 한번 지나가면 언제 다시 올지 모르기 때문이다.

요아힘 가우크 독일 연방 대통령은 "오랜 역사에서 온갖 어려움에도 불구하고 문화적, 민족적 독립성을 유지해 온 대한민국은 통일의 과업을 달성할 수 있을 것으로 확신한다"라고 했다. 그러면서 그는 우리에게 "인내와 확신과 용기Geduld, Zuversicht und Mut"를 갖도록 당부했다.[11]

---

8. 겐셔 전 장관과 2008년 6월 28일 그의 자택에서 대화를 나누었다.
9. 풍케 교수와는 2013년 3월 12일 함부르크 대학에서 만나 독일 통일과 한국의 통일 문제에 관해 대화를 나누었다.
10. 그가 중앙일보와의 인터뷰에서 한 말이다. ≪중앙일보≫(2014.10.10).

¨ 갑작스러운 통일에 대한 대비

20세기 세계사에서 최대의 축복된 역사는 단연 독일 통일이라고 해도 지나치지 않다. 독일 통일은 누구도 예상하지 못한 가운데 갑자기 이루어졌다. 당사자인 독일인들조차 통일이 전혀 예상하지 못한 가운데 갑작스럽게 찾아왔다고 했다. 동독의 마지막 국방장관이었던 라이너 에펠만 Rainer Eppelmann[12]도 통일을 전혀 예상하지 못했다고 했다.

동독은 1989년 초까지만 해도 외부에서 볼 때 아주 견고하고 안정된 정권으로 인식되었다. 1987년 9월에 호네커 동독 서기장이 서독을 방문했고, 1989년 1월에 호네커는 베를린 장벽이 앞으로도 50~100년은 더 존속할 것이라고 공언했다. 이러한 상황에서 통일은 상상할 수 없었으며, 통일이 되리라고는 누구도 생각하지 못했다. 그럼에도 믿지 못할 일이 일어났다.

빌리 브란트 전 총리도 통일 시기를 예상하지 못했다. 그는 1989년 10월 말 한국을 방문했다.[13] 이때는 동독 주민들의 탈출이 한창이었다. 이러한 상황에서 브란트는 MBC–TV와의 대담에서 "독일에 긍정적인 변화가 일어나고 있지만, 이 변화가 통일로 이어지기는 좀 더 시일이 필요하다"

---

11. 가우크 대통령은 2013년 6월 21일 독일 고슬라(Goslar)에서 열린 한·독 수교 130주년 기념행사에서 행한 축사에서 북한 인권 문제를 거론하며 한국의 통일을 기원했다. 필자도 이 행사에 참석하여 그의 연설을 주의 깊게 들었다.

12. 에펠만은 동독의 마지막 국방장관(1990.5~1990.10)과 연방 하원 의원(1990~2005년)을 역임했다. 지금은 '동독 공산당 독재청산재단' 이사장으로 활동하고 있다. 그는 2010년 12월 1일 베를린 아데나워 재단에서 열린 '한·독 평화 포럼'에 참석하여 필자와 함께 주제를 발표한 바 있다.

13. 브란트는 방한 기간 중에 일반인을 대상으로 "21세기의 비전"이란 주제로 강연했다. 또한 그는 노태우 대통령 면담 및 TV 대담 등의 일정을 보냈다. 필자는 방한 중인 그와 1989년 10월 25일 잠시 만나 대화를 나누었다.

라며 통일 가능성을 낮게 보았다. 그런데 그가 귀국한 지 10여 일 후에 베를린 장벽이 붕괴되었고, 이로부터 불과 11개월 후에 독일은 통일이 됐다. '신동방정책'을 추진하며 동·서독 교류의 토대를 닦았던 브란트마저도 예상하지 못했을 정도로 독일 통일은 갑자기 이루어졌다.

통일을 이루는 방안 중에는 '점진적인 통일'과 '신속한 통일'이 있다. '점진적인 통일'은 두 체제가 '합의'하여 화해·협력과 통화와 경제 통합 등의 단계를 거쳐 마지막으로 정치적 통일을 이루는 방안이라고 할 수 있다. 이 방안은 통일 과정이 여러 해에 걸쳐 점진적으로 이루어지는 것을 전제로 한다. 따라서 점진적인 통일은 (1) 통일을 장기간에 걸쳐 추진하기 때문에 부작용을 줄일 수 있고, (2) 주민들이 겪게 될 충격도 완화하며, (3) 통일 비용도 장기간에 마련하는 장점이 있다. 이처럼 합의에 의한 점진적인 통일은 이론적으로만 보면 바람직한 방안이다.

합의에 의한 점진적인 통일은 이러한 장점이 있으나 단점도 있다. 첫째, 통일의 전제가 되는 '합의'를 어떻게 이루느냐 하는 문제가 있다. 특히 자유민주주의와 공산주의처럼 두 체제가 완전히 다를 경우에는 통일에 대한 '합의'를 이루기가 쉽지 않기 때문이다. 둘째, 설령 '합의'가 이루어진다고 해도 이 '합의'를 장기간에 걸쳐 준수하며 통일을 이룰 수 있느냐 하는 문제가 따른다. 셋째로 점진적인 통일은 통일 비용을 장기간에 걸쳐 마련하는 장점이 있으나, 총비용은 더 늘어날 가능성이 있다는 점이다. 경제적으로 어려운 지역이 재정 지원을 과다하게 요청할 수 있고, 상대적으로 부유한 지역은 장기간에 걸쳐 지원해야 하는 문제가 따른다. 통일 과정이 길어지면 장점도 있지만 문제점도 적지 않다는 것이다. 독일은 어려움이 있었지만 단기간에 통일을 이루었다. 국내외 정세를 고려할 때 독일이 통일의 부작용을 줄이기 위해 4~5년의 여유를 갖고 통일을 추진했더라도 더 이상적으로 통일을 이루기가 쉽지 않았다. 콜 총리도 이 점을 강조했다.

현재 우리 정부의 공식적인 통일 방안은 1994년 8월 15일에 발표된 '민족공동체 통일 방안'이다.[14] 이 방안은 노태우 대통령이 1989년 9월 11일 국회에서 발표한 '한민족 공동체 통일 방안'을 토대로 하고 있다. 이 방안은 자주, 평화와 민주의 3원칙을 토대로 하여 1단계 '화해·협력의 단계', 2단계 '남북 연합의 단계', 3단계 '통일 국가의 완성'을 목표로 하고 있다. 이 통일 방안이 나온 지 20년이 지났으나, 남·북한은 아직 화해·협력의 단계인 1단계에도 진입하지 못한 실정이다. 이는 통일에 대한 '합의'를 이루기가 그만큼 어렵다는 것을 잘 말해 주고 있다.

이와는 별도로 '신속한 통일'이 있다. 북한은 지구상에서 가장 폐쇄적이고 예측하기 어려운 사회다. 북한에서 급변 사태가 일어난다고 해서 북한이 붕괴되고, 북한의 붕괴가 곧바로 통일로 이어지는 것은 아니다. 김일성이나 김정일 사망과 같은 급변 상황에서도 북한은 붕괴되지 않았다. 김일성에게는 김정일이 김정일에게는 김정은이 있었다. 공포와 탄압의 독재 정치를 하며, 이들이 뒤를 이었기 때문이다.

통일을 우리가 원하는 시기를 미리 정해 놓고 할 수 있는 것도 아니다. 갑작스러운 통일 가능성에 대한 대비가 필요하다. 독일 통일이 예고 없이 이루어졌고, 또 핵무기가 있었던 소련도 무너졌다. 정치적인 변화가 없을

---

14. 제성호, "민족공동체 통일방안의 평가와 제언," 『분단극복을 위한 국제법의 역할과 과제』, 대한국제법학회 주최 학술 회의 자료집, 2015. 이는 통일부도 인정하고 있다. 통일부 홈페이지(www.unikorea.go.kr) 참조.

'한·독 평화 포럼'에서 필자에 이어 발제하는 에펠만 전 동독 국방장관(2010. 12. 1, 베를린 콘라트 아데나워 재단, 오른쪽에서 두 번째가 필자).

한국 관련 강연을 한 좀머《디 차이트》지 대기자(2013. 6. 5, 함부르크).

것 같았던 북아프리카에서도 커다란 변화가 일어났다.

우리의 통일도 우리가 예상하지 못한 시기에 전혀 예상하지 못한 형태로 일어날 가능성이 있다. 헨리 키신저Henry Kissinger 전 미 국무장관도 "예측할 수 없는 혹은 알 수 없는 요소들로 인해 북한이 붕괴될 가능성은 항상 열려 있다"고 했다.[15] 겐셔 외무장관 등 여러 독일인들은 "통일이 전혀 예상하지 못한 가운데 갑자기 올 수 있다는 점을 늘 마음속에 두고 이에 대한 준비를 해야 한다"고 조언했다. 우리는 종종 통일이 갑작스럽게 온다고 말한다. 그러면 우리는 갑작스러운 통일에 대해 얼마나 준비가 되어 있는가? 통일에 대한 외침도 필요하지만, 그에 맞는 준비도 확실히 해야 한다.

˙˙ 북한을 잘 알아야 한다

독일은 통일 준비를 제대로 하지 못했다. 그럼에도 독일은 피 한 방울 흘리지 않은 평화 통일을 이룩했다. 독일은 준비를 잘하지 못한 까닭에 통일 과정에서 실수도 했다. 독일인들이 스스로 지적하는 통일 과정에서의 가장 큰 실수는 무엇일까? 바로 이웃인 동독을 잘 몰랐다는 점이다. 우리의 통일 준비와 관련하여 독일인들이 조언하는 내용 중의 하나가 바로 "북한의 실상을 정확히 파악하여 통일을 준비해야 한다"는 점이다.

독일 프리드리히 에베르트 재단Friedrich-Ebert-Stiftung의 로란트 슈미트

---

15. Henry Kissinger, *On China*, p.497.

Roland Schmidt 사무총장은 이런 조언을 했다. "독일 통일에서 가장 큰 실수는 분단 기간 중 서독이 동독을 제대로 알지 못했다는 점입니다. 한국은 독일이 했던 이런 실수를 교훈 삼아 북한을 가능한 한 정확히 파악하여 통일에 대비하길 바랍니다."[16] 우리는 동·서독 교류가 활발하여 서독이 동독을 잘 알고 있었을 것으로 생각하고 있었다. 그러나 실제는 달랐던 것이다.

서독이 동독을 잘 몰랐다는 점은 슈미트 사무총장뿐만 아니라 여러 독일인이 지적했다. 분단 시 서독은 동독 경제가 양호한 것으로 과대평가했다. 서방 세계는 한때 동독을 세계 10대 산업 국가로 여기기도 했다. 그러나 막상 통일이 진행되면서 동독 경제는 매우 허약한 것으로 드러났다. 독일 유력 일간지인《프랑크푸르터 알게마이네 차이퉁FAZ》지의 귄터 논넨마커Günther Nonnenmacher 발행인(2014년 말 은퇴했다)은 이를 '산업의 불모지대industrial desert'라고 불렀다. 동독의 경제와 재정 상태에 관해 문제의식을 갖고 세밀히 파악했어야 하는데, 그러지 못한 결과라고 했다. 이로 인해 서독은 통일 과정에서 올바른 경제 정책을 수립하기가 어려웠다. 동독을 잘 몰랐기에 통일 비용도 예상보다 더 많이 들었다.

서독 재무부의 게르트 할러Gert Haller 국장은 베를린 장벽이 무너질 당시 서독 정부나 연구소들은 동독의 경제와 재정 현황에 관해 정확한 정보를 갖고 있지 않았다고 했다.[17] 그는 재무부 통화·신용국장으로 통화·경제와 사회 동맹 조약 협상에 참여했었다.

---

16. 슈미트 사무총장과는 2010년 3월 29일 베를린 소재 에베르트 재단에서 대화를 나누었다.
17. Gert Haller, "Das Wort 》Anschluß《 war tabu; einige persönliche Erinnerungen," in Theo Waigel/Manfred Schell, *Tage, die Deutschland und die Welt verdnerten*, pp.149~150.

1989년 11월 말 상부의 지시로 동독의 경제 현황과 동독 경제로부터 서독이 어떤 판단을 내릴 수 있는가에 관해 보고서를 작성해야 했다. 일부 전문가들과 함께 첫 회의를 하면서 바로 동독 경제에 관한 정확한 정보가 없다는 것을 알았다. 베를린 소재 독일경제연구소(DIW)로부터 좀 더 상세한 자료를 받았으나, 이 자료를 완전히 신뢰하기가 어려웠다. 그동안 서독이 동독의 경제와 재정 제도에 관해 깊게 연구하지 못한 결과였다. 분단 시 분단된 독일의 상황에 관한 정기적인 보고서는 있었다. 하지만 대부분이 동독의 정치 현황에 관한 것으로 경제와 재정 분야에 관한 상세한 내용이 담긴 보고서는 없었다.

서독이 동독을 잘 몰랐다는 또 다른 예는 동독 국유 기업의 재산 가치에 대한 과대평가였다. 동독 국유 기업을 관리했던 신탁청은 통일 직후인 1990년 10월에 동독 국유 재산을 매각하면 약 6,000억 마르크(약 3,000억 유로)의 이익이 날 것이라고 전망했다. 이 이익금으로 통일 비용을 일부 조달할 수 있을 것으로 생각했다. 그러나 대부분의 기업이 파산한 관계로 4년 후 이익은 고사하고 2,500억 마르크의 적자를 냈다. 평가 차이가 무려 8,500억 마르크(약 4,250억 유로)였다. 동독 경제와 국유 기업의 실체를 잘 몰랐던 결과다. 물론 기업이 파산한 데에는 통화가 1:1로 통합되어 임금이 올라 기업의 경쟁력이 약화된 이유도 있다. 막대한 적자는 통일 비용 계정에서 처리했다.

통일 이후 8년을 더 집권했던 콜 총리도 회고록에서 동독을 잘 몰랐다고 솔직하게 시인했다. 콜은 동독 경제의 경쟁력과 동독 재산의 가치를 명백하게 과대평가했다고 인정했다.[18] 그는 "통일 이후 동독을 왜 그렇게 몰랐느냐고 많은 국민들로부터 지적을 받았다"고 했다. 콜은 "우리가 동

독을 조금만 알았고, 동독 연구가 현명하지 못했다. 우리가 알았던 동독
은 동독 공산 정권이 뿌린 왜곡된 선전물이었으며, 공산 정권 최대의 사
기술책에 넘어갔다"고 털어놨다.[19] 헬무트 슈미트 전 총리도 통일 과정에
서 동독 경제에 관해 정확한 자료를 제공하지 못했던 서독 내독관계부 산
하 동독 연구소의 무능을 강하게 지적했다.[20] 이와 같이 많은 독일인이 지
적한 대로 분단 시 서독은 동독에 관한 연구를 소홀히 했고, 그 결과 동독
을 제대로 파악하지 못했다.

　독일의 사례가 아니더라도 통일 과정에서 실수를 줄이고 통일을 제대
로 이루기 위해서는 우리가 북한을 정확히 아는 것이 중요하고 또 필요하
다. 그러면 우리는 북한을 어느 정도 정확히 알고 있는가? 북한에 관한 가
장 기본적인 자료인 북한 주민의 소득 수준도 발표하는 기관마다 다른 실
정이다. 또 북한에 석탄과 철광석을 비롯하여 귀금속과 희토류 등의 지하
자원이 풍부하다고 한다.[21] 일부에서는 이러한 지하자원을 개발하여 통일
비용으로 사용할 수 있다고 주장하고 있다. 일반적으로 북한에 지하자원
이 많은 것으로 알려져 있지만, 우리는 실제 이러한 지하자원의 매장량이
어느 정도 되고, 또 경제적으로 어느 정도 효용 가치가 있는지 등을 좀 더
꼼꼼히 파악할 필요가 있다. 지하자원은 개발에 많은 비용이 들고 또 시
일도 오래 걸려 당장에 통일 비용으로 사용하기에는 무리가 있다. 독일은
동독의 국유 재산을 매각하여 통일 비용으로 사용할 수 있다고 했지만,

---

18. Helmut Kohl, *Erinnerungen 1990–1994*, p.89.
19. Helmut Kohl, *Ich wollte Deutschlands Einheit*, p.386.
20. Helmut Schmidt, *Ausser Dienst*, pp.39~40.
21. 북한자원연구소는 북한에 매장된 지하자원의 가치를 약 5조 7,500억 달러(약 6,089조 원)로 추정
　했다. 《조선일보》(2014.1.2)

매각 결과 적자였던 점을 유의할 필요가 있다.

우리는 특히 북한의 경제 분야의 변화에 더 많은 관심을 가져야 한다. 우리는 북한의 변화가 정치 분야에서 올 것으로 생각하고 주로 이 분야의 변화에 관심을 기울이고 있다. 하지만 북한의 변화가 경제 분야의 변화로부터 올 가능성에 대해서도 대비해야 한다. 북한의 경제 현황, 산업 구조, 경제특구, 주민의 연령층 구조, 식량 생산 현황, 지하자원 현황은 물론이고 최근 늘어나는 추세인 장마당에 관해서도 잘 들여다보아야 한다.

함부르크에 소재한 헬무트 슈미트 대학의 국제정치연구소장인 프라데토Augusto Pradetto 교수는 통일에 대비하여 북한을 잘 아는 인적자원을 육성해야 한다고 조언했다.[22] 울리히 블룸 할레경제연구소 소장도 이 점을 강조했다. 통일이 되었을 때 행정 업무 지원 등 많은 일을 처리할 인력이 필요하기 때문이라고 했다. 당연히 준비해야 할 일이다.

우리가 통일을 평화적으로 이루기 위한 가장 중요한 점은 통일 과정에서 한반도가 군사적으로 안정을 유지하는 일이다. 이를 위해서는 북한의 군사 분야에 관해서도 정확히 파악하여 대비해야 한다. 통일 과정에서 안정을 유지하기 위해서는 UN은 물론 미국과 중국 등 국제사회의 협조도 필요하다.

북한은 세계에서 그 유례를 찾기 어려울 정도로 폐쇄적인 사회다. 2015년 8월에 발생한 북한의 목함 지뢰 도발에 대해 우리가 대북 확성기 방송을 하자 북한이 방송 중단을 강하게 요구한 것을 보면 북한이 어느 정도 폐쇄 사회인지 알 수 있다. 이런 북한에 관해 국제 수준에 맞는 통계도 없

---

22. 한국을 여러 차례 방문한 바 있는 프라데토 교수와는 2011년 12월 13일 헬무트 슈미트 대학에서 처음 만난 이래 통일 문제에 관해 여러 차례 의견을 나누었다.

는 실정이다. 이러한 북한을 정확히 파악하기에는 어려움이 있다. 그럼에도 동독을 제대로 알지 못해 많은 통일 비용이 든 독일의 사례는 우리에게 북한의 실상을 정확히 파악하여 통일에 대비해야 한다는 것을 말해 주고 있다. 외교·안보, 국방, 경제, 사회, 교육, 노동 및 문화 등 분야별로 북한을 정확히 파악하여 대비 계획을 세워 통일을 준비해야 한다. 우리가 북한에 관해 정확히 알면 알수록 통일 과정에서 부작용을 줄일 수 있다. 더 나아가 통일 비용도 줄이며 더 나은 통일을 이룩할 수 있다.

¨ 국제사회의 지지와 협조를 얻기 위한 외교

독일 통일에 기여한 외국인을 꼽으라면 단연코 조지 부시 미국 대통령과 미하일 고르바초프 소련 대통령이다. 콜 총리가 두 정상의 지지로 통일이 가능했음을 여러 차례 언급했을 정도다. 헬무트 슈미트 전 총리도 "독일 통일은 동유럽의 혁명, 소련의 약화와 조지 부시 대통령의 전폭적인 지지가 있었기에 가능했다"고 했다.[23] 독일 통일은 동·서독 간의 합의는 물론 '대외적인 문제'를 다룬 '2+4 조약'이 체결되었기에 가능했다. 2+4 회담 과정에서 두 정상의 지지는 물론 국제사회의 지지와 협조를 이끌어 낸 독일의 통일 외교가 큰 기여를 했다.

1989년에서 1990년 통일 시까지 독일이 추진했던 통일 외교는 크게 두 분야로 나눌 수 있다. (1) 1989년 하반기의 동독 탈주민의 송환 교섭 활동

---

23. Helmut Schmidt, 앞의 책, pp.77~78; Theo Sommer, *Unser Schmidt*, p.231.

과 (2) 1990년의 '대외적인 문제' 해결을 위한 '2+4 회담' 활동이다.

1989년 하반기에 독일은 헝가리, 체코슬로바키아와 폴란드에 머물며 독일로 오고자 하는 동독 주민들을 데려오는 데 전 외교력을 기울였다. 특히 콜 총리와 겐셔 외무장관이 앞장서 뛰었다. 콜은 헝가리 총리를 본에 초청하여 협조를 요청하였고, 체코슬로바키아 총리와도 전화를 하며 이들의 협조를 받아냈다. 겐셔는 뉴욕에서 소련, 동독, 체코슬로바키아, 폴란드 외무장관들을 접촉하여 체코슬로바키아와 폴란드에 있는 동독 탈주민의 송환을 이끌어냈다. 또한 그는 체코슬로바키아 주재 독일 대사관에 몰려든 탈주민들을 안전하게 데려오기 위해 자이터스 장관과 함께 직접 프라하로 갔다. 이러한 노력으로 헝가리, 체코슬로바키아, 폴란드로 몰려든 동독 주민들을 안전하게 데려올 수 있었다. 이 결과 1989년 한 해에만 34만 3,854명의 동독 주민이 서독으로 넘어왔다.

역사에서는 가정이 무의미하지만, 만일에 탈주민들의 송환 교섭이 실패하여 이들이 동독으로 되돌아갔더라면 동독 내에서 주민들의 개혁을 요구하는 시위 활동은 탄력을 받기 어려웠을 것이다. 동독 정권의 국외여행 자유화 조치도 없었을 것이며, 베를린 장벽의 붕괴도 일어나지 않았을 수 있었다. 탈주민 송환 교섭이 성공했기에 동독 주민들의 시위가 힘을 얻었고, 베를린 장벽의 붕괴도 가능했다.

1989년 탈주민 송환 교섭에 성공한 독일은 1990년 들어서는 통일의 성사 여부가 달려 있는 2+4 회담의 성공에 전 외교력을 집중했다. 1990년 들어서 2+4 조약을 체결하기까지 8개월 동안 독일은 수십 차례의 정상회담과 외무장관 회담을 하며 대외적인 문제를 해결하기 위해 전력을 다했다.

콜 총리는 1990년에 들어서 조지 부시 대통령(4회), 고르바초프 대통령 (2회), 대처 총리(1회), 미테랑 대통령(4회) 및 데메지에르 동독 총리와 10 여 차례가 넘는 양자 정상회담을 했다. 또한 그는 EC 정상회담(2회), 나토 정상회담(2회)과 G7 정상회담(1회) 등 다자 정상회담을 통해 통일에 대해 이들 기구의 지지를 얻었다. 겐셔 외무장관은 베이커 미 국무장관 및 셰 바르드나제 소련 외무장관과 각각 12차례의 회담 이외에 EC 및 나토 외 무장관 회담, 여타 외무장관들과 수십 차례의 회담을 했다. 이때 겐셔는 심근경색을 앓고 있었다. 독일 정부는 겐셔의 외교활동에 차질이 없도록 3~4명의 의사와 간호사로 하여금 의료 장비를 갖고 겐셔를 수행하도록 지원했다.

독일은 부시 미 대통령의 전폭적인 지지를 바탕으로 이러한 통일 외교 를 추진하여 프랑스와 영국의 지지를 얻었다. 마지막에는 고르바초프를 설득하여 통일을 이룰 수 있었다. 독일이 부시 대통령의 지지를 얻을 수 있었던 것은 미국이 원했던 '통일된 독일의 나토 잔류'에 뜻을 같이했기 때문이다. 이처럼 독일은 미국의 확고한 지지를 바탕으로 치밀한 외교력 으로 '대외적인 문제'를 해결하고 통일을 이루었다.

독일은 2+4 회담 당사국인 4개국 이외에 주변국의 지지도 얻었다. 독 일이 주변국의 지지를 얻을 수 있었던 배경에는 독일이 지난 1949년 이래 수십 년 동안 이들 나라와 형성해 온 '신뢰'가 있었기 때문이다. 이 '신뢰' 는 초대 아데나워 총리의 '친서방 정책'이 토대가 되었다. 겐셔 전 외무장 관은 독일이 '신뢰'를 얻는 데 빌리 브란트의 '신동방정책'도 기여를 했으 며, 이 정책 기조는 정권이 바뀐 헬무트 콜 정부에서도 지속해서 추진되 었다고 했다. 콜 총리가 이 정책을 계속 추진한 데에는 겐셔 장관의 역할

독일 통일 한국 통일

도 있었다. 겐셔는 사민당 정부에서 외무장관으로 8년을 재임하다 콜이 총리가 된 이후에도 외무장관으로 계속 재임했다.

20세기에 두 차례나 전쟁을 일으킨 독일이 주변국으로부터 '신뢰'를 얻지 못했더라면 통일은 어려웠을 것이다. 독일은 '신뢰'를 바탕으로 주변국들에게 "통일된 독일이 유럽의 강자가 되려는 것이 아니라, 유럽의 안정과 평화는 물론 유럽의 통합에도 기여한다"라는 점을 설득하여 지지를 얻을 수 있었다.

이제 우리의 눈을 한반도로 돌려 보자. 우리가 통일을 이루기 위해서는 주변국의 동의가 필요하다고 주장하는 이들이 있다. 그 이유로 독일 통일이 전승 4개국의 동의로 이루어졌다는 이유를 들고 있다. 이러한 주장은 독일 통일을 올바로 이해하지 못한 데서 나온 것이다. 우리의 분단 원인은 독일의 분단 원인과는 다르다. 독일은 전쟁을 일으킨 책임으로 분단이 되었기에 전승 4개국은 '베를린과 전 독일에 대한 권한과 책임'을 갖고 있었다. 이 권한과 책임이 해제되어야 했기에 독일은 통일에 점령 당사국의 승인을 받아야 했다.[24] 그러나 우리의 분단은 일본군의 무장 해제를 위해 북위 38도선을 기점으로 미군과 소련군이 진주하면서 이루어졌다. 따라서 우리의 통일에는 주변국의 동의가 필요 없다.

통일에 주변국의 동의가 필요 없다는 점만 보면 우리의 통일 환경이 독일보다 더 나을 것으로 생각할 수 있다. 그러나 분단 시 동·서독 관계와 오늘날의 남북 관계는 다르다. 또한 북한을 둘러싼 동아시아의 정세는 독

---

24. 상세한 내용은 제4장 '대외적인 문제와 2+4 회담 기구 구성' 참조.

일 통일 당시 유럽의 사정보다 더 미묘하고 복잡하다. (1) 북한이 핵무기 개발과 무력 도발을 계속하고 있고, (2) 과거 소련이 동독에 행사했던 정도의 강력한 영향력을 북한에 행사할 국가가 없으며, (3) 중국의 영향력이 점점 커져 가고 있고, (4) 독일은 통일 과정에서 나토와 EC의 전폭적인 지지를 받았으나 동아시아에는 우리의 통일을 지지해 줄 강한 유대를 가진 다자 안보나 경제 기구가 없다는 점에서 그렇다.

통일을 우리가 원하는 대로 자유민주주의에 의해 평화적으로 이루기 위해서는 국제사회의 지지와 협조가 필요하다. 국제사회의 지지와 협조는 통일 과정에서 한반도의 안정을 유지하기 위해 매우 중요하다. 국제사회의 지지는 또한 통일 과정에서 북한 내에 있을지도 모르는 통일 반대 세력을 차단하는 기능도 있다. 그러면 우리는 통일을 위해 국제 관계에서 어떤 준비를 해야 하나?[25]

첫째, 통일을 위한 좀 더 큰 틀의 '통일 청사진'을 마련해야 한다. 이 '통일 청사진'에는 한국의 통일이 한반도만이 아니라 중국, 일본, 러시아 등 동아시아와 세계 평화에도 중요하다는 점이 강조되어야 한다. 아울러 통일된 한국이 한반도는 물론 동아시아 지역의 경제 번영에도 기여한다는 내용이 포함되어야 한다.

통일이 되면 북한의 핵무기 개발과 무력 도발의 위험이 사라져 한반도는 물론 동아시아 지역에 평화와 안정을 가져올 것이다. 이 지역의 평화와 안정은 중국(특히 동북 3성)과 블라디보스토크 등 극동 러시아 지역과의 경제 교류를 촉진할 것이다. 특히 유럽으로 오가는 수출입 물량이 러시아

---

25. 손선홍, "독일 통일을 위한 대외적 문제 해결과 시사점," 『외교』 제110호(한국외교협회, 2014.07).

와 중국을 경유할 수 있게 됨으로써 이 지역의 발전에도 기여할 것이다.

한반도의 통일이 주변국의 경제적 이익을 창출할 것이라는 전망도 있다. 랴오닝, 지린, 헤이룽장 등 동북 3성의 GDP는 최소 1조 위안이 증가하며(진징이 베이징대 교수), 일본은 246억 달러가 늘어나고 새 일자리는 21만 개가 창출되고(교지 후카오 히토쓰바시대 교수), 러시아는 유라시아 철도와 천연가스 송유관이 한반도와 연결되면 연간 50억 달러의 이익(알렉산더 제빈 러시아 과학아카데미 한국센타연구원장)이 날 것이라고 전망했다.[26]

이처럼 한국의 통일이 동아시아의 평화를 정착시키고 경제 발전을 가져온다는 것이다. 이는 통일 한국에 대해 주변국들이 가질지 모르는 우려를 해소할 수 있다. 이러한 '통일 청사진'을 동아시아 지역은 물론이고 국제사회에 꾸준히 알려 지지를 얻고, 통일을 위한 정당성을 쌓아 가야 한다.

둘째, 우리의 통일을 확고하게 지지하며 통일에 실질적인 도움을 줄 수 있는 나라를 확보해야 한다. 지난 수십 년 동안 한·미 동맹을 바탕으로 자유민주주의 이념을 공유해 오고 있는 미국이 이러한 역할을 할 수 있을 것이다. 미국의 지지는 우리의 통일을 반대하거나 다소 미온적인 나라의 지지를 얻는 데 도움이 될 것이다. 이와 함께 북한 정권 붕괴 시에 미국의 1차적인 관심은 북한의 대량살상무기(WMD) 처리라는 주장이[27] 있는 점도 유의해야 한다.

겐셔 전 외무장관은 독일과 한국의 환경이 다르지만, 통일을 이루기 위해서는 국제사회의 지지와 협조가 필요하며, 이를 얻기 위한 외교가 중요하다고 했다. 또한 도움을 줄 친구가 많아야 한다고 했다. 겐셔 장관은 특

---

26. 대외경제정책연구원, "통일 편익비용 분석과 남·북한 경제통합 방안," 2014.
27. 김석우·홍성국, 「통일은 빠를수록 좋다」, 20쪽.

히 "친구가 많아야 하지만 통일에 결정적인 도움을 줄 수 있는 확실한 친구가 있어야 한다"는 점을 만날 때마다 강조했다.

셋째, 통일된 한국과 가장 긴 국경을 마주할 중국의 지지와 협조를 얻기 위한 외교도 중요하다. 중국은 공식적으로 한반도의 평화 통일을 지지하는 입장을 표명하고 있다. 그러나 아직은 원론적인 입장이다. 우리가 통일을 이루기 위해서는 중국으로부터 더 적극적인 지지가 나오도록 해야 한다.

중국은 통일된 한국이 어떠한 대외 관계를 유지할 것인가에 대해 관심을 가질 것이다. 중국은 특히 한국이 안보 면에서 미국과 어떠한 관계를 유지할 것이며, 주한 미군의 주둔 문제 대해서도 관심을 가질 것이다. 따라서 중국이 한국의 통일로 인해 안보 문제에 대해 우려하지 않도록 대비할 필요가 있다. 그러나 어디까지나 우리의 안보가 우선되어야 한다. 소련은 독일 통일의 전제 조건으로 독일에게 나토에서 탈퇴하라고 줄기차게 요구했다. 그러나 독일은 미국과 함께 소련을 설득하여 나토에 잔류했다.

또한 대중국 외교에서 우리가 주의를 기울여야 할 점이 있다. 통일 과정에서 발생할 가능성이 있는 북한 주민들의 중국으로의 대규모 탈출에 따른 탈주민 보호 대책도 마련해 두어야 한다.

현재 중국은 우리에게 부동의 제1의 무역국이다. 또한 가장 많은 관광객이 오는 나라이다.[28] 무역과 관광 분야에서의 이러한 교류는 앞으로도 계속될 것이다. 통일이 되면 중국과의 교류가 모든 분야에서 더 큰 폭으

---

28. 2015년 한·중 무역액은 2,273.7억 달러로 우리나라 총 교역량 9,634.5억 달러의 23.6%를 차지했다. 또한 2015년에 우리나라를 방문한 외국인 관광객은 1,323만 명인데 이 중 중국 관광객이 598.4만 명으로 45.2%를 차지했다.

한스-디트리히 겐셔 전 독일 외무장관 내외와 만찬 후
(필자의 왼쪽이 겐셔 장관 부인, 2008. 2. 20, 본).

한스-디트리히 겐셔 전 독일 외무장관의 자택에서(2010. 2. 5, 본 근교).

로 증가할 것이다. 따라서 대중국 외교에서 중국이 남·북한과 개별적으로 관계를 유지하는 것보다 통일된 한국과 교류하는 것이 정치, 경제와 문화 등 모든 면에서 중국에게 더 큰 이익이 된다는 점을 강조하고 이해시켜야 할 것이다. 우리는 통일 이후 중국과 지금보다 더 폭넓은 교류와 협력 관계를 맺을 준비를 해야 한다. 이를 위해 중국과의 협력 관계를 위한 장기적인 계획을 세워야 한다. 이러한 외교는 중국이 한국의 통일로 인해 안보 문제에 대해 갖게 될 우려를 감소시키는 효과도 있다.

넷째, 국제사회가 통일 과정에서 한반도의 안정 유지에 일정한 역할을 하도록 해야 한다. 독일의 경우, 동독군이 소련과 바르샤바조약기구의 강한 통제 아래에 있었기 때문에 안정적인 상황에서 통일을 할 수 있었다. 그러나 핵실험을 하고 무력 도발을 일삼는 100만 명이 넘는 군을 보유한 북한은 사정이 다르다. 북한군이 통일 과정에서 한반도의 안정을 위협할 만한 군사적 행동을 하지 않도록 국제사회의 협조를 이끌어 내야 한다.

통일을 위해 국제사회의 지지와 협조를 받는 일이 필요하지만, 우리의 통일 문제를 UN 등 국제사회가 논의하는 일이 없도록 유의해야 한다. 국제사회의 개입으로 자칫 통일로 가는 길이 복잡해질 수 있고, 또 우리가 원하지 않는 방향으로 갈 수도 있기 때문이다.

다섯째, 통일 외교를 추진할 수 있는 인재를 길러야 한다. 우리의 통일에 대해 국제사회의 지지를 얻고 협조를 받는 외교활동도 궁극적으로 사람이 하는 일이다. 앞서 설명한 바와 같이 독일 통일에 특히 헬무트 콜 총리와 한스-디트리히 겐셔 외무장관이 큰 역할을 했다. 1990년 통일 당시 콜은 8년째 총리로, 겐셔는 16년째 외무장관으로 재임하고 있었다. 두 사람은 장기간 재임으로 미국, 영국, 프랑스와 소련의 4개국을 비롯하여 유럽 여러 나라의 정상 및 외무장관들과 두터운 친분 관계를 유지하고 있었다. 특히 1990년 2월 '2+4 회담' 기구 구성에 반발하며 자신들도 참여하겠다고 주장하는 이탈리아와 네덜란드 외무장관을 겐셔가 즉석에서 제압할 수 있던 배경에는 이러한 점도 작용했다. 통일 과정에서 국제사회가 우리의 입장을 지지하도록 설득할 수 있는 역량 있는 인재를 길러야 한다.

통일 방안과 관련하여 우리가 중립국으로 통일해야 한다는 주장도 있다. 결론부터 말하면 한국이 중립국이 되는 것은 동아시아의 상황에서는 적합하지 않다는 것이다. 스위스는 알프스라는 지리적 이점이 중립국 유지에 도움이 되었다. 오늘날 스위스는 독일, 프랑스, 이탈리아 등 자유민주주의를 지향하는 나라들에 둘러싸여 있다. 또한 유럽연합(EU)과 나토와 같은 강력한 유대 관계를 가진 경제와 안보 다자기구가 있다. 스위스의 중립의 지위를 훼손하고자 하는 국가도 없겠지만, 자유민주주의를 지향하는 국가들 간의 힘의 균형, 강력한 유대관계를 가진 경제와 안보 다자기구가 있는 관계로 중립국 지위를 훼손하기도 어렵다.

중립국은 혼자 선언한다고 되는 것이 아니다. 국제사회가 인정해 주고 중립의 지위를 훼손하지 않아야 한다. 그런데 한반도 주변에는 유럽과 같이 세력 균형을 이루는 다수의 나라들이 없다. 또한 EU나 나토와 같은 강력한 경제나 안보 다자기구도 없다. 특정 국가가 중립의 지위를 훼손하려고 할 경우 이를 억제할 국가나 다자기구가 없다. 통일된 한국이 중립국이 된다면, 세월이 흐를수록 한반도에 영향력을 확대하려는 주변국들의 각축장이 될 가능성이 크다. 우리는 구한말에 한반도가 열강의 각축장이 되었던 경험을 한 바 있다.

¨ 북한과의 교류 확대

분단 기간 중 서독은 동독과 여러 협약을 체결하여 상호 방문, 우편·통신 교류 및 무역 거래 등 여러 분야에서 폭넓은 교류를 했다. 서독이 동독과 했던 다양한 교류는 통일을 위한 굳건한 토대가 되었다.

1950~1960년대 동·서독 관계는 꽁꽁 얼어 있었다. 1969년 9월 총선을 통해 총리가 된 빌리 브란트는 "동독은 외국이 아니며, 동·서독 관계는 특별한 관계"임을 선언하고 관계 개선을 추진했다. 그러나 동독은 서독에게 '법적法的인de jure 승인'을 요구하며 대화에 냉담했다. 그럼에도 브란트와 그의 핵심 측근인 에곤 바르는 동독의 문을 꾸준히 두드렸다. 브란트는 '작은 걸음의 정책'을, 에곤 바르는 '접근을 통한 변화'를 내세웠다.

'작은 걸음의 정책'은 공산 정권은 일시에 변화시킬 수가 없기 때문에 작은 걸음을 내디디며 한 걸음 한 걸음 나아가야 한다는 것이다. 또한 '접근을 통한 변화'는 공산 정권은 스스로 변하지 않기 때문에 '지속적인 접근'을 통해 변화시켜야 한다는 것이다. 이러한 노력으로 결국 서독은 동독의 빗장을 풀 수 있었다. 서독은 1972년에 동독과 기본조약을 체결했다. 동·서독은 이 기본조약에 따라 1973년 9월에 유엔에 동시 가입했고, 1974년 5월에는 상주 대표부를 교환했다.

동·서독 주민들의 상호 방문도 활발히 이루어졌다. 서독 주민들은 비교적 자유롭게 동독을 방문했다. 이에 비해 동독 주민들은 연금 수령자이거나 '긴급한 가사 문제'(서독에 거주하는 친척들의 결혼, 중병 또는 사망의 경우)로 서독을 방문할 수 있었다. 이 제도는 1971년 12월에 처음 도입되었다. 이듬해인 1972년에 이 제도로 1만 1,000명이 서독을 방문했다.

1986년에 서독을 방문한 동독 주민은 약 176만 명이었다. 이들 중 연금 수령자는 151만 6,000명, '긴급한 가사 문제'로 인한 방문자는 24만 4,000명이었다. 1년 뒤인 1987년에 서독을 방문한 동독 주민은 총 509만 명으로 1년 전보다 약 3배 가까이 크게 늘어났다. 연금 수령자는 380만 명이, 긴급한 가사 문제로는 129만 명이 방문했다.

서독 방문을 통해 동독 주민들은 서독 주민들이 자유로운 분위기에서 경제적으로 윤택하게 지내고 있음을 알게 되었다. 동독 주민들에게서 서독 주민들이 누리는 자유와 경제적인 윤택함에 대한 동경이 싹트기 시작했으며, 세월이 흐르면서 커져 갔다. 이러한 동경이 있었기에 1989년 가을에 수십만 명의 주민이 탈출을 했고, 또 거리로 나가 개혁을 요구하는 시위를 하며 통일을 원했던 것이다.

서독은 동독과 교류를 하면서 동독에게 경제 지원도 했다. 동독은 서독의 지원에 대해 교류를 확대하거나 긴장을 완화하는 조치를 취했다. 예를 들면, 1980년대 초 동독은 경제 위기로 외화가 급히 필요했으나 신용이 없이 국제 외환시장에서 자금을 빌릴 수가 없었다. 이러한 상황에서 서독의 지급 보증으로 동독은 국제 외환시장에서 1983년 6월에 11억 마르크를, 1년 후인 1984년 7월에는 9억 5,000만 마르크를 추가로 빌릴 수 있었다.

서독의 이러한 지급 보증에 대해 동독은 서독 주민의 동독 방문 조건을 완화하는 조치로 호응했다. 즉 서독 주민이 동독을 방문할 때 의무적으로 동독 마르크로 환전해야 하는 금액을 인하했다.[29] 이어 서독 주민의 동독 체류 가능 일수를 연간 30일에서 45일로 늘렸다. 또한 동독은 서독과의 경계선에 설치한 자동발사기를 1984년 11월에 모두 철거했다. 이어 1985

년 11월에는 경계선에 매설한 지뢰도 완전 제거했다. 서독은 지급 보증만 했을 뿐인데 동독의 큰 변화를 이끌어 냈다.

서독이 동독과 교류를 하고 경제 지원을 할 수 있었던 배경에는 이처럼 서독이 지원을 하면 동독이 상응하는 조치를 취한 이유가 크다. 서독이 지원을 하면서 조건을 달지 않았어도 동독은 때로는 호의적인 조치를 했다. 물론 동독이 핵무기를 개발하지 않고 서독에 대해 일체의 무력 도발을 하지 않았기 때문에 서독은 이러한 동독과 교류를 하기가 비교적 쉬웠다. 동독에 차관을 제공하여 동독의 위상을 높이게 한 것이 서독 정부가 원하는 바가 아니었다. 이렇게 하는 것만이 동독과의 교류를 증진하고 인도적인 문제를 해결하는 유일한 방법이었다.

우리는 분단 70년이 넘었지만 아직 이렇다 할 정기적인 남·북 교류조차 없는 실정이다. 동족상잔의 비극으로 인한 남·북 간의 간격이 그만큼 큰 것이다. 무엇보다도 북한이 대화나 교류에 나서지 않으면서 핵무기를 개발하고 무력 도발을 하면서 동아시아의 평화를 위협하고 긴장을 조성하고 있다. 우리는 이러한 북한과 대화를 하고 교류를 하는 데 어려움이 적지 않다. 그럼에도 대화와 교류가 북한의 점진적인 변화와 개방을 이끌어 낼 수 있기 때문에 북한에 대화 제의를 꾸준히 해야 한다. 물론 우리가 안보를 튼튼히 하고 대북 억지력을 확실히 해야 한다. 대화가 이루어진다면 정례화할 수 있는 비정치적인 분야의 교류를 선정하여 추진하는 것이

---

29. 분단 시 서독 주민은 동독을 방문하는 경우에 방문 일수에 따라 동독 마르크로 의무적으로 환전해야 했다. 1983년 서독의 보증으로 차관이 제공되자 동독은 14세 미만의 어린이에게는 환전 의무를 폐지하고, 14~15세 어린이에게는 1일당 25마르크에서 7.5마르크로 인하했다. 1984년에 두 번째 차관이 제공되자 동독은 연금 수령자의 환전액을 1일당 25마르크에서 15마르크로 내리고, 연간 총 체류 일수도 30일에서 45일로 확대했다. 손선홍, 『분단과 통일의 독일 현대사』, 240~242쪽.

필요하다. 가장 시급한 교류는 이산가족의 정기적인 만남이다.

이산가족의 첫 만남은 1985년 9월 20~23일 서울과 평양을 동시에 방문하면서 이루어졌다.[30] 1945년 이후 40년 만이었다. 이후 세 차례 더 상호 교환 방문이 이루어졌으나 2002년부터 만남의 장소가 금강산으로 제한되었다.[31] 이마저 북한의 일방적인 거부 또는 무성의로 제대로 이루어지지 않고 있는 실정이다. 무엇보다도 이산가족의 나이가 점점 들어 가고 있어 만남이 시급하다. 통일부 이산가족 정보 통합 시스템에 의하면 이산가족 등록자 13만 808명 가운데 생존자는 6만 5,674명이며, 이 중 3만 7,442명이 80세 이상 고령자다(2015년 12월 말 기준). 이 통계도 이산가족 일부만 신청한 현황이다. 또한 유아, 임산부나 노인 등에 대한 인도적인 지원도 꾸준히 이어 갈 수 있도록 해야 한다.

문화 교류와 스포츠 분야의 교류도 추진하여 정례화해야 한다. 스포츠 교류는 남·북한이 모두 관심이 있는 축구, 배구, 농구, 태권도 및 씨름 등의 경기를 매년 장소를 남과 북이 번갈아 가며 주최하는 방안도 있다. 경기 장소를 서울과 평양 이외에 지방 도시로도 넓혀 교류를 확대하는 측면이 있다.

남·북한 도시 간의 자매결연도 필요하다. 도시 간 자매결연은 교류의 범위를 중앙정부에서 도·시·군·구 등으로 확대하는 효과가 있다. 평상시 교류를 하면서 통일 과정에서는 남한의 도시가 북한의 자매 도시를 지

---

30. 이산가족의 첫 만남은 1985년 9월에 "이산가족 고향 방문단 및 예술 공연단" 교환 방문이란 이름으로 이루어졌다. 그 규모는 고향 방문단 50명, 예술 공연단 50명, 취재 기자 30명, 지원 인력 20명 및 단장 등 총 151명이었다.

31. 이산가족의 만남은 2015년 10월까지 총 21차례 이루어졌다. 이 중에서 금강산에서의 만남은 2002년 4월 이래 2015년 10월 말까지 모두 17차례 이루어졌다.

2015년 10월에 재개된 남북 이산가족 상봉행사 마지막 날에 딸 이정숙 씨와
아버지 리흥종 씨(북측)가 눈물을 흘리며 작별 인사를 나누고 있다
(2015. 10. 22, 금강산, 사진 제공: 뉴시스).

원할 수 있을 것이다. 남한의 도시가 북한의 자매 도시를 지원함으로써 중앙정부의 경제적 부담을 일부 덜어주는 효과도 기대할 수 있다. 분단시 서독 도시들은 동독 도시들과 자매결연을 맺고 교류를 했다. 통일이 된 오늘날에도 함부르크는 분단 시 자매 도시였던 드레스덴과 교류를 하고 있다.

남·북한 간의 대표적인 경제 협력 사업으로 개성공단 사업이 있다. 개성시 봉동리에 위치한 개성공단은 남측의 자본과 기술, 북측의 노동력과 토지를 결합한 남북 경제 협력 사업이다. 개성공단은 2003년 6월 30일 착공하여 2004년 12월에 첫 제품을 생산했다. 2005년에 18개 기업이 입주하여 북측 근로자 6,013명을 고용했다. 2015년 11월 말에는 입주기업은 124개로, 북한 근로자는 5만 4,763명으로 늘어났다. 2015년 11월 말까지 누적 생산액은 약 31억 8,623만 달러에 달한다.[32]

개성공단이 잠시 폐쇄되기도 했다. 북한 핵문제 등으로 남북 관계가 악화되자 북한은 2013년 4월 우리 기업인의 개성공단 통행을 제한하고, 북한 근로자를 일방적으로 철수시켰다. 이에 대해 남한은 신변 안전을 위해 개성공단 내 모든 인력을 철수시켰다. 이후 남북한은 개성공단 정상화를 위한 회담을 열었다. 8월 14일 '개성공단 정상화를 위한 합의서'가 채택되어 개성공단은 9월 16일부터 재가동되었다. 개성공단 사업은 현재 1단계 사업 330만m² 중 약 40%인 82만 6,446m²만 이루어지고 있다. 제2, 3단계 사업이 계획되어 있으나 이 사업이 추진되기에는 좀 더 시일이 필요한 실정이다. 개성공단의 정상적인 운영에 통신, 통행, 통관의 3통 문제가 걸

---

32. 개성공단 관련 통계는 통일부 홈페이지(www.unikorea.go.kr)에서 인용했다.

림돌이 되고 있다.

개성공단이 정상적으로 운영된다면 나진·선봉 등 다른 경제특구에도 공단을 확대 설립하는 것이 필요하다. 공단이 들어섬으로써 공단 인근 지역의 개발도 이루어질 것이다. 인도적인 지원과 공단 운영 등의 경제 교류는 남북한 간의 교류를 증진시킴은 물론이고 궁극적으로 통일 비용을 줄이는 효과도 있다.

우리는 휴전선을 사이에 두고 군사적으로 북한과 첨예하게 대치하고 있다. 긴급 시 북한과 협의할 수 있는 대화 채널이 언제나 가동이 되어 대화를 나눌 수 있어야 한다. 최소한 장관급 연락 채널은 항시 가동되도록 해야 한다.

오늘날 이렇다 할 남북한 간의 정기적인 교류가 없는 가운데 북한은 한반도의 긴장을 조성하고 있다. 이러한 상황에서 북한과의 다양한 교류가 실현 가능할까 하고 의문을 가질 수 있다. 그러나 우리가 통일을 위한 노력을 하고 있는 한 이러한 교류가 이루어질 수 있도록 북한을 변화시켜야 한다. 북한의 변화만이 평화를 정착시키고 통일을 이룰 수 있다. 빌리 브란트는 통일 등 미래의 정치를 추진하는 데 때로는 현재까지의 상황을 토대로 한 상상력이 필요하다고 했다.

¨ 북한 주민의 심리적인 문제

통일에 대비하여 우리는 경제 문제 이외에도 북한 주민이 겪게 될 심리적인 문제에도 관심을 갖고 준비해야 한다. 70년 넘게 북한 주민들은 정치, 경제, 사회, 문화 등 모든 것이 우리와는 완전히 다른 체제에서 지내왔다. 장성택 전 국방위원회 부위원장의 처형(2013년 12월)과 현영철 인민무력부장의 처형(2015년 4월)에서 알 수 있듯이 북한은 전 세계에서 그 유례를 찾아보기 힘들 정도의 잔인한 공포 사회다. 또한 북한은 외부 세계와 차단된 폐쇄 사회다. 이러한 사회에서 살아온 북한 주민들은 통일 후 북한과는 완전히 다른 새로운 사회 제도에 적응하는 데 어려움이 있고, 또 시일도 오래 걸릴 것이다. 이로 인해 북한 주민이 겪게 될 심리적인 문제도 클 것이다.

미하엘 풍케 함부르크 대학 교수는 "동·서독 주민이 지난 45년간 서로 다른 체제에서 지내온 심리적인 격차가 매우 컸다"고 했다. 그는 "이런 심리적 격차는 베를린 장벽이 붕괴되었다고 해서 바로 사라지는 단순한 문제가 아니었다"라고 했다. 그는 "한국이 통일 이후 발생할 경제 문제에도 준비를 해야겠지만, 북한 주민이 겪게 될 심리적인 문제에 관심을 갖고 준비하는 일도 중요하다"고 조언했다.[33]

1995년 3월에 과거 동독이었던 작센-안할트 주 수도인 마그데부르크 시의 빌헬름 폴테Wilhelm Polte 시장을 면담할 기회가 있었다. 이 당시는 통일이 된 지 4년 반이 지난 때였다. 폴테 시장은 자녀 교육 문제를 예로 들며 동독 지역 주민들이 통일 이후 새로운 사회 제도에 적응하면서 겪은 어려움을 들려주었다.[34] 그는 학기 초만 되면 "시청 직원들이나 시민들로부터 자녀를 어느 유치원 또는 어느 초등학교에 보내야 하느냐?"라는 문의를 자주 받았다고 했다. 서독에서는 이러한 일은 학부모가 스스로 판단

---

33. 풍케 교수와는 2013년 3월 12일 함부르크 대학에서 의견을 나누었다.
34. 폴테 시장과는 1995년 3월 30일 마그데부르크 시청에서 대화를 나누었다.

하여 한다. 동독에서는 대부분이 국가가 결정하면 부모들은 그 결정에 따라 보내면 되었다. 따라서 동독 지역 주민들은 자녀 취학 문제에 경험이 적었기 때문에 시장에게 묻곤 했던 것이다. 이는 통일 후에 동독 지역 주민들이 겪은 하나의 조그만 사례에 불과하다.

남·북한 주민 간의 이질화 현상도 매우 심각한 상황이다. 남북 합동 국어사전을 편찬 중인 '겨레말큰사전남북공동편찬사업회'에 따르면 남과 북의 대사전을 비교한 결과 일반 언어는 35%가, 전문 용어는 66% 정도가 차이가 있다고 한다.[35] 그 정도로 남북 간에 언어 이질화 현상이 심각한 상황이다. 그 한 예로 북한에서는 남편을 '세대주'라고 부른다고 한다. 또한 북한에서는 송편을 추석이 아닌 설날에 먹는다고 한다.

통일 후에 북한 주민이 겪을 혼란을 줄이기 위해 통일 전에라도 서로를 이해하는 기회를 자주 갖도록 해야 한다. 북한과 스포츠 교류나 문화 행사를 함께 개최하는 것도 좋을 것이다. 통일 이후에는 북한 주민이 자유민주주의와 시장경제 체제를 이해하면서 새로운 생활에 적응할 수 있도록 각종 교육 프로그램을 운영하는 것이 필요하다.

또한 남·북한 주민들 간의 소득 격차를 줄여야 하는 문제도 있다. 그러나 단기간에 해결할 수 있는 일이 아니다. 독일 통일 23년이 지난 2013년 기준 동독 지역 주민의 1인당 GDP는 서독 지역 주민 대비 71.0%(서독 지역: 3만 5,391유로, 동독 지역은 2만 5,129유로) 수준이다. 1991년 43.3%(서독 지역 주민이 2만 2,004유로, 동독 지역 주민은 9,531유로)에서 22년 동안 27.7% 포인트 증가에 그쳤다.[36] 통일 초기 5년간은 격차가 빠르게 줄어들었으나

---

35. 《조선일보》(2015.7.3).
36. GDP 통계는 Bundesministerium für Wirtschaft und Energie, 앞의 책, p.81.

이후 아주 완만하게 줄어들고 있다.

남·북한 주민들 간의 소득 격차가 동·서독보다 크기 때문에 소득 격차를 해소하는 데 독일보다도 훨씬 더 오래 걸릴 것이다. 소득 격차를 해소하기 위한 노력을 하면서 격차가 빠른 시일 내에 해소되기 어려운 점을 솔직히 알려야 한다.

분단 기간 동안에 수백만 명의 동독 주민이 서독을 방문했다. 또한 동독 주민들의 90% 정도가 서독 TV도 시청했다. 그럼에도 동독 지역 주민들은 통일 이후 새로운 사회에 적응하는 데 어려움을 겪고 있다.[37]

독일 일간지 《프랑크푸르터 알게마이네 차이퉁》지의 논넨마커 발행인도 장기간 분단으로 인해 북한 주민이 겪게 될 심리적인 문제가 심각할 것이라고 했다. 그는 북한 체제에서 성장한 주민들은 통일 후 새로운 사회 제도에 적응하기 어려운 '잃어버린 세대lost generation'가 될 수 있다고 했다. 그는 북한 주민이 새로운 제도에 자연스럽게 적응할 수 있도록 지원하는 준비를 평상시 해야 한다고 조언했다.

2015년 12월 말 기준으로 2만 8,795명(이 중 70%가 여성)의 북한 이탈주민이 우리와 함께 생활하고 있다.[38] 동독보다도 더 폐쇄적이고 강압적인 독재 체제에서 살아온 북한 이탈주민들은 우리 사회에 적응하는 데 더 많은 어려움을 겪고 있을 것이다. 이들이 잘 정착하여 살아갈 수 있도록 지원이 이루어지고 있지만, 우리 사회가 이들에 대해 더 많은 이해와 배려를 할 필요가 있다. 이러한 이해와 배려는 통일 후에 북한 주민이 새로운

---

37. 빌리 브란트 총리의 핵심 측근으로 '신동방정책'을 기초했던 에곤 바르는 동독 주민들이 서독을 방문하고 서독 TV를 시청했음에도 서독 체제에 대해 잘 모르고 있었다고 했다.
38. 통일부 홈페이지(www.unikorea.go.kr)에서 인용했다.

사회 제도와 환경에 좀 더 쉽고 편안하게 적응하는 데에도 도움이 될 것이다. 통일 후 북한 주민이 새로운 사회 제도에 적응하는 데 어려움이 없도록 심리적인 문제에 더 많은 관심을 갖고 준비를 해 나가야 한다.

독일 통일 한국 통일

제9장

통일 비용 어떻게 준비해야 하나?

통일은 우리에게 큰 축복이다. 통일은 우리만이 아닌 우리 후
손들도 대대로 누릴 축복이다. 그러나 그 축복은 저절로 오지
않는다. 통일에 대한 의지와 열정을 갖고 준비를 하고 대비를
해야 누릴 수 있는 축복이다.

¨ 통일 비용 어떻게 준비해야 하나?[1]

통일 준비에는 정치, 외교·안보 분야의 준비 못지않게 경제 분야의 준
비도 중요하다. 경제적인 측면에서의 통일 준비 하면 우선 통일 비용의
준비를 들 수 있다. 통일 비용의 중요성에도 불구하고 우리는 통일 비용
에 대해 큰 관심을 갖지 않았다. 우리가 통일 비용을 생각하게 된 계기는
독일의 통일이다. 1990년 독일이 통일된 이후 통일 비용이 큰 문제가 되
고서야 우리는 비로소 관심을 갖게 되었다.

독일은 통일 비용에 대해 고민하거나 준비할 겨를도 없이 갑작스럽게
통일을 맞이했다. 갑작스럽게 통일을 이룬 상황에서도 독일은 통일 비용
을 크게 염려하지 않았다. 우선 통일 비용이 그리 많지 않을 것으로 판단
했고, 통일 비용을 어느 정도는 스스로 조달할 수 있을 것으로 생각했기

---

1. 손선홍, "통일비용 어떻게 준비해야 하나?" 『외교』 제115호(한국외교협회, 2015.10)를 토대로 했다.

때문이다. 그러나 동독의 경제는 서독이 생각했던 것보다 훨씬 열악한 데다 수백만 명의 실업자와 조기 퇴직자가 발생하여 통일 비용이 많이 들었다. 독일 통일은 우리에게 통일 비용을 준비하여 대비해야 한다는 점을 일깨워 주었다.

우리의 통일에도 당연히 통일 비용이 소요된다. 통일 비용을 준비하기 위해서는 두 가지 사항이 고려되어야 한다. 첫째, 통일 비용이 어느 정도 필요한가? 둘째, 필요한 통일 비용을 어떻게 조달할 것인가? 우리가 추정하는 통일 비용의 규모는 여러 요인에 따라 달라진다. 예상되는 통일의 시점이 언제이고, 북한 주민의 소득을 남한 주민의 어느 수준까지, 또 어느 정도 빨리 끌어올리느냐에 따라서도 달라진다. 또한 통일이 어떤 방식으로 이루어질 것인가에 따라서도 달라진다. 따라서 통일 비용의 규모를 추정하기가 쉽지 않다.

그럼에도 불구하고 통일을 준비하는 우리로서는 통일 비용의 규모가 어느 정도가 될지를 추정하고, 또 이 비용을 어떻게 조달할 것인가에 관한 구체적인 계획을 갖고 있어야 한다.

우리의 통일 비용에 앞서 먼저 통일을 이룩한 독일의 사례를 알아본다. 우리가 이루게 될 통일 방식이나 통일 비용의 규모가 독일과는 다를 것이다. 그럼에도 통일 비용을 조달하는 방법이나 그 사용 용도는 비슷할 것이기 때문이다.

독일 통일 한국 통일

독일의 통일 비용

통일 비용의 규모

독일에서 '통일 비용'을 말할 때는 일반적으로 동독 지역의 공산주의와 계획경제 체제를 자유민주주의와 사회적 시장경제 체제로 전환하고 동독 지역을 재건하기 위해 투입된 모든 공공 이전 지출을 말한다. '통일 비용' 에는 동독 지역 주민들에게 지원하는 사회보장비도 포함된다. 즉 재정 제도, 사회보장 제도의 통합과 동독 지역의 인프라 구축, 투자 촉진 등에 투입된 공공 재원을 말하며, 민간 투자는 포함하지 않는다.

통일 당시 독일 정부는 비교적 건전한 공공 재정[2], 동독 국유 재산의 매각 대금, 통일이 되어 필요 없게 된 분단 유지 비용 등으로 통일 비용의 조달이 가능할 것으로 생각했다. 그러나 통일 과정에서 동독의 경제 실상은 매우 열악한 것으로 드러났다. 동독 지역 주정부와 지방자치단체들은 많은 부채를 안고 있었다. 또한 동독 국유 재산을 매각하여 약 3,000억 유로 정도의 통일 비용을 조달할 수 있을 것으로 예상했으나 오히려 적자를 보았다. 또한 과다 고용된 근로자를 정리하고 경쟁력 없는 동독 기업들이 문을 닫으면서 300만 명 가까운 조기 퇴직자와 실업자가 발생하여 연금 등 사회보장비가 많이 소요되었다. 따라서 통일 비용이 예상보다 많이 늘어났다.

독일 통일 비용이 지금까지 얼마나 소요되었는지 공식 통계는 없다. 독일 정부가 1998년 이후로는 통일 비용을 발표하지 않기 때문이다. 독일

---

2. 1990년 말 독일의 국가 채무 잔액/GDP 비율은 41.2%였다. 김영찬, "동서독 통일 20년: 경제적 관점의 평가와 교훈," 2010.

정부가 통일 비용을 발표하지 않는 이유로 다음과 같은 점을 들 수 있다.

첫째, '통일 비용'을 동독 지역의 체제 전환과 경제 재건에 투입된 비용이라고 정의하고 있으나, 통일 비용의 기준이 명확하지 않기 때문이다. 통일 비용의 범위를 어디까지로 할 것인가? 즉 동독 지역으로 이전된 모든 비용을 통일 비용에 포함시켜야 하는가라는 문제가 있다. 또한 기준이 명확하지 않다 보니 세월이 흐를수록 정확한 통일 비용의 집계가 어려워진 점도 있다.

둘째, 통일 비용 발표로 인해 서독 지역과 동독 지역 주민들 간의 내적인 통합(화합)에 걸림돌이 되고 있기 때문이다. 통일 초기에 일부 서독 지역 주민들 중에는 통일로 인해 물가가 오르고 세금도 올랐다고 불평하는 이들이 있었다. 동독 지역 주민들은 그들대로 통일이 되어 같은 국민이 되었는데 통일 비용 발표로 도움이나 받는 이들로 인식되는 것이 불만이었다. 즉 통일 비용 발표로 인해 두 지역 주민들 간의 내적인 통합에 지장을 초래하는 점이 있었다.

셋째, 통일 이후 서독 지역 주민들에게도 연금과 실업수당 등 사회보장비가 지원되었다. 또한 서독 지역의 사회간접자본 시설의 건설과 유지에도 많은 비용이 투자되었다. 똑같은 목적에 예산이 지원되었는데도 동독 지역 주민들에 대한 연금과 실업수당만이 통일 비용인가? 또한 동독 지역의 고속도로 건설은 통일 비용이고, 서독 지역의 건설은 왜 통일 비용이라고 부르지 않는가라는 문제도 제기되었다.[3]

이러한 이유로 독일 정부가 통일 비용을 발표하지 않기 때문에 통일 비

---

3. 리하르트 슈뢰더(최기식·정환희 옮김), 「독일 통일에 관하여 잘못 알고 있는 것들」, 234~237쪽.

용에 관한 공식 통계는 없다. 다행히도 독일의 여러 경제연구소, 대학과 언론이 각종 연구 자료를 토대로 통일 비용을 추정 발표하고 있다. 이 자료를 토대로 통일 비용의 규모와 용도 등에 관해 알아보기로 한다.

통일 이후 지난 2010년까지 20년 동안 동독 지역으로의 총 이전액은 약 2조 1,000억 유로다.[4] 연평균 1,050억 유로, 매년 조세 수입의 약 10%, 서독 GDP의 약 4% 내외가 이전됐다. 그러나 동독 지역에서 걷은 세금과 사회보장비 약 4,000억 유로를 제외하면, 순 이전액은 약 1조 7,000억 유로다. 즉 총 통일 비용의 약 81.0%만이 추가로 소요되었으며, 19.0%는 동독 지역에서 자체 조달되었다.

통일 비용의 용도

그러면 통일 비용은 어디에 얼마만큼 쓰였는가? 통일 이후 20년 동안 통일 비용은 주로 5개 분야에 지출되었다.

(1) 동독 지역 주민들에 대한 연금, 실업수당 및 의료보험 등 사회보장비, (2) 신탁청 결손 지원, 독일 통일기금 및 연대 협약, (3) 도로, 공공시설, 주택 건설 등 사회간접자본 시설 확충, (4) 대내외 채무 상환 및 화폐 통합에 따른 적자 보전, (5) 경제 지원 등으로 사용되었다.

〈표 1〉을 보면 통일 비용이 압도적으로 사회보장비(52.4%)로 지출된 것을 알 수 있다.

---

4. 독일 최대 경제 일간지인 《한델스블라트(Handelsblatt)》(2010.10.1)지의 보도자료다. 통일 비용(이전액)과 관련하여, ① 《슈피겔》 Nr.15/2004(2004.4.5)지는 1991~2003년까지의 13년 동안 동독 지역으로의 이전액은 약 1조 2,500억 유로, 순 이전액은 9,500억 유로였다고 표지 기사로 보도했다. ② FAZ(2009.8.22)지는 2009년에 베를린 자유대학의 조사를 토대로 1990~2009년까지 총 2조 유로가 이전됐고, 순 이전액은 1조 6,000억 유로라고 보도했다. ①과 ②를 토대로 하면 《한델스블라트》지가 보도한 통일 비용에 근접한다.

통일 비용의 조달

통일이 되면서 만성적으로 적자인 동독의 공공 재정에 대한 지원이 이루어져야 했다. 이를 위해 1990년 5월에 체결한 통화·경제와 사회 동맹 조약(국가 조약)에서 동·서독은 '독일 통일기금Fonds der deutschen Einheit'을 조성하기로 합의했다. 통일기금은 1991~1994년까지 4년 동안 총 1,607억 마르크(약 803.5억 유로)[5]를 조성했다. 1990년 '국가조약' 체결 당시에는 1,150억 마르크를 조성하기로 합의했다. 그러나 이 금액으로는 부족하여 1992년 6월의 연대 협약에 의해 457억 마르크를 증액한 것이다.

1,607억 마르크의 통일기금 중에서 950억 마르크는 국채 발행으로, 426억 마르크는 연방정부가, 87억 마르크는 서독 지역 주정부들이 부담하여 조성했다. 이 비용에서 10% 정도의 잡수입이 발생했다.[6] 통일기금의 59.1%를 국채 발행으로 조달했다. 1,607억 마르크 중에서 15%는 연방

〈표 1〉 독일 통일 비용 지출 내역(1991~2010년)

구분	사용 내역	금액(유로)	비율(%)
사회보장비	연금, 실업수당, 의료보험 등	1조 1,000억	52.4
신탁청 결손 지원 등	신탁청 결손 지원, 독일 통일기금, 연대 협약(I, II)	4,600억	21.9
사회간접자본 건설	지역 경제 구조 개선, 교통 체계 개선	2,000억	9.5
채무 상환 등	상속 채무, 구채무 상환 및 소련군 철수 비용	2,000억	9.5
경제 지원	경제 지원	1,400억	6.7

* 출처: *Handelsblatt*(2010.10.1).

5. 유로화가 도입되면서 약 2마르크가 1유로가 되었다.
6. Thomas Lillig, "Finanzierung der deutschen Einheit," in Werner Weidenfeld/ Karl-Rudolf Korte, *Handbuch zur deutschen Einheit*, p.291.

정부가 동독 지역 재건 사업에 직접 사용했다. 85%는 동독 지역의 주정부에 할당했다. 이 중 40%는 주정부가 다시 시와 군 등 지방자치단체에 배정했다.

통일기금은 1994년까지만 한시적으로 운영되었다. 1995년부터는 '주재정균등화제도Länderfinanzausgleich'에 의해 동독 지역의 주를 지원하고 있다. '주재정균등화제도'란 연방정부와 주정부 간, 또는 주정부 상호 간에 조세 수입 배분과 연방정부의 교부금 지원을 통해 각 주의 1인당 조세 수입이 균등을 이루도록 하는 제도다. 이 제도는 전 국민의 균등한 생활 수준 달성을 위해 통일 전부터 있었으며, 이를 통해 취약한 주의 세수도 일정 수준 이상으로 균등화시키는 제도이다.[7]

이 통일기금이 한시적인 데다 기금의 규모도 적어 막대한 통일 비용을 충당할 수 없었다. 따라서 (1) 국채 발행, (2) 세금 및 사회보장보험료 인상, (3) 정부의 재정 지출 절약과 필요 없게 된 분단 유지 비용 등을 통해 비용을 조달했다.[8] 각 부분의 비중은 대상 기간에 따라 달라지는 등 추정이 어렵기는 하나 상당 부분이 기채, 즉 채무 증가에 의한 것으로 알려지고 있다. 한편 비중은 작지만 EU로부터의 지원금도 통일 비용 재원에 기여했다.

첫째, 국채 발행을 통해 자본시장에서 조달했다. 동독 지역으로의 이전액은 1991년에 약 1,400억 마르크, 1992년에는 1,520억 마르크였다. 통일로 인해 지출 규모가 늘어났으나 조세 수입이 부족했다. 연대 부과금

---

7. 이는 기본법 제106조 (3)항 ②에 "… 균등한 생활 수준이 독일 전 지역에 보장되도록 …"; 기본법 제107조 (2)항에 "각 주의 상이한 재정 능력은 적절히 균등화되어야 한다"라는 규정에 근거한다. 김영찬, "동서독 통일 20년: 경제적 관점의 평가와 교훈," 2010.
8. Thomas Lillig, 앞의 글, pp.289~299.

도입과 세금 인상이 1991년 하반기에 이루어지면서 부족한 재원을 국채를 발행하여 조달했다. 국채 발행액은 1991년에 약 615억 마르크, 1992년에는 405억 마르크였다.[9] 통일 비용의 상당 부분을 채권을 발행하여 조달했음을 알 수 있다. 채권은 만기가 되면 다시 발행했다.

둘째, 세금과 사회보장보험료 인상 및 부가세 신설을 통하여 조달했다. 헬무트 콜 정부는 통일 후 첫 총선일(1990.12.2) 전 까지만 해도 통일 비용을 조달하기 위해 세금을 인상하는 일은 없을 것이라고 여러 차례 강조했었다. 그러나 통일 비용이 점점 늘어나자 세금을 인상하는 방향으로 정책을 바꾸었다.

(1) 연대법Solidaritätsgesetz 제정에 의한 재원 조달(1991.6.26): 우선 '연대부과금Solidaritätszuschlag'이란 부가세附加稅를 신설했다. 1991년 도입 시 통일 비용 이외에도 걸프전 비용과 동유럽 국가에 대한 지원도 신설 사유로 들었다. '연대부과금'은 소득세, 이자 소득세와 법인세에 추가로 부과되는 세금이다. 1991년 7월부터 1년 동안 시행된 후 폐지되었다가 2년 반 후인 1995년 1월에 다시 도입했다. '연대부과금'은 직접세로 연방정부가 관리한다. 세율은 5.5%(첫 도입 1년간 및 1995~1997년은 7.5%)이며 동독 지역에서도 징수한다.

연대부과금 징수액은 매년 조금씩 늘어나고 있다. 2009년에 약 111억 유로(약 16조 950억 원)에서 2012년에는 약 136억 2,000만 유로(약 19조 7,500억 원)[10]로 늘어났다. 이처럼 연대부과금 징수액은 해마다 늘어나고 있는 추세다.

---

9. Thomas Lillig, 앞의 글, p.292, p.765.
10. 이 당시 환율은 1유로가 1,450~1,500원으로 이해를 돕기 위해 원화로 계산했다.

〈표 2〉 연대부과금 세율 변화

시기	세율
1991.7.1~1992.6.30	7.5%
1992.7.1~1994.12.31	0.0%
1995.1.1.~1997.12.31	7.5%
1998.1.1~현재	5.5%

이밖에 유류세(무연 휘발유 1리터당 60페니히에서 82페니히로 인상), 보험세 (7%에서 10%로 인상)와 담뱃세(1개비에 1페니히 인상) 등을 각각 인상했다.[11] 또한 실업보험료(2.5%에서 6.5%)와 연금보험료(17.7%에서 19.2%)를 각각 인상했다. 이러한 세금 인상으로 1991년에 360억 마르크, 1992년에는 510억 마르크의 조세 수입이 늘어났다.

(2) 부가가치세 인상을 통한 재원 조달(1992.2.25): 연대부과금을 징수하고 일부 세금을 인상하였으나 막대한 통일 비용을 조달하기에는 여전히 부족했다. 결국 부가가치세를 인상해야 했다. 1993년 1월에 기존 14%였던 부가가치세를 15%로 인상했다. 이어 1998년 4월에는 16%로, 2007년 1월부터 19%로 인상했다. 1998년 이후의 부가가치세 인상은 통일 비용 조달만이 아닌 전반적인 세수 부족을 충당하기 위한 목적도 있었다.

셋째, 정부의 재정 지출 절약과 조세 감면 폐지 등을 통해 조달했다. 절약은 재원을 조달하는 세 번째 방안이었다. 재정 지출 절약은 주로 서독 지역 주에 대한 공공 부분 보조금 감축을 통해 이루어졌다. 1992~1994년 동안 베를린에 대한 보조금 삭감, 서독 지역 주에 대한 보조금 축소 및 군

---

11. 유류세와 보험세는 1991년 7월 1일부터, 담뱃세는 1992년 3월 1일부터 인상되었다.

軍 인프라 시설 축소 등을 통해 약 132억 5,000만 마르크를 조달했다.

이외에도 조세 감면 철폐 등으로 163억 5,000만 마르크를, 연구 사업 분야의 예산 절감 등을 통해 37억 마르크를 조달했다. 1992~1994년 동안 재정 지출 절약과 조세 감면 폐지 등을 통해 총 333억 마르크를 조달했다.

참고로 독일은 국방비를 제외하고 분단 유지 비용으로 1951~1989년 동안 약 4,070억 마르크(연평균 104억 4,000만 마르크)를 지출했다.[12] 이 비용 중에서 서베를린에 대한 지원이 3,490억 마르크로 가장 많았다. 이외에 동독과의 접경 지역 지원에 350억 마르크, 동독 정치범 석방 등을 위해 100억 마르크, 서독과 서베를린 간의 고속도로 통행 지원 등에 130억 마르크를 사용했다. 분단 시 서베를린은 동독의 한가운데에 있었고, 서방 3개국의 관리 아래에 있었기 때문에 독일 정부의 특별 지원을 받았다.

통일 비용에 대한 독일인들의 인식의 변화

45년간의 분단을 청산하고 통일을 이룬 독일인들은 환호하며 미래에 대한 기대감에 부풀었다. 이러한 기대감 속에서도 비록 일부이기는 하나 또 다른 한편에서는 막대한 통일 비용에 대한 우려의 목소리도 있었다.[13]

그러나 좀 더 세월이 흐르면서 통일 비용에 대해 우려했던 독일인들의 생각이 바뀌기 시작했다. 그들은 통일 초기에는 통일 비용이 많이 소요되었다는 점만 생각했는데, 비용보다도 동·서독이 통일을 이룩한 것이 더

---

12. Werner Weidenfeld/ Karl-Rudolf Korte, 앞의 책, p.761.
13. 통일 직후인 1991년 5월에 서독 지역 주민들을 대상으로 한 '우려할 문제'에 관한 여론 조사에서 '통일 문제'를 거론한 이는 없었다. 1년 반 뒤인 1992년 12월 조사에서는 8.6%가 '통일 문제'를 우려할 문제라고 지적했다. 즉 시일이 지나면서 통일에 대해 우려한 것이다. 서독 지역 주민들은 '우려할 문제'로 난민/외국인(44.4%), 극우주의(15.2%) 및 실업(10.6%) 문제 순으로 꼽았다. Werner Weidenfeld/Karl-Rudolf Korte, 앞의 책, p.771.

중요하다는 것을 깨달았다고 했다. 그 당시 통일을 하지 못했더라면 통일의 기회가 다시 오기 어려웠을 것이라고 했다. 그러면 통일 비용에 대한 독일인들의 생각이 이처럼 바뀐 이유는 무엇일까?[14]

첫째, 통일 비용보다는 통일이라는 국가적 대업을 이룬 점을 더 중요하게 생각하게 됐다고 한다. 시간이 지남에 따라 통일이라는 국가적 대업을 이룬 데 비하면 통일 비용이 그리 많지 않다는 것이다. 통일로 인해 독일의 국가 부채 규모가 늘어나 우려했으나, 국가 부채는 통일을 하지 않았어도 늘어날 수 있기 때문이다.

이는 독일과 프랑스의 국가 부채 증가액을 비교해 보면 알 수 있다. 통일을 이룩한 1990년에 약 5,000억 유로였던 독일의 국가 부채는 2010년에 약 1조 7,000억 유로로 증가했다. 이웃 프랑스의 국가 부채는 같은 기간 동안 약 4,000억 유로에서 독일과 같은 약 1조 7,000억 유로로 늘어났다. 독일은 통일로 인해 부채가 3.4배 증가했다. 그러나 프랑스는 통일도 없었는데 부채가 독일보다도 많은 4.2배나 늘어난 것이다. 한 국가의 부채는 통일이 없어도 이처럼 증가할 수 있는 것이다.[15]

둘째, 독일의 경제력이 더 커지고 견고해졌으며, 국민 소득도 꾸준히 증가했기 때문이다. 오늘날 독일은 인구 8,110만 명(통일 당시보다 약 135만 명 증가)에 경제력은 세계 4위다.[16] 유럽연합(EU)에서 독일의 경제적 위상은 더욱 두드러져 부동의 1위의 경제국이다. 2014년 기준 독일 경제는 EU의 20.0%, 유로 존(유로화를 사용하는 국가)[17]의 28.3%를 차지하고 있다. 통일

---

14. 독일에 근무하는 동안 만났던 겐셔 전 외무부장관, 클림케 의원, 좀머 《디 차이트》지 대기자 및 발레스 콘라트 아데나워 재단 사무부총장 등 여러 독일인과 나눈 대화를 종합한 것이다.
15. 손선홍, "北 실상 정확히 알고 통일준비 해야," 《동아일보》(2011.8.15)
16. 인구는 2014년 12월 31일 기준이다. 독일 연방 통계청의 발표 자료(2015.1.21).

직후 독일 경제는 저성장으로 한동안 어려움을 겪었다. 이후 경제 개혁과 안정된 성장을 바탕으로 독일 경제는 2008~2009년에 불어닥친 국제 금융 위기를 무난히 극복할 수 있었다.

또한 1인당 국민 소득도 꾸준히 증가했다. 동독 지역 주민 1인당 소득은 1991년 9,531유로에서 2013년 2만 5,129유로로 2.64배 증가했다. 서독 지역 주민 1인당 소득은 같은 기간에 2만 2,004유로에서 3만 5,391유로로 1.61배 증가했다.

독일의 경제력이 강해지고 견고해진 데에는 여러 원인이 있다. 특히 게르하르트 슈뢰더Gerhard Schröder 총리가 추진한 '어젠다 2010'이란 경제개혁으로 독일의 경제 체질이 튼튼해졌다.[18] 한편, 카를-하인츠 파케Karl-Heinz Paque 독일 마그데부르크 대학 교수는 동독 지역도 독일 경제에 일정 부분 기여했다고 강조했다.[19] "동독 지역은 통일 비용으로 인해 독일에게 지난 20년 넘게 재정적으로 큰 부담이었으나, 다른 측면에서는 독일 전체 경제 성장에 기여한 긍정적인 측면이 있다"고 했다. 즉 통일이 되어 1,650만 명의 인구와 이 인구에서 약 40%의 노동 인구가 늘어났다고 했다. 통일로 인해 "독일 전체 노동시장에 탄력이 생겼고, 만성적으로 부족했던 고급 노동인력도 일부 해결되었다"고 했다.

---

17. 2015년 1월 1일부터 발틱 해의 리투아니아가 유로화를 사용하여 유로 존은 19개국이 되었다.

18. 슈뢰더 총리(1998~2005년 재임)가 2003년 3월 발표한 경제 개혁 정책이다. 주요 내용은 ① 실업급여 수급 기간 단축(최장 32개월에서 12개월/18개월: 55세 이상)하여 실직자의 구직 촉진, ② 퇴직연금 수령 연령 상향 조정(기존 65세에서 2035년까지 점진적으로 67세로 상향), ③ 과도한 고용보장에 대한 개혁(부당 해고 금지 규정의 적용 범위를 기존 5인 이상에서 5~10인 이상 사업장으로 확대), ④ 의료보험 개혁(처방전 없는 의약품 구입에 대한 보험 지원 금지) 등의 내용이다. 슈뢰더 총리가 2005년 9월 총선에서 패한 데에는 이 개혁 정책이 영향을 미친 것으로 알려져 있다. 그러나 슈뢰더의 개혁으로 독일 경제는 체질이 강화되어 성장의 토대를 마련했다.

19. Karl-Heinz Paque, "독일 통일 후 동독 지역 재건 및 한반도 통일을 위한 제언," 2011.

셋째, 국제사회에서 독일의 정치적인 위상이 크게 높아졌고 영향력도 커졌기 때문이다. 통일 전까지 독일은 완전한 주권 국가가 아니었다. 전승 4개국이 '베를린과 전 독일에 대한 권한과 책임'을 갖고 있었기 때문이다. 자연히 독일은 국제사회에서 적극적으로 활동하기 어려웠고, 주요 국제 문제에 대해 목소리를 내기도 어려웠다. 오늘날은 EU에서뿐만 아니라 국제사회가 이란 핵 문제 등 주요 국제 문제 해결에 독일의 참여를 요청하는 사례가 늘어나고 있다.[20]

또한 국제무대에서 동·서독이 대치하고 분단국으로 국제사회에서 겪어야 했던 무기력과 어려움을 떨쳐 낸 점도 크다고 했다. 통일에 막대한 비용이 들었고 어려움이 있었지만, 이러한 긍정적인 면이 훨씬 크다는 것을 독일인들이 인식한 것이다.

한국의 통일 비용

통일 비용의 용도와 규모

우리의 통일 비용은 북한 지역의 자유민주주의와 시장경제로의 체제 전환, 북한 지역의 사회간접자본 시설의 건설과 정비 및 북한 주민에 대한 연금 등 사회보장비 지원에 소요되는 비용으로 정의할 수 있다. 연구자에 따라서는 민간 투자도 포함하고 있다.

장래 우리의 통일 과정에서 통일 비용이 사용되는 주요 용도로 6개 분

---

20. 이란 핵 문제 협상이 2015년 7월 14일 타결되었다. 이 협상에 독일은 UN 안보리 5개 상임이사국과 함께 참여했다. 또한 독일은 지난 2013년 이래 러시아-우크라이나 간 분쟁 해결에도 적극 참여하고 있다.

야를 들 수 있다. (1) 북한 지역의 자유민주주의와 시장경제 체제로의 전환, (2) 북한 주민에 대한 연금, 실업수당 및 의료보험 등 사회보장비 지원, (3) 북한 지역의 도로, 공항, 항만, 학교 시설 등 사회간접자본 시설의 건설과 정비, (4) 북한 주민의 소득 수준 향상, (5) 북한 이주민의 수용 비용, (6) 북한의 대외 부채 상환 등이다.

우리의 통일 비용은 어느 정도 소요될 것인지 통일 비용을 추정하는 데 여러 어려움이 있다. 통일 비용의 규모는 다음에 따라 달라진다. (1) 통일 시기를 언제로 설정할 것인가? 2025년? 혹은 2040년으로 할 것인가? (2) 북한 주민의 소득 수준을 어느 정도까지, 얼마나 빨리 끌어올릴 것인가? (3) 점진적인 통일인가 또는 신속한 통일인가? 또한 연구자에 따라서는 공공 지출 이외에 민간 투자도 포함하고 있다.

무엇보다도 통일 비용을 추정하기 위해서는 북한에 관한 다양한 통계가 필요한데 이러한 통계가 없는 실정이다. 따라서 통일 비용을 추정하기가 어렵고, 또 발표하는 기관이나 학자마다 크게 차이가 나고 있는 실정이다.

통일 비용을 추정하는 데 어려움이 있지만 통일을 준비해야 하는 우리로서는 통일 비용이 어느 정도 소요되고, 이 비용을 어떻게 조달할 것인가에 관한 계획을 갖고 있어야 한다. 각 기관이 추정한 우리의 통일 비용은 〈표 3〉과 같다.[21]

5개 기관이 약 3,000조~4,000조 원이 소요될 것으로 추정했다. 이 비용

---

21. 통일 비용은 이자형, "통일 비용의 조달과 최소화 방안," 『안전하고 평화로운 통일의 길』, 226~228쪽; 이석, "한반도 통일은 동북아 정세에 어떤 영향을 미칠까?" 『KDI 북한경제리뷰』, 2015년 7월호; 국회예산정책처, 『남북교류협력수준에 따른 통일비용과 시사점』(2015); 조한범, "국내·국제적 관점에서 바라본 통일 비용·편익," 2015에서 종합했다.

발표 기관	발표 연도	통일 비용	비고
랜드연구소 찰스 울프	2010년	620억~ 1조 7,000억 달러	북한 주민 1인당 GDP 를 2만 달러로 향상
한국조세연구원	2009년	통일 후 10년 동안 매년 남한 GDP의 12%	
미래기획위원회 (KDI에 연구 의 뢰)	2010년	• 점진적: 3,220억 달러 • 급진적: 2조 1,400억 달러	북한 주민의 1인당 소 득이 남한 수준에 크게 뒤떨어지지 않도록 하 는 비용
한국재정학회	2011년	734.6~3,042.6조 원	2030~2040년 중장 기형 통일 비용
통일연구원	2013년	580조~4,000조 원	공공 투자 및 민간 투 자 포함
국회예산정책처	2015년	1) 4,822조 원 2) 3,100조 원 3) 2,316조 원	1) 현상태 유지 시 2) 식량·의료 등 인도 적인 지원 확대 시 3) SOC 등 전면적 협 력 시
한국개발연구원	2015년	3조 달러	

을 30년 동안 조달한다면, 매년 약 100조~133조 원 정도가 소요된다.

통일 비용의 조달 방안

이러한 통일 비용의 재원을 어떻게 조달할 것인가? (1) 국채 발행에 의한 조달, (2) 조세 인상과 목적세 신설을 통한 조달, (3) 통일기금의 조성, (4) 정부 예산의 절약, 조세 감면 제도의 축소 또는 폐지, 분단 유지 비용을 통한 조달, (5) 기업과 국제사회의 투자를 유치하는 방안 등이 있다.

첫째, 국채 발행에 의한 재원 조달이다. 국채 발행은 주요 국책 사업의 비용을 조달하기 위해 정부가 흔히 사용하는 방법이다. 통일 비용도 채권을 발행하여 재원을 비교적 용이하게 조달할 수 있다. 또한 이 방법은 통일 비용의 일부를 세대가 나누어 부담하는 긍정적인 면이 있다. 채권은 일반적으로 중장기적으로 상환되고 다시 발행하는 관계로 다음 세대도 통일 비용을 부담하기 때문이다. 다만 국채 발행으로 통일 비용을 조달하기 위해서는 국가 재정의 건전성을 염두에 두어야 한다.

둘째, 세금 인상을 통한 재원 조달이다. 가능한 한 세원 확보가 많고 용이한 방향으로 하되, 직접세·간접세, 일반세·목적세, 영구세·한시세, 세율 인상 등을 검토할 필요가 있다.[22]

세금을 인상하지 않고 통일 비용을 조달할 수 있다는 주장도 있다. 그러나 통일 비용이 3,000조 원이 소요된다고 할 경우에 최소 30년에 걸쳐 매년 100조 원의 막대한 비용이 들어간다. 세금을 인상하지 않으려면 국채 발행액을 더 늘리거나 다른 부분에서 조달해야 한다. 즉 세금을 인상하지 않고는 통일 비용을 조달하기가 어렵다. 세금 인상 없이 통일 비용을 조달할 수 있다고 국민들에게 잘못된 인식을 주어서는 안 된다. 그보다는 통일에는 어느 정도의 비용이 소요됨을 솔직히 알려 국민들의 이해를 구하는 것이 필요하다. 다행히도 우리의 부가가치세 세율은 1977년 7월 도입 당시의 세율 10%를 그대로 유지하고 있다. 또한 독일에서 시행하고 있는 연대부과금과 같은 세금을 신설하는 방안도 고려할 수 있을 것이다.

셋째, '통일기금'의 조성을 통한 재원 조달이다. '통일기금' 조성은 액수

---

22. 독일 다름슈타트 대학 뤼루프(Bert Rürup) 교수는 국채 발행 시 해마다 많은 예산이 이자 지불에 지출되는 문제점을 제기했다. 그는 재정 차입보다는 '세금(특히 소비세)'을 인상하여 조달해야 한다고 주장했다. 1995년 5월 29일 본에서 면담했다.

도 중요하지만 통일 비용을 조성한다는 상징성도 있다. 북한 내 일부 유명 관광지에 대해 입장료를 추가 징수하거나 통일복권 발행 등의 방안도 검토할 수 있을 것이다.

통일 비용을 마련하기 위해 정부 예산에서 해마다 일정액을 기금 형식으로 적립하는 방법이 있다. 이 방안은 통일 비용을 해마다 조금씩 마련한다는 장점이 있으나 해가 갈수록 재원이 잠기게 되는 단점이 있다. 그럼에도 최소한 통일 이후 3년 동안에 소요되는 재원은 적립해야 할 필요가 있다. 통일 초기에는 신속한 조세 인상 조치가 쉽지 않아 재원 확보가 어렵고, 또한 통일 비용도 예상했던 것보다 훨씬 더 많이 소요되기 때문이다.

넷째, 정부 예산의 지출 절약, 조세 감면 제도의 축소 또는 폐지와 필요 없게 된 분단 유지 비용으로 재원을 마련하는 방안이다. 2016년도 우리 정부 예산은 386조 4,000억 원이다. 이 예산의 1~2%를 절약하면 약 3조 8,600억~7조 7,000억 원의 재원을 조달할 수 있다. 다만 예산 절약을 통한 재원 조달이 장기화되면 부작용이 있을 수 있다. 따라서 이 방안은 통일 이후 최대 5년 정도 실시하는 것이 바람직하다.

그리고 각종 조세 감면 제도에 대한 전면 검토가 불가피하다. 축소 또는 폐지하여 세수를 확대해야 한다. 또한 우리는 북한과 대치를 하며 많은 분단 유지 비용을 지출하고 있다. 통일이 되었다고 국방비를 크게 줄이기는 어렵지만 현재 GDP의 2.6% 수준에서 2.0%로 축소할 수 있다고 한다. 이로 인해 국방비 중 약 20% 절약이 가능할 것이라고 한다(2016년 국방예산: 38조 8,000억 원).[23]

다섯째, 기업과 국제사회의 투자도 적극 유치해야 한다. 남·북한 주민

간의 현격한 소득 격차와 북한 지역의 광범위한 개발 등을 고려하면, 우리 국가 재정만으로 통일 비용을 조달하기에는 한계가 있다. 한국의 통일이 동아시아의 평화와 번영에도 기여하는 점을 들어 국제사회의 투자를 이끌어 내야 한다. 중국, 일본, 러시아 등의 투자 유치와 아시아개발은행, 세계은행은 물론 아시아인프라투자은행(AIIB)[24]의 투자를 유치하는 방안도 있다.

또한 국내외 기업들의 투자도 이끌어 내야 한다. 그러나 기업들은 공장을 세우고 사업하기 좋은 일부 대도시 지역만 선호할 가능성이 크다. 따라서 가능한 한 북한의 여러 지역에 투자가 이루어질 수 있도록 관련 법제정과 세제 지원 등 투자 환경 개선이 필요하다. 특히 투자가 조기에 이루어지고 투자에 지장이 없도록 토지 소유권 문제가 조속히 해결되어야 한다.

독일도 통일 이후 동독 지역에 투자하도록 세제 지원 등 각종 투자 지원책을 내놓았다. 이러한 지원에도 투자자들은 드레스덴과 라이프치히 등 일부 대도시와 과거 산업 중심지였던 지역을 선호하였던 점을 참고할 필요가 있다.

통일 비용 조달 시 유의점

통일 비용을 조달하기 위해 국채를 발행하거나 조세를 인상하는 것은 우리 경제에 어느 정도의 부담을 준다. 따라서 경제에 대한 부담을 가능

---

23. 국립외교원, "2040 통일 한국 보고서: 글로벌 리더 통일 한국," 2014.
24. 중국이 주도하는 아시아인프라투자은행(AIIB) 협정이 2015년 12월 25일 발효되어 AIIB가 공식 설립되었다. 운영은 2016년 1월 16일에 시작되었다.

독일 통일 한국 통일

한 한 줄이면서 통일 비용을 조달하는 방안을 모색해야 한다.

첫째, 경제 규모를 꾸준히 확대해야 한다. 경제 규모가 커지면 커진 만큼 비용 부담이 줄어들게 된다. 한국은행에 의하면 2014년도 한국의 국민 총소득(GNI)은 1,496조 6,000억 원이다. 통일이 되어 북한 지역에 매년 일정액을 지원할 경우에 국민 총소득이 증가하면 그만큼 부담이 줄어들게 된다. 이 방안은 우리 경제의 부담을 최소화하면서 비용을 조달하는 이상적인 방안이다. 국가의 경제력을 키우는 일은 통일을 위해서도 필요하다.

둘째, 재정 건전성을 높여야 한다. 국가 재정의 건전성이 좋으면 신용도가 올라 더 낮은 이자로 국채를 발행할 수 있다. 즉 더 낮은 비용으로 통일 비용을 마련할 수 있게 된다. 한국도 다른 선진국과 마찬가지로 65세 이상 고령 인구의 급증과 저출산 문제로 어려움을 겪고 있다. 이로 인해 복지 분야에 대한 재정 수요가 크게 늘어나고 있는 실정이다. 그럼에도 통일을 준비해야 하는 우리로서는 국가 채무 증가를 최대한 억제하여 재정 건전성을 유지해야 한다. GDP 대비 국가 채무 비율을 가능한 한 35% 선에서 유지하여 통일에 대비하는 것이 바람직하다.[25] 울리히 블룸Ulrich Blum 할레경제연구소(IWH) 소장은 통일 비용을 조달하기 위해 세금 인상도 필요하지만, 국가 채무를 줄여 재정 건전성을 유지하는 것이 더 중요하다고 강조했다.[26]

또한 북한에 투입되는 비용의 국민 총생산(GNP) 대비 비율이 북한의 생

---

25. 2014년 한국의 국가 채무액은 약 530조 5,000억 원으로 GDP 대비 국가 채무 비율은 35.7%였다. 기획재정부는 2016년 예상 채무액은 644조 9,000억 원으로 GDP 대비 채무 비율이 40.1%가 될 것으로 전망했다(기획재정부 보도자료, 2015.12.3). 이로써 채무 비율이 사상 처음으로 40%를 넘어서게 된다.
26. 블룸 소장과는 2010년 12월 16일 할레경제연구소(IWH)를 방문하여 대화를 나누었다.

산력과 경제력에 따라 결정되어야 한다는 주장도 있다.[27] 독일 통일 당시 재무부 차관이었던 만프레트 카르스텐스Manfred Carstens는 북한의 임금 수준이 통일의 성공 여부와 통일 비용의 규모를 결정할 것이라며 이같이 주장했다. 이를 위해 북한 지역의 임금과 연금 수준을 북한의 생산력에 맞추어야 하며, 남한 수준에 맞추어서는 안 된다고 했다. 임금 수준이 너무 높으면 북한 지역에 충분한 일자리가 창출되지 않을 것이며, 통일 비용도 더 들 것이라고 했다.

임금은 투자를 결정하는 중요한 요소 중의 하나이다. 우리 기업들이 중국이나 베트남으로 진출했던 주된 이유 중의 하나도 바로 이들 나라의 임금 수준 때문이었다. 북한에도 북한 실정에 맞게 임금이 결정되어야 한다. 그러나 여기에 어려움이 있다. 북한 지역의 임금이 생산성에 비해 높아서도 안 되지만 지나치게 낮아서도 안 된다. 남한과의 임금 격차가 클 경우에 남으로 이주하는 이들이 늘어날 가능성이 있기 때문이다.

또한 통일 이후 북한 지역의 개발과 관련하여, 울리히 블룸 할레경제연구소(IWH) 소장은 도로, 항만, 주택 건설과 정비 사업 등은 시간을 갖고 단계적으로 추진해야 한다고 제안했다. 통일 초기에 개발을 단기간에 하고자 할 경우에 건설 장비와 기계에 대한 수요가 급증해 개발 비용이 급격히 오를 것이고, 이로 인해 인플레이션이 발생할 가능성이 높기 때문이라고 했다. 독일도 인플레이션을 겪었다고 했다.

통일 비용을 마련하는 것도 중요하지만 지출을 잘하는 것도 중요하다. 독일은 통일 이후 20년 동안 2조 1,000억 유로의 통일 비용 중 약 52.4%

---

27. Manfred Carstens, "독일의 경험에서 본 한반도 통일 시 한국의 재정정책을 위한 제언," 『독일 통일을 함께 경험한 그들의 이야기: 독일 통일의 도전』, 12쪽.

인 1조 1,000억 유로를 사회보장비로 지출했다. 통일 초기부터 막대한 통일 비용 조달에 대한 부담을 덜기 위해서는 북한 주민에 대한 사회보장 지원 계획을 잘 세워 대비해야 한다. 사회보장 지원을 일시에 남한 주민과 같게 하기보다는 점진적으로 확대하는 것이 필요하다.

통일 비용 면에서 독일과 비교하면 우리의 사정이 더 어렵다. 이는 동·서독 인구 대비와 남·북한 인구 대비, 그리고 동독 주민과 북한 주민의 소득 수준을 비교하면 잘 드러난다. 통일 당시 동독 인구는 서독의 1/4 (25.2%), 동독 주민 1인당 소득은 서독 주민의 43.3% 수준이었다. 이에 비해 북한 인구는 남한의 1/2(약 48.9%)인 반면에, 북한 주민 1인당 국민 총소득(GNI)은 남한의 약 1/21(4.7%) 수준이다.[28] 즉 남·북한 간의 인구격차는 동·서독 격차보다 적은 반면에, 1인당 소득 격차는 매우 크다. 독일의 경우 서독 주민 4명이 동독 주민 1명을 부양했다. 우리는 남한 주민 2명이 동독 주민보다 경제적으로 더 어려운 북한 주민 1명을 부양해야 하는 실정이다. 이는 독일보다도 우리의 경제적 부담이 훨씬 크다는 것을 말해 주고 있다.

따라서 우리는 통일 비용을 어떻게 마련하고, 또 어떻게 지출할 것인가 하는 문제에 관해 더 많이 연구하여 대비해야 한다. 다행히도 우리는 독일과 달리 통일을 준비할 시간이 있다. 통일 준비를 소홀히 하면 통일 비용은 더 들어간다. 우리가 철저하게 준비를 잘하면 통일 비용을 절약할 수 있다. 무엇보다도 통일 비용을 걱정하다 통일의 기회를 놓치는 일이

---

28. 한국은행의 자료에 따르면 2014년도 북한의 국민 총소득(GNI)은 34조 2,000억 원에 1인당 소득은 138만 8,000원이다. 같은 해 남한의 국민 총소득은 1,496조 6,000억 원, 1인당 소득은 2,968만 원이다.

없도록 해야 한다. 앞으로 펼쳐질 오랜 대한민국의 역사에서 통일 비용으로 인한 어려움은 잠시지만, 통일로 인해 우리와 우리 후손이 누릴 편익은 영원하기 때문이다.

¨ 북한 내 몰수 재산의 소유권 문제

통일 과정에서 많은 논란이 제기될 문제는 바로 북한 내 몰수 재산의 소유권 문제가 될 것이다. 직접적으로 관련된 사람들이 많기 때문이다. 독일 통일 과정에서도 몰수 재산의 소유권 처리 문제가 가장 뜨거운 문제였다. 소련은 점령 통치를 했던 동독 지역 토지의 약 1/3을 몰수했고, 공장의 기계 등 생산 시설을 해체하여 소련으로 가져갔다. 1949년 10월에 들어선 동독 정부도 재산 몰수 조치를 했다.

독일이 항복한 3개월 후인 1945년 8월 9일 소련은 일본에 선전 포고를 하고 3일 뒤인 8월 12일 나진항과 웅기항을 점령하면서 북한에 진주했다. 이어 소련은 1948년 9월 북한 정권이 수립되기까지 3년 동안 북한 지역을 점령 통치했다. 소련 점령군은 북한 진주 1개월 뒤인 1945년 9월 14일 정치 강령을 발표하여, 농민들에게 농지를 배분하는 토지개혁을 실시하고 주요 산업을 국유화했다.[29] 또한 소련은 동독에서 한 것과 같이 북한 내 공장의 기계들과 광산의 장비들을 해체하여 소련으로 가져갔다. 북한 정권도 토지 몰수 조치를 했다. 북한 지역에서 몰수된 농지는 총 98만

---

29. 김계동, 「한반도 분단, 누구의 책임인가?」, 104~105쪽, 107쪽.

독일 통일 한국 통일

3,954정보로 이는 북한 총 경지 면적의 51%에 해당한다.[30]

1945년 해방 이후 특히 한국 전쟁을 전후로 하여 많은 북한 주민이 남한으로 내려왔다.[31] 이들 중에는 토지 등 재산을 몰수당한 이들이 적지 않을 것이다. 재산을 몰수당한 이들 중에는 북한에 거주하는 이들도 있다. 이미 세상을 떠난 이들의 재산에 대해서는 자녀들이 상속권을 주장할 것이다.

그러나 분단이 점점 깊어 감에 따라 북한에 두고 온 재산이나 몰수된 재산의 소유권을 확인하기가 쉽지 않을 것이다. 오랜 세월이 흘러 원소유주가 소유주임을 입증하기가 어려울 수도 있다. 또한 토지 소유권을 확인해 줄 토지 대장의 존재 여부도 문제다. 설령 소유권을 확인한다고 하더라도 확인하는 절차에 적지 않은 시일이 걸릴 것이다.

통일이 되면 북한 지역에서 광범위한 개발과 함께 주요 산업 단지에 대한 국내외 기업들의 투자도 이루어질 것이다. 이러한 과정에서 토지 소유권 문제가 제기될 것이다. 토지 소유권을 확인하는 절차가 북한 지역의 개발과 투자에 걸림돌이 될 수 있다. 개인의 재산권 보호도 중요하지만, 통일이란 특수한 상황에서 일자리 창출과 사회간접자본 시설 확충을 위한 투자와 개발도 마찬가지로 중요하다. 개인의 재산권을 보호하며 투자와 개발에 지장을 초래하지 않도록 소유권 문제를 해결할 방안을 마련해야 한다. 북한 내 재산의 소유권 문제는 통일 초기에 해결해야 한다.

카르스텐스 전 독일 내무차관도 통일 초기에 북한 내 토지와 재산에 대

---

30. 김영윤, "돈이 정말 문제인가: 통일 재원조달과 활용," 『통일 한국 정부론』, 84쪽. 이 자료는 1949년과 1961년 자료를 기준으로 한 것으로 실제 몰수된 토지는 이보다 더 많을 것이다.

31. 1955년 인구주택조사 결과에 따르면 당시 월남자 수는 총 73만 5,501명(전쟁 전 28만 3,313명, 전쟁 후 45만 2,188명)이라고 한다. "UN 북한인권서울사무소 개설과 북한인권법 제정," 2015.

한 소유권 문제를 신속하게 해결해야 한다고 제안했다. 해결이 지체되면 수년 동안 투자가 이루어지지 않을 수 있기 때문이라고 했다.[32]

¨ 북한 주민의 이주 대책 마련해야

통일 과정 전후로 나타날 문제 중의 하나는 북한 주민의 남한으로의 대규모 이주 문제이다.[33] 북한 공산 정권의 삼엄한 감시와 통제가 이루어지고 있는 오늘날에도 많은 북한 주민이 목숨을 걸고 꾸준히 남한으로 넘어오고 있다. 2015년 12월 말 기준 2만 8,795명의 북한 주민이 남한으로 넘어왔다. 이미 북한을 탈출하여 중국이나 제3국에 체류하고 있는 이들을 포함하면 그 숫자는 훨씬 더 많다고 보아야 한다. 분단 상황에서도 이러할진대 통일 과정에 들어서면 남으로 이주하려는 북한 주민이 봇물을 이룰 것이다. 왜 그럴까?

첫째, 남·북한 주민 간의 현저한 소득 격차 때문이다. 일반적으로 두 지역 주민 간의 소득 격차가 2/3 이상인 경우에 잘사는 지역으로의 이주가 발생한다고 한다.[34] 소득 수준 격차가 크면 클수록 더 많은 이주자가 발생한다.

1991년 동독 주민의 소득 수준은 서독 주민의 43.3%였다. 이러한 격차에서도 통일 전 1년 반(1989년 1월~1990년 6월) 동안 서독으로 넘어온 동독

---

32. Manfred Carstens, 앞의 글, 13쪽.
33. 손선홍, "봇물 이룰 북한 주민의 이주 대책 마련해야," 《아주경제》(2015.9.30) 참조.
34. Ulrich Blum, "독일 통일 20년에 대한 경제적 평가와 한반도 통일을 위한 제언," 2011.

주민은 동독 인구의 3.6%인 58만 2,238명이었다. 2014년 기준 북한 주민 1인당 소득 수준은 남한 주민의 약 1/21인 4.7% 정도로 현저히 낮다. 소득이 현저히 낮은 북한 주민들은 남한에서 더 자유롭고 더 풍요로운 생활을 할 수 있다고 믿고 남으로 넘어올 것이다.

둘째, 자신의 미래를 개척하려는 젊은이들 때문이다. 독일 통일 과정에서 서독으로 탈주했거나 이주한 이들의 대부분이 기술자, 의사와 간호사 등 안정된 직업을 갖고 있었으며, 능력 있는 젊은이들이었다. 그럼에도 그들은 더 나은 생활에 대한 기대감으로 서독으로 넘어왔다. 또한 통일 이후에 서독 지역으로 이주하는 이들도 젊은이들(특히 젊은 여성)이 높은 비중을 차지했다. 1991~2007년 동안 서독 지역으로 이주한 동독 주민은 총 249만 9,600명이었다. 이 중 18~30세 젊은이들은 117만 8,500명으로 47.1%를 차지했다.[35] 대부분이 서독 지역에서 일자리를 구하기 위해서다. 우리의 통일 과정에서도 모든 가능성이 열려 있는 남한에서 자신의 밝은 미래를 개척하기 위해 넘어오려는 젊은이들이 늘어날 것이다.

셋째, 지난날의 교훈과 미래(통일)에 대한 불안 때문이다. 해방 이후 한국 전쟁을 전후로 남한으로 내려온 북한 주민들 대부분이 자유를 누리며 어느 정도의 윤택한 생활을 하고 있다. 그러나 여러 사정으로 북한에 남아 있던 사람들은 그런 기회를 갖지 못했다. 이런 이유로 통일 과정에서 수많은 북한 주민이 남한으로 오려고 할 것이다.

또한 통일 과정에서 통일에 대한 확신을 갖지 못하고 넘어오는 북한 주민들도 상당수 될 것이다. 이 점은 독일의 경우도 마찬가지였다. 동독과

---

35. 김영찬, "동서독 통일 20년: 경제적 관점의 평가와 교훈," 2010.

의 '통일 조약' 협상에 참여했던 서독 내무부 슈나파우프Klaus-Dieter Schna-pauff 국장은 "베를린 장벽이 붕괴된 이후 정치적인 해빙기를 불신하여 수많은 동독 주민이 기다리지 않고 서독으로 이주했다"고 했다.[36]

그나마 이주자를 조금이나마 줄일 수 있었던 이유는 임금, 보수와 연금 등에 대한 교환비율이 1:1로 되었고, 서독의 사회보장 제도가 동독 지역에도 적용되었기 때문이다.

통일 과정에서 북한 주민들의 남한으로의 이주를 제한하기 위해 남·북한 경계선(현재의 휴전선)을 통제하는 방안을 제시하는 이들도 있다. 남·북한이 대치하는 상황도 아닌 통일 과정에서 통제를 하려면 수많은 인원과 비용이 소요된다. 설령 통제를 한다고 하더라도 완벽하게 통제하기도 어렵다. 북한 주민들은 분단 상태에서도 목숨을 걸고 넘어왔다. 실제로 육로통제가 이루어질 경우에 먼바다로 나가서 서해안이나 동해안으로 들어오는 방법도 있다. 또 중국이나 러시아를 경유하여 오는 방법도 있다. 즉일단 통일 과정에 들어서면 북한 주민들의 이주를 막기 위한 물리적인 통제가 어렵고 효과도 없다는 것이다.

그러면 북한 이주민은 어느 정도 될까? 이주민이 어느 정도가 될 것인가를 추정하는 것은 통일 비용 추정만큼이나 쉽지 않다. 북한 이주민은 통일 전후의 초기에 많이 발생할 것이다.

앞서 설명한 사유를 고려하면, 통일 전후로 5년 동안에 약 250만~300만 명이 남한으로 이주할 것으로 예상된다.[37] 이는 북한 인구의 10~12%

---

36. Klaus–Dieter Schnapauff, "독일 통일 과정의 법적 평가 및 한반도 통일을 위한 제언," 2011.
37. 대외경제정책연구원(KIEP)은 176만~178만 명의 북한 주민이 남한으로 이주할 것으로 분석했다. KIEP, "25년간의 경험치: 독일의 통일로부터 얻는 경제적 교훈," 2014.12.3 세미나 발표 자료.

                                          독일 통일 한국 통일

가 된다. 특히 남·북한 주민 간의 소득 격차가 크기 때문이다. 따라서 이에 대한 대책을 마련해야 한다.

독일 학자들은 한국의 경우 더 많은 이주민이 발생할 것으로 전망하고 있다. 함부르크 대학의 풍케 교수는 한국이 통일되어 북한 주민의 소득 수준을 남한 주민과 같게 하려면 한국이 조세 수입의 50%를 북한 지역에 투자해야 한다고 주장했다. 그는 북한 지역에 대한 투자를 조세 수입의 30%로 줄인다 해도 약 800만 명의 북한 주민이 넘어올 것이라고 전망하면서, 이에 대한 준비가 필요하다고 조언했다.[38]

북한 주민의 이주를 줄이기 위한 방안으로 카르스텐스 독일 전 내무차관은 세 가지 방안을 제시했다.[39] (1) 북한의 거주 공간을 민영화하고, (2) 농지는 될 수 있는 한 개인 소유로 바꾸고, (3) 북한 주민이 자신의 기업을 세울 수 있도록 다양한 인센티브 제공을 계획하는 것이다.

따라서 북한 주민들의 이주 문제와 관련하여 두 가지 대책이 고려되어야 한다.

첫째, 북한 주민이 가능한 한 북한에 남아 있도록 하는 정책이 필요하다. 북한 주민의 이주를 줄이기 위해서는 이들이 북한 지역에 남아 있어도 된다는 확실한 보장책을 제시해야 한다. 이를 위해 일정한 소득을 올릴 수 있는 일자리가 있어야 한다. 중장년층의 일자리도 중요하지만 특히 이주 가능성이 큰 젊은 층에 대한 일자리 마련이 우선되어야 한다. 통일 초기에 북한 지역에 실업자가 대규모로 발생할 가능성이 큰 상황에서 많은 일자리를 제공하는 것은 쉽지 않을 것이다. 그럼에도 가능한 한 많은

38. *FAZ*(2013.11.4).
39. Manfred Carstens, 앞의 글.

북한 주민에게 일자리를 제공해야 한다. 농촌 지역 주민들에게는 경작할 수 있는 일정량의 농토를 제공하여 현지 정착을 지원하는 방안도 고려해야 한다. 또한 통일 과정에서 북한 주민들에게 통일이 반드시 이루어진다는 믿음을 주어야 북한에 남아 있을 것이다.

둘째, 북한 이주민을 수용할 대책도 병행하여 마련해야 한다. 이러한 보장책에도 불구하고 북한 주민의 남한으로의 이주는 불가피하다. 북한 지역의 산업화나 경제 발전이 단기간에 이루어지기 어렵고, 남한에 대한 동경 때문이다. 일부는 우리 노동시장이 흡수할 수 있을 것이나, 이들 이주민 수용에 대한 대책이 필요하다.

¨ 통화 통합 문제

통일로 인한 큰 변화 중의 하나는 분단된 두 지역이 서로 다른 화폐를 사용하다 단일 화폐를 사용하는 것이다.

독일 통일 과정에서 통화 통합은 완전한 정치적 통일을 이루기 3개월 전인 1990년 7월 1일에 이루어졌다. 동·서독 통화 통합 과정에서 가장 큰 쟁점은 교환비율이었다. 분단 시 동독 정부가 내부적으로 적용한 환율은 4:1이었다. 동독 주민의 서독 방문이 많은 날에는 10:1에서 높게는 20:1까지 형성되기도 했다. 이러한 환율에도 불구하고 통일 과정에서 동독 정부는 임금, 보수와 연금 등에 대해서는 1:1을 요구했다. 당초 서독 재무부와 연방은행은 교환비율을 2:1로 생각했었다. 결국 서독 측은 동독 측의 요구를 반영하여 임금, 보수, 장학금, 임차료, 연금과 일정액의 저축액에

독일 통일 한국 통일

대해 1:1로 결정했다.

1:1 교환으로 동독 주민들에게는 좋았으나 동독 기업들은 매우 어렵게 되었다. 제품의 품질이 떨어지는 데다 근로자의 임금이 올라 제품 가격이 비싸지자 동독 주민들조차도 동독 기업의 제품을 외면하고 서독 제품을 구입했다. 여기에 동독 기업의 주요 수출 시장이었던 소련과 동유럽 시장이 붕괴되었다. 결국 대부분의 기업이 파산했다. 이로 인해 실업자가 크게 늘어났고 사회보장비에 대한 지출이 증가했다. 결국 통일 비용이 많이 들었다. 이와 같이 통화 교환비율을 경제 실정이 아닌 정치적으로 결정한 것은 실책이라는 비판이 제기되었다.

그러나 경제적인 관점에서만 교환비율을 정했더라면 수많은 동독 주민이 서독으로 넘어왔을 것이라고 했다. 동독 주민들은 "독일 마르크가 오지 않으면 우리가 마르크에게로 간다"며 조속한 통화 통합을 원했다. 이들을 막기 위해 국경을 통제할 경우에 이에 따른 정치적 여파를 감당하기 어려웠을 것이라고 했다. 또한 1:1 교환이 동독 주민들로 하여금 통일을 촉진케 했다는 긍정적인 면도 무시할 수가 없다. 콜 총리는 이와 관련하여 회고록에서 그의 입장을 밝혔다.[40]

> 1990년 초 동독의 사정을 잘 알았더라도, 달리 행동할 수 없었다. 정치적인 이유로 다른 대안이 없었다. 단언컨대 통일을 늦추는 데 따른 대가는 통화 동맹이나 교환비율과 신속한 통일로 인한 재정적인 부담보다도 정치적으로나 경제적으로 훨씬 더 많았을 것이다.

---

40. Helmut Kohl, *Erinnerungen 1990–1994*, p.89.

통화·경제와 사회 동맹 조약 협상 시 서독 측 수석대표였고, 후에 독일 연방은행장을 지낸 한스 티트마이어는 이러한 교환비율 결정이 경제적이 거나 이성적인 결정이 아닌 정치적인 결정이었다고 했다.[41] 이런 결정을 하게 된 배경에는 3·18 동독의 총선을 앞두고 서독 정치인들이 성급하게 1:1 교환을 약속한 면도 있다고 했다. 또한 통일이 급박하게 이루어지는 상황에서 사전에 충분히 대비할 시간도 부족했다고 했다.

티트마이어는 통화 통합 과정에서의 문제점을 두 가지 더 지적했다. 첫 째, 동독의 낡은 사회보장 제도를 우선적으로 개선했어야 했는데 개선 작 업 없이 서독의 제도를 그대로 동독에 도입하여 많은 비용이 발생했다는 점이다. 둘째, 통일 이후 동독 지역에 신규 투자가 이루어졌음에도 경쟁 력을 잃은 수많은 동독 기업이 파산하여 독일 경제 전체에 큰 부담을 주 었다고 했다.

티트마이어는 동독 정부가 통일 전에 이미 파산 상태였던 경제 현황에 대해 주민들에게 솔직히 알리지 않은 점도 큰 실수였다고 지적했다. 오 히려 동독 정부는 주민들에게 동독 경제가 경쟁력이 있고 해낼 수 있다는 환상을 심어 주었다고 했다. 그는 "한국은 통일 과정에서 북한 주민들에 게 통일이 별 문제 없이 빠르게 진행될 수 있다는 잘못된 기대나 환상을 불러일으키지 않는 것이 중요하다"고 조언했다.

블룸 할레경제연구소 소장도 비슷한 조언을 했다. 그는 북한 주민의 생 활 수준이 빠른 시일 내에 남한 주민의 생활 수준과 같아지지 않는다는 점을 인식시키는 것이 중요하다고 했다.

---

41. Hans Tietmeyer, "독일 통일 시 통화 통합 등 경제정책 평가 및 한반도 통일을 위한 제언," 2011.

동독 화폐를 독일 마르크로 교환하는 작업은 순조롭게 이루어졌다. 그 이유로 동독 중앙은행 부행장을 역임하고 독일신용은행장(DKB)을 지낸 에드가르 모스트Edgar Most는 화폐 교환이 현금 대 현금이 아닌, 은행계좌에 입금된 예금을 통해서 이루진 점을 들고 있다.[42] 교환 대상은 동독에 거주하거나 주소를 둔 자로 동독 은행에 계좌가 있어야 했다. 큰 혼란이 없이 독일 마르크로 교환이 이루어졌다고 했다.

독일 통일에서 통화 통합이 통일 전에 이루어진 데 대해 긍정적인 평가가 있다. 파케 마그데부르크 대학 교수는 "통화 통합이 조기에 성공적으로 이루어짐으로써 동독 주민들이 독일 마르크의 안정성에 대한 신뢰를 갖게 되었다. 동독 주민들에게는 서독 주민들과 동일한 안정된 통화를 사용하는 것은 대단히 중요했다"고 했다.[43]

향후 통일을 앞두고 북한 화폐에 대한 투기 가능성에 대해서도 대비해야 한다. 독일 정부가 시행했던 화폐 교환 사례를 참고할 필요가 있다.

첫째, 통화 교환 대상을 북한에 거주하고 있거나 주소를 두고 북한 은행에 계좌를 갖고 있는 사람들과 기관들로 제한해야 한다. 공무 등 불가피한 사정으로 북한 밖에 거주하는 자들의 은행 예금 계좌에 대해서는 특별 규정을 적용한다.

둘째, 1인당 교환 가능 금액을 제한해야 한다.

셋째, 교환 작업은 현금 대 현금이 아닌 각 개인의 은행 계좌를 통해서 해야 한다. 북한에 은행 계좌를 갖는 것이 아직 일반화되지 않았지만, 통일 과정에서 은행 계좌를 개설하도록 권유해야 한다.

---

42. Edgar Most, "금융 분야 통합," 『독일 통일 세미나』, 236쪽.
43. Karl-Heinz Pauque, "독일 통일 이후 구동독 지역 재건 및 한반도 통일을 위한 제언," 2011.

통일 과정에서 통화 통합을 어느 시기에 하느냐 하는 문제가 있다. 완전한 통일 이전에 하느냐, 또는 통일 시점에 하느냐 하는 방안이 있다. 일단 통일에 대한 합의가 이루어졌다면 통화 통합은 경제 제도 통합과 함께 통일 몇 달 전이라도 미리 하는 것이 바람직하다. 그 이유는 첫째, 일단 통화 통합이 이루어지면 통일은 되돌려질 수 없고 통일의 길로 들어서게 된다. 둘째, 북한 주민들에게 통일이 된다는 확신을 심어 주어 더 많은 주민이 북한에 남아 있도록 하는 효과도 있다. 셋째, 남·북한 단일 통화 사용은 북한 지역 주민들에게 남한 지역 주민들과 같은 통화를 사용한다는 긍지를 심어 주는 효과도 있다. 통화 통합 문제를 철저히 준비하여 대비하여야 한다.

¨ 통일은 축복이다

통일은 우리가 반드시 이루어야 할 과제로 우리에게는 대단히 큰 도전이다. 통일은 우리에게 많은 인내와 땀을 요구하고 있다. 통일로 가는 길에는 많은 어려움이 따르고, 또한 장기간에 걸쳐 막대한 비용도 소요된다. 우리가 통일을 이루기 위해서는 이러한 어려움을 슬기롭게 이겨 내야 한다. 또 비용을 부담할 의지도 있어야 한다.

통일에는 많은 어려움이 따르지만 통일은 우리에게 더 많은 편익을 가져온다. 통일을 위한 노력과 통일에 소요되는 비용보다도 편익이 훨씬 더 크다는 것이다. 통일 비용은 계산이 가능하지만, 통일로 인한 편익은 계산하기 어렵다. 또한 통일 비용 부담은 한시적이지만, 통일로 인한 편익은 영원하다.

통일이 되면 우선 북한 주민이 공산 독재 정권의 공포와 탄압 정치의 두려움과 고통에서 벗어나 자유를 누릴 수 있다. 북한 주민이 인간으로 당연히 누려야 할 인간다운 생활을 할 수 있게 되는 것이다. 강제로 헤어졌던 이산가족들은 자유롭게 오가며 만날 수 있다. 북한의 핵 개발이나 무력 도발로 인한 안보 불안에서도 벗어날 수 있다. 휴전선을 사이에 두고 더 이상 동족끼리 총을 겨누지 않아도 된다. 국제사회에서 북한과 대치해야 하는 국력 소모도 줄일 수 있다. 분단으로 인해 우리 사회가 겪고 있는 갈등이나 대립도 해소할 수 있다. 이처럼 통일은 분단으로 인한 고통과 상처를 치유한다. 더 나아가 북한의 안보 불안에서 벗어나 경제, 사회, 문화 분야 등에 더 많은 관심을 기울일 수 있다. 통일로 인해 우리의 삶의 질이 크게 나아질 것이다.

통일이 되면 한국의 경제력은 더 커진다. 통일된 한국은 인구 8,000만 명에 세계 7대 경제국으로 올라설 수 있다. 통일 한국의 인구는 독일과 비슷해지고, 영국이나 프랑스보다는 많게 된다. 우리는 이미 지난 2012년에 '20-50 클럽'에 진입했다. 통일이 되면 '30-80 클럽'에 진입하게 될 것이다. 골드만삭스는 2050년 통일 한국의 GDP는 미국을 제외한 G7 회원국들과 유사하거나 높을 것으로 전망했다. 또한 국제사회의 발전을 위해 좀 더 많은 기여를 할 수 있을 것이다.

통일 이후 북한 지역은 한국과 주변국들에게 새로운 경제적 기회로 다가설 것이라는 전망도 있다. 즉 북한 지역은 (1) 새로운 투자시장, (2) 소비시장, (3) 노동시장, (4) 물류시장, (5) 자원시장의 기회를 제공할 것이라고 한다.[44]

오늘날 북한 인구 2,500만 명은 남한 인구의 약 1/2에 해당된다. 인구 2,500만 명의 북한은 거대한 소비재시장이 될 것이다. 소비재를 생산하는 기업들에게 시장이 그만큼 넓어지게 된다. 또한 이 인구의 일부가 우리 노동시장에 편입되어 중장기적으로 부족한 노동력을 일부 해결할 수 있게 된다. 서울대학교 통일평화연구원은 생산 가능 인구 비율이 나아질 것으로 전망했다. 현재 추세로는 생산 가능 인구의 비율이 2030년 62.5%, 2050년에는 54%로 줄어들 것으로 예상된다. 그런데 통일이 되면 이 비율이 2030년 64.5%, 2050년 58%로 나아진다고 했다.[45] 새로운 노동 인구가 유입되고 생산 가능 인구의 감소 폭이 둔화되어 우리 경제가 활력을 유지할 수 있게 된다.

통일이 되면 우리의 상품이 중국과 러시아의 철도망을 거쳐 유럽으로 갈 수 있다. 유럽 국가들의 상품도 철도를 통해 한국에 올 수 있다. 현재의 해상 운송보다 기간도 단축되고 비용도 저렴해진다. 러시아의 가스 등 에너지 파이프라인이 연결되어 에너지를 안정적으로 저렴하게 사용할 수 있게 된다. 북한 지역은 석탄과 철광석 등 지하자원을 비롯하여 희토류 등도 매장되어 있는 것으로 알려졌다. 통일이 되면 이들 자원에 대한 개발도 이루어질 것이다.

이처럼 통일로 인해 북한 지역에 투자시장, 소비시장, 노동시장, 물류시장과 자원시장이 형성되면, 동아시아 지역의 경제도 발전된다. 특히 동북 3성, 극동 러시아와 일본 등의 경제가 탄력을 받을 것이며, 이 효과가 다른 곳으로 파급될 것이다.

---

44. 이석, "한반도 통일은 동북아 경제에 어떤 영향을 미칠까?" 『KDI 북한경제 리뷰』, 2015년 7월호.
45. 《조선일보》(2014.1.2)

북한 지역은 백두산, 금강산, 묘향산 등 절경 이외에도 평양 및 개성 등 역사적인 도시도 소재하여 풍부한 관광 자원을 갖고 있다. 북한 지역은 분단 이후 오랫동안 가 보지 못했기 때문에 호기심 등으로 거대한 관광시장이 될 것이다. 백두산을 보기 위해 더 이상 중국으로 돌아갈 필요가 없게 된다. 북한을 찾는 외국인들도 크게 늘어날 것이다.

통일은 우리 모두의 희망이다. 우리는 자유민주주의에 의한 평화 통일을 이룰 수 있다. 통일은 우리에게 큰 축복이다. 통일은 우리만이 아닌 우리 후손들도 대대로 누릴 축복이다. 그러나 그 축복은 저절로 오지 않는다. 통일에 대한 의지와 열정을 갖고 준비를 하고 대비를 해야 누릴 수 있는 축복이다. 통일의 기회를 놓치지 않을 준비를 해야 한다. 통일의 기회를 관리하며 통일로 이끌어 낼 수 있는 준비를 해야 한다. 통일의 부작용을 가능한 한 최소화하고, 통일을 성공적으로 이끌 수 있는 준비를 해야 한다. 통일은 축복이다. 그러나 준비된 자만이 누릴 수 있는 축복이다.

독일 통일 주요 일지

1989년

5.7 동독 지방 선거에서 투표율 98.77%에 투표자의 98.85%가 후보자를 지지
한 데 대해 동독 주민들은 선거 조작을 제기하며 간헐적인 시위를 함.

6.27 헝가리는 1989년 5월부터 오스트리아와의 국경선에 설치한 감시 초소와
철조망 철거 작업을 시작함. 6월 27일 호른 외무장관은 오스트리아 모크
외무장관과 함께 국경선 철조망 절단 행사를 가짐.

7~9월 일부 동독 주민이 헝가리·폴란드·체코슬로바키아 주재 서독 대사관에 몰
려들며 서독으로 보내 줄 것을 요구함.

8.25 헬무트 콜 총리, 헝가리 네메트 총리와 호른 외무장관을 초청하여 본 근교
에서 헝가리 체류 동독 탈주민의 송환 문제 협의. 동독 탈주민들을 서독으
로 데려오기로 합의함.

9.4 동독 라이프치히의 니콜라이 교회에 약 1,200명의 시민들이 모여 기도 모
임을 가진 후 국외여행 자유화 등을 요구하며 처음으로 가두시위를 함. 이
후 니콜라이 교회에서는 매주 월요일에 개혁을 요구하는 시위가 계속됨.

9.9~10 동독 내 최초의 전국적인 재야 단체인 '신포럼(Neues Forum)'이 결성되었
으나 동독 정부는 이 단체가 반국가적이고 불법 단체라는 이유로 등록을
거부함.

9.11 헝가리 정부는 동독 탈주민이 서독으로 갈 수 있도록 오스트리아와의 국경
을 개방함.

9.27~28 겐셔 외무장관은 유엔 총회 참석을 계기로 동독, 소련, 폴란드 및 체코슬
로바키아 외무장관들을 접촉하여 체코슬로바키아와 폴란드 내 동독 탈주
민 송환 문제 협의. 이 협의 결과 동독은 이들을 서독으로 보내기로 함.

9.30 겐셔 외무장관과 자이터스 총리실 장관은 프라하 주재 서독 대사관을 방문
하여 이곳에 머물고 있던 약 5,500명의 동독 탈주민에게 서독으로 갈 수 있

336

게 되었다고 알림. 이들은 동독을 경유하여 10월 1일 서독에 도착함. 이어 대사관에 다시 진입한 수천 명의 동독 탈주민도 서독으로 넘어감.

10.7 동독 수립 40주년 기념행사가 열림. 이 행사에 참석했던 미하일 고르바초 프 소련 공산당 서기장은 호네커에게 개혁을 촉구하였으나, 호네커는 관심 을 보이지 않음. 이날 동독 내 여러 도시에서 개혁을 요구하는 반정부 시위 로 40주년 기념행사는 퇴색됨.

10.9 라이프치히의 월요 시위에 최대 인원인 약 7만 5,000명이 참가하여 개혁을 촉구함. 결국 에리히 호네커 서기장이 퇴진하게 됨.

10.18 계속되는 개혁 요구 시위로 호네커 서기장이 퇴진하고, 후임으로 당 정치 국원인 에곤 크렌츠가 선출됨.

10.24 크렌츠 서기장은 국가위원회 위원장으로 선출됨.

11.4 야당 인사와 예술인들이 주도한 동베를린 집회에 동독 역사상 최대 규모인 약 70만 명이 참여하여 조속한 개혁을 촉구함.

11.7 동독 주민들의 계속되는 시위로 동독 빌리 슈토프 내각이 총사퇴함.

11.8 드레스덴 시 공산당 제1서기인 한스 모드로가 총리로 취임함.

11.9 동독 정부의 국외여행 자유화 조치로 서독을 오가는 국경 검문소가 개방되 고 베를린 장벽도 붕괴됨.

11.18 베를린 장벽 붕괴 후의 유럽 문제를 협의하기 위한 EC 특별 정상회담이 파 리에서 개최됨.

11.28 콜 총리, 연방 하원에서 독일 통일 방안인 '독일과 유럽 분단 극복을 위한 10개 방안'을 발표함.

12.1 동독 인민 회의는 헌법 제1조의 "노동 계급과 마르크스–레닌당의 지도 아 래"라는 공산당 권력 독점 문구를 삭제함.

12.3 동독 공산당 중앙위원회, 당 정치국과 중앙위원회의 해체를 결정함. 이날 크렌츠는 서기장에서 사퇴함.

12.3 조지 부시 미 대통령, 고르바초프 서기장과 몰타에서 정상회담을 함.

12.6 크렌츠는 국가위원회 위원장직과 국방위원회 위원장직도 사퇴함.

12.7 동독에서 첫 원탁회의(Runder Tisch)가 열림. 원탁회의는 국가보안부 해

체와 첫 자유총선 실시 등에 기여함.

12.19~20 콜 총리, 모드로 총리와 드레스덴에서 정상회담을 함. 회담 후 콜은 드레스덴 프라우엔 교회 앞 광장에서 동독 주민들을 상대로 연설함.

12.22 콜 총리와 모드로 총리는 브란덴부르크 문 개방 행사를 가짐.

1990년

1.30 고르바초프 서기장, 모드로 동독 총리와의 회담에서 처음으로 독일 통일 가능성을 언급함(모스크바).

2.1 모드로 총리, 동·서독이 군사 기구에서 각각 탈퇴하여 중립화된 연방국으로 통일하자는 4단계 통일 방안을 제의함. 콜 총리는 이 제의를 거부함.

2.7 서독 각의, 동독과 통화와 경제를 통합하기로 의결하고, '독일 통일 각료위원회'(위원장: 총리)를 설치함.

2.10 콜 총리와 겐셔 외무장관, 모스크바를 방문함. 고르바초프는 독일 통일 문제는 독일인들이 스스로 결정할 사안이라고 하여 독일 통일에 원칙적으로 찬성 입장을 표명함.

2.13~14 동독 모드로 총리, 본을 방문하여 콜 총리와 회담. 동·서독은 통화와 경제 통합 준비를 위한 '전문가 위원회' 설치에 합의함.

2.13 유럽안보협력회의(CSCE)를 계기로 독일 통일에 따른 '대외적인 문제'를 협의할 2+4 회담 기구가 구성됨(캐나다 오타와).

2.24~25 콜 총리, 캠프데이비드에서 조지 부시 미 대통령과 회담. 부시 대통령은 독일 통일을 재차 지지함.

3.18 동독 최초의 자유총선(투표율 93.38%)에서 동독 기민당이 주축이 된 '독일동맹'이 48.05%의 지지를 얻어 승리함. 이로써 독일 통일 작업이 빠르게 추진될 수 있게 되었음.

4.12 로타어 데메지에르 동독 기민당 대표가 총리로 선출됨.

4.19 데메지에르 총리, 총리 취임 후 첫 국정 연설에서 서독 기본법 제23조에 의해 통일을 하겠다고 선언함.

4.24 콜 총리와 데메지에르 총리, 본에서 회담을 갖고 통화·경제 동맹을 7월 1

일 자로 출범하기로 합의함.

4.25   동·서독, 통화와 경제 동맹 조약 체결을 위한 제1차 회담 개최함.

5.5   제1차 2+4 회담 개최함(본).

5.17   콜 총리, 부시 미 대통령과 정상회담을 함(워싱턴).

5.18   바이겔 재무장관과 롬베르크 동독 재무장관이 통화·경제와 사회 동맹 조약에 서명함(본).

6.15   동·서독 정부, 동독 내 미해결 재산 처리 문제에 관한 공동성명을 발표함.

6.22   제2차 2+4 회담 개최함(동베를린).

7.1   통화·경제와 사회 동맹 조약이 발효되어 독일 마르크화가 전 독일에 단일 통화로 통용됨.

7.5~6   런던 나토 특별 정상회담.

7.6   동·서독, 통일 조약 협상을 시작함(동베를린).

7.15~16 콜 총리, 고르바초프 대통령과 정상회담을 갖고 독일 통일에 따른 외교·안보 및 군사 문제 타결. 모스크바(7.15)와 캅카스(7.16).

7.17   제3차 2+4 회담 개최(파리). 오데르-나이세 강 선을 통일된 독일과 폴란드 간의 국경선으로 합의함.

8.23   동독 인민 의회, 10월 3일을 기해 서독에 가입하기로 의결함.

8.31   쇼이블레 장관과 크라우제 동독 정무차관, 통일 조약에 서명함(동베를린).

9.12   6개국 외무장관, 2+4 조약에 서명함(모스크바).

9.24   동독, 바르샤바조약기구에서 탈퇴함.

10.3   0시를 기해 독일이 통일됨.

10.4   통일 연방 하원 첫 회의가 개최됨.

11.9   콜 총리와 고르바초프 대통령, 독·소 선린 우호 협력 조약에 서명함(본).

11.14   겐셔 외무장관, 폴란드 외무장관과 독·폴 국경조약에 서명함(바르샤바).

12.2   통일 후 처음으로 실시된 전 독일 연방 하원 총선에서 기민/기사당이 승리함.

12.20   제12대 연방 하원이 구성됨.

1991년

1.17 헬무트 콜, 연방 총리로 선출됨(네 번째).

3.4 소련, 2+4 조약 및 독·소 선린 우호 협력 조약을 비준함.

3.15 소련, 2+4 조약 비준서를 독일 정부에 기탁하여 2+4 조약이 정식 발효됨.

3.31 바르샤바조약기구가 해체됨.

6.17 콜 총리와 비엘레츠키 폴란드 총리, 독·폴 선린 우호 협력 조약에 서명함 (본).

6.20 연방 하원, 베를린을 의회와 연방정부의 소재지로 결정함.

참고 문헌

1. 조약 및 연설 자료집

Munch, Ingo von(Hrsg.), *Dokumente des geteilten Deutschland*, Stuttgart: Kromer, 1976.

Presse−und Informationsamt der Bundesregierung, "*Gemeinsamer Kommunique*," Bulletin des Nr. 83/s. 705 vom 10.09.1987.

_____, *Der Vertrag über die Schaffung einer Währungs−Wirtschafts− und Sozialunion zwischen der Bundesrepublik Deutschland und der Deutschen Demokratischen Republik: Erklärungen und Dokumente*, Bonn: 1990.

_____, *Der Vertrag zwischen der Bundesrepublik Deutschland und der Deutschen Demokratischen Republik über die Herstellung der Einheit Deutschlands*, Bonn: 1990.

_____, *Die Vereinigung Deutschlands im Jahre 1990: Eine Dokumentation*, Bonn: 1991.

Rauschning, Dietrich(Hrsg.), *Rechtsstellung Deutschlands: Völkerrechliche Verträge und andere rechtsgestaltende Akte*, Göttingen: dtv, 1985.

2. 연대기

Edition Deutschland Archiv(Hrsg.), *Chronik der Ereignisse in der DDR*, Köln: 1989.

Fischbach, Günther(Hrsg.), *DDR Amanach '90: Daten−Information−Zahlen*, Stuttgart: Bonn Aktuell, 1990.

Lehmann, Hans Georg, *Deutschland−Chronik 1945 bis 1995*, Bonn: 1995.

Fischer, *Die Fischer Chronik Deutschland*, Frankfurt a. M.: Fischer, 2001.

Presse−und Informationsamt der Bundesregierung, *Deutschland: Von der*

Teilung zur Einheit, Bonn: 1994.

3. 단행본

김계동, 『한반도 분단, 누구의 책임인가?』, 서울: 명인문화사, 2012.

김석우·홍성국, 『통일은 빠를수록 좋다』, 서울: 기파랑, 2010.

김병섭·임도빈, 『통일 한국 정부론』, 서울: 나남, 2012.

김형기, 『남북관계 변천사』, 서울: 연세대학교 출판부, 2010.

돈 오버도퍼·로버트 칼린(이종길·양은미 옮김), 『두 개의 한국』, 서울: 길산, 2014.

동독 공산당 독재청산재단, 『통일 독일에서의 과거 공산주의자 청산문제』, Berlin: 2012.

리하르트 슈뢰더(최기식·정환희 역), 『통일 통일에 관하여 잘못 알고 있는 것들』, 서울: 디자인원, 2014.

손선홍, 『분단과 통일의 독일 현대사』, 서울: 소나무, 2005.

_____, 『통일된 한국을 위해 더 나은 한국을 위해』, 서울: 2014.

양창석, 『브란덴부르크 비망록: 독일 통일 주역들의 증언』, 서울: 늘품플러스, 2011.

엘리자베스 폰드(오정환 옮김), 『장벽을 넘어서』, 서울: 주 한국논단, 1994.

염돈재, 『독일 통일의 과정과 교훈』, 서울: 평화문제연구소, 2010.

주독일 대한민국 대사관, 『독일 통일 세미나』, 서울: 2010.

콘라트 아데나워 재단 한국사무소, 『독일 통일을 함께 경험한 그들의 이야기』, 서울: 늘품플러스, 2014.

필립 젤리코·콘돌리자 라이스(김태현·유복근 옮김), 『독일 통일과 유럽의 변환: 치국 경세술 연구』, 서울: 모음북스, 2008.

하정열 외, 『안전하고 평화로운 통일의 길: 걸림돌 해결방안』, 서울: 오래, 2014.

Bahr, Egon, *Zu meiner Zeit*, Müchen: Karl Blessing, 1996.

Presse-und Informationsamt der Bundesregierung, *25 Jahre Freiheit und Einheit*, Berlin: 2015.

Bundesministerium des Innern, *Jahresbericht der Bundesregierung zum Stand der Deutschen Einheit 2013*, Berlin: 2013.

Bundesministerium für Wirtschaft und Energie, *Jahresbericht der Bundes-regierung zum Stand der Deutschen Einheit 2014*, Berlin: 2014.

Brandt, Willy, *Erinnerungen*, Frankfurt am Main: Propyläen, 1989.

Genscher, Hans-Dietrich, *Erinnerungen*, Berlin: Siedler, 1995.

Griffith, William E., *Die Ostpolitik der Bundesrepublik Deutschland*, Stutt-gart: Ernst Klett, 1981.

Institut für Wirtschaftsforschung Halle(IWH), *20 Jahre Deutsche Einheit: Von der Transformation zur europäischen Integration*, Halle: 2010.

Kissinger, Henry, *On China*, New York: Penguin, 2011.

Kohl, Helmut, *Ich wollte Deutschlands Einheit*, Berlin: Propyläen, 1996.

_____, *Erinnerungen 1982-1990*, München: Droemer, 2005.

_____, *Erinnerungen 1990-1994*, München: Droemer, 2007.

Korte, Karl-Rudolf, *Die Chance genutzt?: Die Politik zur Einheit Deutsch-lands*, Frankfurt am Main: Campus, 1994.

Schäuble, Wolfgang, *Der Vertrag: Wie ich über die deutsche Einheit verhan-delte*, Stuttgart: DVA, 1993.

Schmidt, Helmut, *Ausser Dienst*, München: Siedler, 2008.

Sommer, Theo, *Unser Schmidt*, Hamburg: Hoffmann und Campe, 2010.

Teltschik, Horst, *329 Tage: Innenansichten der Einigung*, Berlin: Siedler, 1993.

Waigel, Theo/Schell, Manfred, *Tage, die Deutschland und die Welt veränder-ten*, München: Ed. ferenczy bei Bruckmann, 1994.

Weidenfeld, Werner/Korte, Karl-Rudolf, *Handbuch zur deutschen Einheit*, Bonn: 1994.

4. 논문 및 기고문

김영찬, "동서독 통일 20년: 경제적 관점의 평가와 교훈," 2010.

대외경제정책연구원, 『통일 편익비용 분석과 남북한 경제통합 방안』, 2014.

손선홍, "독일 통일 20년, 우리는 독일 통일에서 어떤 교훈을 얻을 수 있는가?" 『외교』 제95호 (한국외교협회, 2010.10).

_____, "北 실상 정확히 알고 통일 준비해야," 《동아일보》 (2011.8.15).

_____, "우리가 통일해야 하는 이유," 《동아일보》 (2014.1.1)

_____, "독일 통일을 위한 대외적 문제 해결과 시사점," 『외교』 제110호 (한국외교협회, 2014.07).

_____, "봇물을 이룰 북한 주민의 이주대책 마련해야," 《아주경제》 (2015.9.30).

_____, "통일비용 어떻게 마련할 것인가?" 『외교』 제115호 (한국외교협회, 2015.10).

이석, "한반도 통일은 동북아 경제에 어떤 영향을 미칠까?" 『KDI 북한 경제 리뷰』, 2015.

제성호, "민족공동체통일방안의 평가와 제언," 『분단극복을 위한 국제법의 역할과 과제』 (대한국제법학회, 2015).

조한범, "국내·국제적 관점에서 바라본 통일 비용·편익," 2015.

Aumann, Bernd/Scheufele, Rolf, *"Is East Germany Catching up? A Time Series Perspective,"* No.14, 2009.

Blum, Ulrich, "독일 통일 20년에 대한 경제적 평가와 한반도 통일을 위한 제언," 2011.

Paque, Karl-Heinz, "독일 통일 이후 구동독 지역 재건 및 한반도 통일을 위한 제언," 2011.

Patzelt, Werner J, "Reunification of a Divided Nation, Possible Lessons from the German Case," 콘라트 아데나워재단 세미나 자료(2014.9.25).

Schnapauff, Klaus-Dieter, "독일 통일 과정의 법적 평가 및 한반도 통일을 위한 제언," 2011.

Tietmeyer, Hans, "독일 통일 시 통화 통합 등 경제적 평가 및 한반도 통일을 위한 제언," 2011.

5. 신문 및 주간지

《동아일보》

《아주경제》

《조선일보》

《중앙일보》

DER SPIEGEL

FAZ

Handelsblatt

6. 사진 출처

독일 언론 공보부 사진처(Bundesbildstelle, Presse-und Informationsamt der
Bundesregierung)

뉴시스

저자

도움을 주신 분들

– 이분들을 면담할 당시에는 이 책을 쓸 계획이 없었다. 이 책을 쓰면서 이분들과 나눈 대화가 크게
도움이 되었기에 감사드린다. 직위는 면담 당시의 직위이며, 순서는 성의 알파벳 순서를 따랐다.

- 에곤 바르Egon Bahr　전 총리실 특임장관 및 경제협력 장관
- 울리히 블룸Prof. Dr. Ulrich Blum　독일 할레경제연구소(IWH) 소장
- 빌리 브란트Willy Brandt　전 연방 총리
- 라이너 에펠만Rainer Eppelmann　동독 공산당 독재청산재단 이사장
  　　　　　　　　　　　　　　　(전 동독 국방장관, 전 연방 하원 의원)
- 미하엘 풍케Prof. Dr. Michael Funke　함부르크 대학교 교수
- 한스–디트리히 겐셔Hans-Dietrich Genscher　전 외무장관
- 미하엘 휘터Prof. Dr. Michael Hüther　독일 경제연구소(IW) 소장
- 위르겐 클림케Jürgen Klimke　연방 하원 의원(4선)
- 데트레프 퀸Dr. Detlef Kühn　전독일(全獨逸)문제연구소 소장
- 프랑크 람바흐Dr. Frank Lambach　외무부 대사(2+4 조약 담당)
- 프리트오프 폰 노르데스횔트Fritjof von Nordeskjöld　독일 외교정책협회 부회장
  　　　　　　　　　　　　　　　　　　　　(전 주프랑스, 이탈리아 대사)
- 베르너 페니히Dr. Werner Pfennig　베를린 자유 대학교 연구원
- 빌헬름 폴테Wilhelm Polte　마그데부르크 시장
- 아우구스토 프라데토Prof. Dr. Augusto Pradetto　헬무트 슈미트 대학교 교수
  　　　　　　　　　　　　　　　　　　　(동 대학 국제정치연구소장)
- 로란트 슈미트Dr. Roland Schmidt　프리드리히 에베르트 재단 사무총장
- 테오 좀머Dr. Theo Sommer　《디 차이트》지 대기자
- 게르하르트 발러스Dr. Gerhard Wahlers　콘라트 아데나워 재단 사무부총장

찾아보기

[용어]

ㄱ

가트(GATT) 110
거주지 원칙 123, 125
기본법 78, 91~93, 97, 117~119, 128, 150,
　　226~227, 241
　- 제23조
　- 제146조
긴급한 가사 문제 34, 288~289

ㄴ

나토 → 북대서양조약기구
내부적인 문제 97~99, 150, 156, 160, 193
니콜라이 교회 44, 48

ㄷ

대외적인 문제 80~81, 97~99, 133~134,
　　168, 193, 215
독일과 유럽의 분단 극복을 위한 10개 방안
　　59
독일 동맹(Allianz für Deutschland) 89, 91
독일 정책(die Deutschlandpolitik) 207
독일 통일 각료위원회 78~79, 118, 144
독일 통일기금(Fonds der deutschen
　　Einheit) 107, 305~306
독일 통일 연방 하원위원회 79
독일 통일의 날(der Tag der Deutschen
　　Einheit) 128, 200
동독 공산당 독재청산재단(Bundesstiftung
　　zur Aufarbeitung der SED-Diktatur)
　　239
동독 주둔 소련군 46, 106, 176~179, 207,
　　222, 233

　- 철수 134, 159, 171~172, 183~184
　- 철수 비용 182, 190
동독 지역 부흥 계획(Aufschwung Ost) 248
(동·서독) 기본조약 288
드레스덴 선언 263
드레스덴 프라우엔 교회(Dresdner
　　Frauenkirche) 72

ㄹ

라이프치히 게반트하우스 오케스트라 46,
　　197

ㅂ

바르샤바조약기구 35, 62, 142, 163~166,
　　194, 209, 260, 286
베를린/본 법 228
베를린 장벽 20~30, 55~57, 100, 135, 196,
　　222, 258, 326
베토벤 교향곡 9번 197
북대서양조약기구(나토, NATO) 62~64,
　　134~136, 142~147, 153, 159,
　　169~173, 206, 225, 280
브란덴부르크 문 29, 70, 74

ㅅ

상주 대표부 41, 212, 288
슈타지(Stasi) 77, 88, 231~232, 235~236
슈타지 문서(Stasi-Akten) 122, 124~125,
　　232, 235~236
신동방정책(die neue Ostpolitik) 211~212,
　　270, 280, 297
신사고(新思考) 34
신탁청 242~245, 275, 305
신포럼(Neues Forum) 44